中国信息经济学会电子商务专业委员会推荐教材

21 世纪高等院校电子商务系列规划教材

U0914876

Electronic Commerce Theory and Practice (2nd Edition)

电子商务理论与实务 第2版

◆ 屈燕 钮小萌 主编

◆ 李玮 尹瑞林 甘信丹 胡伟 马翠平 王娟 副主编

人 民 邮 电 出 版 社

北 京

图书在版编目（CIP）数据

电子商务理论与实务 / 屈燕，钮小萌主编. -- 2版. -- 北京 : 人民邮电出版社，2017.1（2020.3 重印）
21世纪高等院校电子商务系列规划教材
ISBN 978-7-115-44534-6

Ⅰ. ①电… Ⅱ. ①屈… ②钮… Ⅲ. ①电子商务－高等学校－教材 Ⅳ. ①F713.36

中国版本图书馆CIP数据核字(2017)第005875号

内容提要

本书结合当前电子商务发展的新趋势、新热点，对电子商务领域相关知识进行了新的体系编排。全书共有10章，系统地介绍了电子商务相关基础知识、电子商务商业模式及盈利模式、电子支付、互联网金融、电子商务物流、网络营销、电子商务安全、移动电子商务、跨境电子商务以及网络店铺运营实训等内容。

本书既可以作为高等院校电子商务专业、经管类专业的教学用书，也可以作为对电子商务感兴趣的企业管理人员和自学人员的参考用书。

◆ 主　　编　屈　燕　钮小萌
副 主 编　李　玮　尹瑞林　甘信丹　胡　伟
马翠平　王　娟
责任编辑　孙燕燕
责任印制　沈　蓉　彭志环

◆ 人民邮电出版社出版发行　　北京市丰台区成寿寺路 11 号
邮编　100164　　电子邮件　315@ptpress.com.cn
网址　http://www.ptpress.com.cn
山东华立印务有限公司印刷

◆ 开本：787×1092　1/16
印张：11.25　　2017 年 1 月第 2 版
字数：270 千字　　2020 年 3 月山东第 6 次印刷

定价：32.00 元

读者服务热线：(010)81055256　印装质量热线：(010)81055316
反盗版热线：(010)81055315
广告经营许可证：京东工商广字第 8052 号

前 言

随着电子商务的迅速发展，截至 2016 年 6 月，中国网民规模达到 7.1 亿，互联网普及率达到 51.7%。同时，电子商务在生产、流通、金融等各领域都有所渗透，“互联网+”行动推动了政企服务的多元化和移动化发展，在电子商务推动下产生的新的经济运作方式、新的商业模式以及新的应用内容，进一步推动了社会经济的高速发展。因此，了解和学习电子商务的相关知识内容和体系方法已经成为整个社会的迫切需求。编者结合当前电子商务最新的发展趋势和应用领域进行了体系安排，目的是紧跟电子商务发展潮流，编写一本体系全面、框架合理、内容新颖、理论与实际相结合的教材。

本书各章节在介绍学习目标的基础上，以章节内容关联案例进行知识导入，引发读者思考并进行章节内容学习；章节结束后有实验实训和习题，提高读者理论知识学习效果和实践操作能力。

通过 10 个章节的知识内容学习和实操处理，读者不仅会对电子商务的相关内容有一个系统的整体把握，而且能够结合电子商务处理过程中的各环节进行实际操作，达到电子商务相关企业对人才的要求。

本书的参考学时为 48 ~ 64 学时，建议采用理论与实践一体化教学模式，各部分的参考学时见下面的学时分配表。

学时分配表

项　目	课程内容	学　时
第 1 章	电子商务概述	4
第 2 章	电子商务商业模式及盈利模式	8
第 3 章	电子支付	4 ~ 6
第 4 章	互联网金融	2 ~ 3
第 5 章	电子商务物流	4
第 6 章	网络营销	8 ~ 10
第 7 章	电子商务安全	6 ~ 10
第 8 章	移动电子商务	2 ~ 3
第 9 章	跨境电子商务	2 ~ 4
第 10 章	网络店铺运营实训	8 ~ 12
课时总计		48 ~ 64

本书由屈燕、钮小萌任主编，李玮、尹瑞林、甘信丹、胡伟、马翠平、王娟任副主编，屈燕负责全书统稿工作。此外，在编写本书的过程中，还得到了山东英才学院商学院院长付宏华、副院长曹云明以及各位同事的大力支持和帮助，在此深表感谢。

由于编者水平和经验有限，书中难免有欠妥和错误之处，恳请读者批评指正。

编　者

2016 年 11 月

目　录

第 1 章　电子商务概述

【学习目标】

本章主要介绍电子商务相关的基础知识，使读者了解现实生活中的电子商务，理解电子商务的含义以及与传统商务的区别；了解电子的发展历程及发展现状；掌握电子商务的分类与特征；能够熟练使用搜索引擎，收集资料和数据；能够进行网上购物实践。

【导入案例】

山东博兴：淘宝村带火乡村电商

2016 年 5 月 12 日，第三届全国淘宝村联盟大会在博兴召开，来自全国 15 个省份的 350 余位优秀淘宝村代表、农村电商服务商和研究专家学者们出席了大会。在大会上，博兴县人民政府副县长曹明发表了"'淘宝村'的博兴实践"主题演讲，细致地阐明了博兴县下辖 16 个淘宝村的发展历程。

淘宝村隶属于山东省滨州市的博兴县，地处黄河下游南岸，位于山东省会城市群经济圈、山东半岛城市群和环渤海经济圈三大经济区的结合部，是"中国厨都""中国金属板材之乡""中国编织工艺品之都"。雄厚的产业基础为博兴淘宝村的快速发展提供了丰富而厚重的土壤。2013 年，当全国还只有 20 个淘宝村的时候，山东博兴一个县就有两个淘宝村：一个做草编，一个做土布。

近年来，博兴县大力发展农村电子商务。据了解，截至 2016 年 5 月，博兴县已经拥有 1 个淘宝镇、16 个淘宝村，淘宝商户突破 1 万户，直接从业人员 3 万人，间接带动周边 10.3 万人就业，已经形成电商产业链，仅湾头村快递公司就有 20 多家。2014 年全县农村电子商务交易额实现 6.9 亿元，成为省农村电子商务试点县，山东第一个、全国第三个与阿里集团合作的农村淘宝试点县。

"感谢互联网为我们创业提供了好平台。"博兴县湾头村村支书介绍，湾头村一直有草柳编的传统。2002 年之前，该县主要做出口，后来外贸市场萎缩，开始尝试内销。2008 年后，村民开始在淘宝网开店，并逐渐形成规模。2013 年，全村的淘宝网店有 500 多家，年销售额在 100 万元以上的有几十家。从原来的出口加工基地，到现在的"淘宝村"，村民们的腰包越来越鼓。

近两年，随着国家在战略层面上相继出台十余项"互联网+"的相关政策，博兴县也在进一步打造良好的县域生态环境，努力营造有利于淘宝村快速发展的良好氛围。博兴县政府以资源、人才、创新为抓手，本着"政府合理扶持，不缺位，不越位"的理念，快速打造适宜电商发展的生态环境。

（资料来源：网络资源整理）

【思考】

电子商务已经进入我们生活中的方方面面。那么，什么是电子商务？电子商务与传统商务又有什么区别？为什么越来越多的企业选择了电子商务之路？

1.1 电子商务的含义及特征

近年来，互联网改变了传统企业的经营行为，改写了企业竞争规则，企业界的高级主管不管到哪里都可以听到电子商务（Electronic Commerce 或 Electronic Business）的话题，它已经成为企业界的讨论热点。要想了解和认识电子商务的本质，必须从其基本概念入手，基于这个目的，本章主要介绍电子商务的基本概念与应用发展的情况。

1.1.1 电子商务的含义

究竟什么是电子商务？不同的人可以得到不同的电子商务的含义，因为电子商务这一概念自产生起，就没有一个统一的定义。各国政府、学者、企业界人士都根据自己所处的地位和对电子商务的参与程度的不同，从各自的角度提出了自己对电子商务的认识，因而，今天我们可以看到关于电子商务的各种阐述。

1997 年 11 月 6 日至 7 日，在法国首都巴黎，国际商会举行了世界电子商务会议（The World Business Agenda for Electronic Commerce）。会议认为：电子商务，是指使整个贸易活动实现电子化。从涵盖范围方面可以定义为交易各方以电子交易方式而不是通过当面交换或直接面谈方式进行的任何形式的商业交易；从技术方面可以定义为一种多技术的集合体，包括交换数据（如电子数据交换、电子邮件）、获得数据（如共享数据库、电子公告牌）以及自动捕获数据（如条形码）等。

联合国经济合作与发展组织（OECD）是较早对电子商务进行系统研究的机构，它将电子商务定义为：电子商务是利用电子化手段从事的商业活动，它基于电子数据处理和信息技术，如文本、声音和图像等传输数据，其主要是遵循 TCP/IP 和通信传输标准，遵循 Web 信息交换标准，提供安全保密技术。

IBM 提出了一个电子商务的定义公式，即“电子商务=Web+IT”。它所强调的是在网络计算环境下的商业化应用，是把买方、卖方、厂商及其合作伙伴在互联网、企业内部网（Intranet）和企业外部网（Extranet）上结合起来的应用。

美国惠普公司（HP）提出：电子商务是指在售前到售后支持的各个环节实现电子化、自动化。电子商务是跨时空的电子化世界（E-World），即“Electronic Commerce + Electronic Business + Electronic Consumer”。

从总体上来说，人们对于电子商务的认识和定义大致有广义和狭义之分。一般认为，广义的电子商务是指利用 IT 技术使整个商务活动实现电子化，人们将利用 Internet、Extranet 和 Intranet 等在内的一切计算机网络以及其他信息技术进行的所有的企业活动都归属于电子商务。狭义的电子商务特指运用互联网开展的交易或与交易直接相关的活动，它仅仅将基于互联网进行的交易活动归属于电子商务，我们称为 E-Commerce。

1.1.2 电子商务的特征

从电子商务的含义可以看出，电子商务具有以下基本特征。

1. 普遍性

电子商务作为一种新型的交易方式，将生产企业、流通企业以及消费者和政府带入了一个网络经济、数字化生存的新天地。

2. 方便性

在电子商务环境中，人们不再受地域的限制，客户能以非常简捷的方式完成过去较为烦琐的商业活动。例如，通过网络银行，客户能够全天候地存取账户资金、查询信息等，同时使企业对客户的服务质量得以大大提高。

3. 整体性

电子商务能够规范事务处理的工作流程，将人工操作和电子信息处理集成为一个不可分割的整体，这样不仅能提高人力和物力的利用率，也可以提高系统运行的严密性。

4. 安全性

在电子商务中，安全性是一个至关重要的核心问题。它要求网络能提供一种端到端的安全解决方案，如加密机制、签名机制、安全管理、存取控制、防火墙、防病毒保护等，这与传统的商务活动有着很大的不同。

5. 协调性

商业活动本身是一种协调过程，它需要客户与公司内部、生产商、批发商、零售商之间的协调。在电子商务环境中，它更要求银行、配送中心、通信部门、技术服务部门等通力协作，电子商务的全过程往往是一气呵成的。

电子商务系统以互联网为依托，给整个社会和经济都带来了巨大的影响，其应用的范围也越来越广，如以下几个方面。

① 国际旅游和各国旅行服务行业，如旅店、宾馆、饭店、机场、车站的订票、订房间、信息发布等一系列服务。

② 图书、报刊、音像出版业，如电子图书发行、报刊图书的网上订阅等服务。

③ 新闻媒体。

④ 进行金融服务的银行和金融机构，如网上银行、网上证券业务的开展。

⑤ 政府的电子政务，如电子税收、电子商检、电子海关、电子行政管理等。

⑥ 信息服务行业，如房产信息咨询服务、导购咨询服务等。

⑦ 零售业，包括在线的商品批发、商品零售、拍卖等交易活动。

⑧ IT 行业等。

由此可见，电子商务正深入社会的每个角落，对社会的方方面面都产生了影响，甚至引起了巨大的变革。在各个领域，如交易活动管理、市场调研、广告宣传与信息发布、咨询洽谈、网上订购、网上支付、网上金融服务、服务传递、在线服务支持等方面，电子商务都发挥了重要作用。

1.2 电子商务发展历程

近年来，在全球经济保持平稳增长和互联网宽带技术迅速普及的前提下，世界主要国家和地区的电子商务保持了高速增长态势。

1.2.1 世界电子商务发展状况

据中国电子商务研究中心（100ec.cn）监测数据显示，全球电子商务市场快速增长，2014年全球电子商务销售总额高达 1.316 万亿美元。纵观全球电子商务市场，各地区发展并不平衡，呈现出美国、欧盟、亚洲“三足鼎立”的局面。美国是世界上最早发展电子商务的国家，同时也是电子商务发展最为成熟的国家，一直引领全球电子商务的发展，并且也是全球电子商务的成熟发达地区。欧盟电子商务的发展起步较美国晚些，但由于其发展速度快，成为全球电子商务较为领先的地区。亚洲作为电子商务发展的新秀，市场潜力较大，但是近年的发展速度和所占份额并不理想，是全球电子商务的持续发展地区。从全球电子商务的发展历程可以发现，各国政府对于电子商务的发展起着指导和促进作用。以下简要介绍欧美、亚太国家和地区的政府为促进电子商务发展所做的努力与举措。

1. 美国电子商务的发展

纵观美国互联网的发展历史，从互联网的应用角度可将电子商务的发展分为以下几个阶段。

① 第一阶段称为电子邮件阶段。这个阶段从 20 世纪 70 年代开始，平均通信量以每年几倍的速度增长。

② 第二阶段称为信息发布阶段。这个阶段自 1995 年起，主要是以 Web 技术为代表的信息发布系统以爆炸式的速度成长起来，并已成为目前互联网的主要应用技术。

③ 第三阶段称为电子商务阶段。这个阶段也才刚刚开始。之所以把电子商务列为一个划时代的东西，是因互联网的最终用途主要是面向商业。互联网即将成为我们这个信息时代的神经系统。

上述三种应用技术正在以惊人的速度高速扩张。由于互联网对社会资源的节约和充分利用，美国政府在促进互联网的普及和发展上不遗余力。1997 年 1 月，美国前总统克林顿曾说：“在 19 世纪初，我们决定把我国从东海岸扩展到西海岸；在 20 世纪初，我们决定利用工业革命的技术成果。这些决定都带来了巨大的变化。在 21 世纪初，我们要做出的选择就是：加强信息时代和全球社会的力量，发掘全体人民的无穷潜力，建设一个更加完美的联邦。”

另外，在互联网商业活动还不充分时，美国政府出资支持互联网的运行。互联网免税区可能将成为世界上最大的自由贸易区，其意义极其深远。

总之，在美国，一场历史上最重要的信息技术革命正席卷社会的每一个角落，而且其变革的速度之快、影响之大、涉及面之广都是以往的任何一次技术革命不可比拟的。据美国商务部数据，美国电商 2016 年第二季度销售额同比增长近 16%，突破 970 亿美元，如表 1.1 所示。这是继 2014 年第三季度以来出现的最大增幅。过去 6 年中，美国电商零售增速均超过总体零售增速，电商零售额在总体零售额中的比例也逐渐增大。2016 年第二季度美国电商零售占总体零售市场的 8.1%。2015 年美国电商零售额为 3 417 亿美元，共有 1.66 亿的美国人在线购物，平均每个人一年花费超过 2 000 美元。

表 1.1　美国零售数据

季度	零售额（百万美元）		电子商务占总体的百分比	与上一季度相比的百分比变化		与去年同期相比的百分比变化	
	总体	电子商务		总体	电子商务	总体	电子商务
调整							
2016 年第 2 季度	1 201 908	97 250	8.1	1.5	4.5	2.3	15.8
2016 年第 1 季度	1 183 779	93 046	7.9	−0.3	4.0	2.2	15.5
2015 年第 4 季度	1 186 748	89 454	7.5	0.1	2.1	1.4	15.1
2015 年第 3 季度	1 185 288	87 588	7.4	0.9	4.3	1.6	15.2
2015 年第 2 季度	1 174 911	83 987	7.1	1.4	4.2	1.2	14.2
未调整							
2016 年第 2 季度	1 215 205	91 242	7.5	8.8	5.7	2.1	15.8
2016 年第 1 季度	1 116 632	86 351	7.7	−10.6	−20.2	3.3	15.2
2015 年第 4 季度	1 249 081	108 175	8.7	5.1	33.5	1.7	14.8
2015 年第 3 季度	1 199 363	81 020	6.8	-0.1	2.8	1.6	15.4
2015 年第 2 季度	1 189 836	78 784	6.6	10.1	5.1	1.1	14.7

2. 欧洲地区电子商务的发展

欧洲国家的电子商务起步虽然晚于美国，但发展态势很好，欧洲的各国际组织及各国政府都纷纷出台各项法规，以表示政府对电子商务的积极态度。1995 年 2 月，西方七国集团确立了一个“利用电子商务为中小企业开辟全球市场”的项目，该项目包括 3 个主题：为中小企业开辟全球信息网络；中小企业行业需求调查；电子商务国际实验地。1997 年 4 月，欧盟发表了题为《欧洲电子商务设想》的文件，旨在促进欧洲制定一项有关电子商务的统一政策。文件指出，电子商务对于保持欧洲在世界市场上的竞争力至关重要，欧盟各国必须根据统一的技术、政策和支持框架采取行动；政府应带头采用电子商务技术，并建设一些示范工程。

在德国，20 世纪末的上网人数达到 3 000 万左右，约 50%的企业接受或利用电子商务；据法国电子商务与远程销售联合会（FEVAD）的统计数据，2014 年法国电子商务市场规模为 575 亿欧元，折合 4 000 多亿元人民币，在全球范围内排名第 6 位，在欧洲国家名列第 3 位。在欧洲的其他国家，电子商务也正以令人吃惊的速度发展着。

3. 亚太地区电子商务的现状

在亚太地区，由于各个国家和地区的经济处于不同的发展阶段，从而决定了这些国家和地区发展电子商务的起点也各不相同。作为最具商业发展机会的区域，亚洲电子商务发展一直受到业界人士的关注。一方面，像日本、新加坡、韩国、马来西亚等经济较为发达的国家和我国香港、台湾地区正在积极地向更广泛的领域引入电子商务，其重点是培养一个有需求的环境，以形成一种电子商务文化，包括制定一些新的法规；另一方面，一些经济欠发达国家，它们有更重要、更迫切的社会、经济问题亟待解决。

1992 年 10 月，日本通产省、建设省、运输省、大藏省管辖的 39 个行业成立了统一的 EDI 协会，以图打破行业阻隔，推广跨行业的电子贸易。1995 年，通产省就提出了电子商务政策，开展电子商务的示范项目。日本政府于 1996 年成立了“电子商务促进会”，通产省为此投入了 317 亿日元，其中 100 亿日元投到 B2C（Business to Consumer）电子商务方面。2014

年，日本的 B2C 贸易量增长为 159.5 万亿日元。

1.2.2 中国电子商务的发展状况

1. 中国互联网发展现状

中国网民总数不断攀高。2016 年 8 月 3 日，中国互联网络信息中心（CNNIC）发布第 38 次《中国互联网络发展状况统计报告》(以下简称为《报告》)。《报告》显示，截至 2016 年 6 月，中国网民规模达 7.10 亿，上半年新增网民 2 132 万人，互联网普及率达到 51.7%，较 2015 年底提升了 1.3 个百分点，如图 1.1 所示。

《报告》同时显示，网民的上网设备正在向手机端集中，手机成为拉动网民规模增长的主要因素。截至 2016 年 6 月，我国手机网民规模达 6.56 亿，网民中使用手机上网的人群占比由 2015 年底的 90.1%提升至 92.5%。只使用手机上网的网民达到 1.73 亿，占整体网民规模的 24.5%。截至 2016 年 6 月，我国网民中农村网民占比 26.9%，规模为 1.91 亿；城镇网民占比为 73.1%，规模为 5.19 亿，较 2015 年底增加 2 571 万人，增幅为 5.2%。中国网民通过台式计算机、笔记本电脑、平板电脑上网的使用比例分别为 64.6%、38.5%、30.6%，较 2015 年底分别下降了 3.1、0.2 和 0.9 个百分点；手机上网的比例达到 92.5%；电视上网使用率为 21.1%。2016 年上半年，网民使用手机和电视上网的比例较 2015 年底均有明显提升。我国网民依然以中等学历群体为主，初中、高中/中专/技校学历的网民占比分别为 37.0%、28.2%。与 2015 年底相比，小学及以下、大专、大学本科及以上学历的网民占比均有所提升。2016 年上半年，中国网民的人均周上网时长为 26.5 小时，对比 2015 年提高了 0.3 小时。中国域名总数为 3 698 万个，其中“.cn”域名总数为 1 950 万个，占中国域名总数比例为 52.7%，“中国”域名总数为 50 万个。

图 1.1 中国网民规模和互联网普及率

据第 38 次《中国互联网络发展状况统计报告》统计数字显示，2016 年上半年我国网民的互联网应用保持稳健发展，总结起来包括以下几点。

（1）基础应用用户规模稳定增长，多元化服务满足用户精准需求

即时通信、搜索引擎、网络新闻作为基础的互联网应用，用户规模保持稳健增长，使用率均在 80%以上。即时通信企业深入挖掘用户需求，拓展更加多元化、差异化的服务类型；搜索引擎企业着重发展人工智能，提升差异化竞争力；网络新闻应用着力发展基于用户兴趣

的"算法分发"，满足移动互联网时代用户对个性化新闻的需求，全媒体趋势初步显现。

（2）商务交易类应用持续快速增长，政策监管持续完善

2016年上半年，商务交易类应用保持平稳增长，网上购物、在线旅行预订用户规模分别增长 8.3%和 1.6%。政府在推动消费升级的同时加大对跨境电商等相关行业规范；在旅游消费高速增长带动下，在线旅行预订行业迅速发展。

（3）网上支付线下场景不断丰富，大众线上理财习惯逐步养成

互联网金融类应用在2016年上半年保持增长态势，网上支付、互联网理财用户规模增长率分别为9.3%和12.3%。电子商务应用的快速发展、网上支付厂商不断拓展和丰富线下消费支付场景，以及实施各类打通社交关系链的营销策略，带动非网络支付用户的转化；互联网理财用户规模不断扩大。

（4）网络娱乐类应用用户规模稳步增长，正版化进程加快

2016年上半年，网络娱乐类应用进一步向移动端转移，手机端网络音乐、视频、游戏、文学用户规模增长率均在 6%以上。网络娱乐类应用的版权正版化进程加快。网络视频内容朝着精品化、差异化方向发展，以优质内容培养用户付费习惯；网络音乐平台逐步扩大海外市场；作为新兴互联网娱乐类应用，网络直播发展势头强劲。

（5）在线教育、在线政务服务发展迅速，互联网带动公共服务行业发展

2016年上半年，各类互联网公共服务类应用均实现用户规模增长，在线教育、网上预约出租车、在线政务服务用户规模均突破1亿，多元化、移动化特征明显。在线教育领域不断细化；网络约租车领域行业规模不断扩大；在线政务领域，政府网站与政务微博、微信、客户端结合，优化政务服务的用户体验。

2015.12—2016.06中国网民各类互联网应用的使用率如表1.2所示。

表1.2　2015.12—2016.06中国网民各类互联网应用的使用率

应用	2016.06		2015.12		
	用户规模（万）	网民使用率（%）	用户规模（万）	网民使用率（%）	半年增长率（%）
即时通信	64 177	90.4	62 408	90.7	2.8
搜索引擎	59 258	83.5	56 623	82.3	4.7
网络新闻	57 927	81.6	56 440	82.0	2.6
网络视频	51 391	72.4	50 391	73.2	2.0
网络音乐	50 214	70.8	50 137	72.8	0.2
网上支付	45 476	64.1	41 618	60.5	9.3
网络购物	44 772	63.1	41 325	60.0	8.3
网络游戏	39 108	55.1	39 148	56.9	−0.1
网上银行	34 057	48.0	33 639	48.9	1.2
网络文学	30 759	43.3	29 674	43.1	3.7
旅行预订	26 361	37.1	25 955	37.7	1.6
电子邮件	26 143	36.8	25 847	37.6	1.1
网上外卖	14 966	21.1	11 356	16.5	31.8
在线教育	11 789	16.6	11 014	16.0	7.0
论坛/bbs	10 812	15.2	11 901	17.3	−9.1
互联网理财	10 140	14.3	9 026	13.1	12.3
网上炒股或炒基金	6 143	8.7	5 892	8.6	4.3
网络直播服务	32 476	45.8	—	—	—
在线政务服务	17 626	24.8	—	—	—

2. 中国电子商务发展现状

我国电子商务起步于 20 世纪 90 年代中期，但发展步伐相当快，可以概括为以下几个阶段。

（1）1993—1998 年，起步阶段

1993 年国务院批准成立了以国务院副总理为主席的国家经济信息化联席会议，相继组织了金桥、金关、金卡等"三金工程"，取得了重大进展。1996 年，金桥网正式开通。1997 年，信息办组织有关部门起草编制中国信息化规划。同样是在 1997 年，中国第一家垂直化工网站诞生——中国化工网。1998 年 3 月，中国第一笔互联网网上交易成功。

（2）1999—2002 年，初步发展阶段

1999 年 5 月 8848 等 B2C 网站正式开通，网上购物进入实际应用阶段。同年兴起政府上网、企业上网，电子政务、网上纳税、网上教育、远程诊断等广义电子商务开始启动，并进入实际试用阶段。这个阶段里，中国的网民数量相比起今天实在是少得可怜，根据 2000 年年中公布的统计数据，中国网民仅 1 000 万。而且在这个阶段，网民的网络生活方式还仅仅停留于电子邮件收发和新闻浏览的阶段。网民未成熟，市场未成熟，以 8848 为代表的 B2C 电子商务站点能说得上是当时最闪耀的亮点。这个阶段要发展电子商务难度相当大。

（3）2003—2006 年，高速增长阶段

在这一阶段，当当、卓越、阿里巴巴、慧聪、全球采购、淘宝，这几个响当当的名字成了互联网江湖里的热点。这些生在网络长在网络的企业、在短短的数年内崛起，和网游企业、SP（服务提供商）等一起搅翻了整个通信和网络世界。这个阶段对电子商务来说最大的变化有 3 个：大批的网民逐步接受了网络购物的生活方式，而且这个规模还在高速地扩张；众多的中小型企业从 B2B 电子商务中获得了订单，获得了销售机会，"网商"的概念深入商家之心；电子商务基础环境不断成熟，物流、支付、诚信瓶颈得到基本解决，在 B2B、B2C、C2C 领域里，有不少的网络商家迅速地成长，积累了大量的电子商务运营管理经验和资金。

（4）2007 年以后，电子商务纵深发展阶段

这个阶段最明显的特征就是，电子商务已经不仅仅是互联网企业的天下。数不清的传统企业和资金进入电子商务领域，使得电子商务世界变得异彩纷呈。B2B 领域的阿里巴巴、网盛上市标志着发展步入了规范化、稳定的阶段；淘宝的战略调整、百度的试水意味着 C2C 市场不断地优化和细分；PPG、红孩子、京东商城的火爆，不仅引爆了整个 B2C 领域，更让众多传统商家按捺不住纷纷跟进。

尽管我国电子商务呈现出高速发展的态势，但是仍然存在一些问题。比较典型的问题如电子商务的发展所需要的市场经济环境不完善、企业信息化建设滞后、电子商务交易存在安全性问题以及电子商务人才缺乏等；同时电子商务法律法规、标准、规范滞后，亟需加强。因此，我国需要在电子商务发展规划和宏观指导、信息基础设施建设、企业信息安全以及人才培养等方面采取措施，加快我国电子商务的建设步伐。

1.3 电子商务的分类

电子商务的分类方法有下面几种，如表 1.3 所示。

表 1.3 电子商务的分类

分类标准	电子商务
商业活动的运作方式	完全电子商务、不完全电子商务
开展电子交易的范围	本地电子商务、国内电子商务、国际电子商务
使用网络的类型	基于 EDI 的电子商务、基于 Internet 的电子商务、基于 Intranet 的电子商务
交易对象	B2C、B2B、B2G、C2C、C2G
商贸业务过程	支持交易前的系统、支持交易中的系统、支持交易后的系统

1.3.1 按照商业活动的运作方式分类

按照商业活动的运作方式，电子商务一般分为两种类型：即完全电子商务和不完全电子商务。

1. 完全电子商务

完全电子商务即可以完全通过电子商务方式实现和完成整个交易过程的交易。换句话说，是指商品或者服务交易的完整过程都是在信息网络上实现的，如计算机软件、电子报刊、商业信息等的交易。

2. 不完全电子商务

不完全电子商务即无法完全依靠电子商务方式实现和完成完整交易过程的交易，它需要依靠一些外部要素，如运输系统等来完成交易；电视、衣服等有形的产品的交易。

1.3.2 按照开展电子交易的范围分类

电子商务按交易的地域范围可分为 3 类：即本地电子商务、国内电子商务和国际电子商务。

1. 本地电子商务

本地电子商务是指利用本城市或本地区内的信息网络实现的电子商务活动，本地电子商务系统交易的地域范围较小，是开展国内电子商务和国际电子商务的基础系统。

2. 国内电子商务

国内电子商务是指在本国范围内进行的网上电子交易活动，其交易的地域范围较大，对软、硬件和技术要求较高，要求在全国范围内实现商业电子化、自动化，实现金融电子化，交易各方应具备一定的电子商务知识、技术和经济能力，并具备一定的管理水平和能力等。

3. 国际电子商务

国际电子商务是指在全世界范围内进行的网上电子交易活动，涉及交易各方的相关系统，如买方国家进出口公司系统、海关通信员、银行金融系统、税务系统、运输系统及保险系统等。国际组织制定出世界统一的电子商务标准和电子商务协议，使全球电子商务得到顺利发展。

1.3.3 按使用网络的类型来分类

电子商务按使用网络的类型可分为 3 类：即基于 EDI 的电子商务、基于 Internet 的电子商务和基于 Intranet 的电子商务。

1. 基于 EDI 的电子商务

EDI 是指将商务或行政事务按照一个公认的标准，形成结构化的事务或文档数据格式，从计算机到计算机的电子传输方法。EDI 主要应用于企业与企业、企业与批发商、批发商与零售商之间的批发业务。但是，由于 EDI 必须租用 EDI 网络上的专线，即通过购买增值网（Value Added Network，VAN）服务才能实现，费用较高，阻碍了中小企业使用 EDI。

2. 基于 Internet 的电子商务

互联网是一种组织松散、国际合作的互联网络。该网络通过自主遵守计算的协议和过程，支持主机对主机的通信。具体来说，互联网就是让一大批计算机采用一种叫 TCP/IP 的协议来及时交换信息。互联网电子商务就是现代国际商业的最新形式。它以计算机、通信技术、多媒体技术、数据库技术为基础，通过互联网络，在网上实现营销、购物服务。

3. 基于 Intranet 的电子商务

Intranet 是在 Internet 基础上发展起来的企业内部网，或称内联网。它在原有的局域网上附加一些特定的软件，将局域网与互联网连接起来，从而形成企业内部的虚拟网络。它与 Internet 之间的最主要区别在于：Intranet 内的敏感或享有产权的信息受到企业防火墙安全网点的保护，它只允许有授权者进入内部 Web 网点，即外部人员只有在许可条件下才可以进入企业的 Intranet。

1.3.4 按照交易对象分类

按交易对象进行分类，电子商务主要有以下 5 种类型，一般称作电子商务的 5 种应用模式。

① 企业与消费者之间的电子商务——B2C。这是消费者利用互联网直接参与经济活动的形式，类同于电子化的零售商务，如亚马逊、当当等。

② 企业与企业之间的电子商务——B2B。B2B 方式是电子商务应用最重要和最受企业重视的形式，如阿里巴巴。

③ 企业与政府方面的电子商务——B2G。这种商务活动覆盖了企业与政府组织间的各项事务。

④ 消费者与消费者之间的电子商务——C2C。个人利用互联网进行的交易活动，如淘宝网、易趣网等。

⑤ 消费者与政府之间的电子商务——C2G。C2G 是政府的电子商务行为，不以营利为目的，主要包括政府采购、网上报关和保税等。C2G 电子商务除了可以使政府给公众提供方便、快捷、高质量的服务外，更重要的是可以开辟公众参政、议政渠道，建立政府与公众良性互动平台。

1.3.5 从商贸业务过程中的不同阶段角度分类

电子商务从商贸业务过程中的不同阶段角度分类，可分为 3 类。

① 支持交易前的系统：将商贸信息公布在互联网上提供查询业务等。

② 支持交易中的系统：在买卖双方之间，交换商贸活动中的各种业务文件及单证等，如直接索要报价单、洽谈商品价格等业务细节、填送订购单、支付购货费用、出具发货通知单等一系列单证和票据交换。

③ 支持交易后的系统：主要涉及银行、金融机构和支付问题，要求该系统能够完成资金的支付、清算及货物承运等功能，这种方式对数据交换的可靠性和安全保密性的要求很高，不但要求资金可靠，同时要求账号、数字签名、开户银行等严格保密。

1.4 电子商务对人类经济活动的影响

电子商务推动了社会经济的发展，以第三方电子商务平台为核心的电子商务生态系统聚合了庞大的买家和卖家资源，促进了网商群体的产生，吸引了大量的合作机构的参与，如银行、物流、保险、IT 企业和营销机构等由这些核心平台、网商群体及合作机构组成了完整的开放生态系统。电子商务已经成为带动金融信贷业、IT 行业、会展业等多行业领域新增发展机会的重要引擎，产生了巨大的经济效益和社会价值。

1.4.1 电子商务对企业的影响

1. 电子商务将改变企业的生产方式

电子商务带给企业更多的开拓市场的机会，以及和消费者之间更加密切的信息交流场所，从而给企业提供了把握市场和消费者需求的能力，使企业决策者能及时地了解消费者的爱好、需求和购物习惯，从而促进了企业开发新产品的能力，缩短了企业开发新产品的周期。电子商务对企业传统商务的影响如表 1.4 所示。

表 1.4 电子商务对企业传统商务的影响

项目	传统商务	电子商务
进入市场条件	垄断	开放
商品信息供给	信息传播面小，传播速度慢	信息透明，传播快捷
交易时间	规定时间内	任意时间
交易地点	固定地点和空间	虚拟空间
销售渠道	供应链	去中介性

闻名于世的戴尔公司，其成功主要源于直销模式及其背后的装配和配送体系。这种模式的精华在于按需定制，在明确顾客的需求后迅速回应，并直接向顾客发货。通过这种独特的顾客定制和直销模式，戴尔公司尽最大可能地压缩了库存，并通过减少中间渠道环节，降低了成本。戴尔获取了超越其他竞争对手的竞争优势，而且也能够更敏锐地感受到顾客需求。

2. 电子商务将改变企业的经营方式

首先，电子商务带给企业新的产品推广平台，企业可以通过网站推广、电子邮件、新闻组、赞助栏目等多种广告渠道进行产品宣传，以较低的价格、灵活的交互方式取得良好的收效；同时，网络广告的定向和分类性可以帮助企业寻找到目标顾客，减少不必要的资金浪费。

其次，电子商务使企业实现无店铺经营，尤其是虚拟产品如软件、音乐、电子书籍等商品的销售。即使是有形商品，通过网上店铺经营，企业也可以扩大销售范围，降低经营实体店铺的各项支出。这也为很多中小企业甚至是个人进入电子商务领域提供了机会。

最后，电子商务使企业更好地服务消费者。企业可以通过在线咨询与问答、FAQs、电子邮件、网上技术与支持等为顾客提供完善的服务，而无须如传统商务那样只能通过电话或实地服务。网上客户服务一方面能够满足消费者的需求，另一方面可以降低企业的服务成本，与顾客频繁、广泛、深入的交流可以使企业获得更多的信息，如顾客的意见或建议，从而获得长久的发展。

1.4.2 电子商务对社会的影响

随着电子商务魅力的日渐显露，虚拟企业、虚拟银行、网络营销、网上购物、网上支付、网络广告等一大批前所未闻的新词汇正在为人们所熟悉和认同，这些词汇同时也从另一个侧面反映了电子商务正在对社会和经济产生的影响。

1. 电子商务将改变商务活动的方式

传统的商务活动最典型的情景就是“推销员满天飞”“采购员遍地跑”“说破了嘴、跑断了腿”；消费者在商场中筋疲力尽地寻找自己所需要的商品。现在，通过互联网只要动动手就可以了，人们可以进入网上商场浏览、采购各类产品，而且还能得到在线服务；商家们可以在网上与客户联系，利用网络进行货款结算服务；政府还可以方便地进行电子招标、采购等。

2. 电子商务将改变人们的消费方式

网上购物的最大特征是消费者的主导性，购物意愿掌握在消费者手中；同时消费者还能以一种轻松自由的自我服务方式来完成交易，消费者主权可以在网络购物中充分体现出来。

3. 电子商务将给传统行业带来一场革命

电子商务是在商务活动的全过程中，通过人与电子通信方式的结合，极大地提高了商务活动的效率，减少了不必要的中间环节，传统的制造业借此进入小批量、多品种的时代，“零库存”成为可能；传统的零售业和批发业开创了“无店铺”“网上营销”的新模式；各种线上服务为传统服务业提供了全新的服务方式。

4. 电子商务将转变政府的行为

政府承担着大量的社会、经济、文化的管理和服务的功能，尤其作为“看得见的手”，在调节市场经济运行，防止市场失灵带来的不足方面有着很大的作用。在电子商务时代，企业应用电子商务进行生产经营，银行进行金融电子化，以及消费者实现网上消费的同时，将同样对政府管理行为提出新的要求，电子政府，或称网上政府，将随着电子商务发展而成为一个重要的社会角色。

1.4.3 电子商务对经济规律的影响

随着电子商务的发展，电子商务对经济规律也产生了深刻的影响。经济规律是在一定条件下对经济现象的本质体现，当原有的经济条件改变时，相对应的经济规律也会改变，呈现出新的表现。了解电子商务对经济规律的影响，就能更加深刻地把握电子商务以及经济发展的本质。电子商务对经济规律的影响具体表现在以下几个方面。

1. 边际收益递减规律被边际收益递增规律所代替

边际收益递减规律是经济学的一个基本概念，指在短期生产过程中，在其他条件不变（如技术水平不变）的前提下，增加某种生产要素的投入，当该生产要素投入数量增加到一定程度以后，增加一单位该要素所带来的效益增加量是递减的。通常来说，一个以资源作为投入的企业，在一定规模内，当各种生产要素都没有发挥全部功效时，增加每一单位某种要素，产出都会提高。超过这个规模，一旦某一种要素达到效用最大而供给仍保持不变时，再增加其他生产要素，收益递减规律开始发挥作用。在信息经济中，这个规律的作用发生了变化，收益已经超过了规模对它的限制。例如，在工业经济中，当食物超过一定数量，消费者消费食物产生的满足感就会下降，对食物的需求就会减少，因此销售商的收益就会减少。在信息经济中，微软公司的用户数越多，其软件的需求量就会越大。因为微软用户已经被锁定在某一个文字处理系统上，他们不愿意使用新的系统，所以就要不断购买原系统的新版本。微软公司也是意识到这一规律，因此不断推出新的软件版本，也就不断从老用户身上获取利润。

2. 达维多定律

达维多定律是由曾任职于英特尔公司高级行销主管和副总裁威廉·H·达维多（William H Davidow）提出并以其名字命名的。达维多认为，任何企业在本产业中必须不断更新自己的产品。如果被动地以第二家或者第三家企业将新产品推进市场，那么获得的利益远不如第一家企业作为冒险者获得的利益，因为市场的第一代产品能够自动获得50%的市场份额，尽管可能当时的产品还不尽完善。例如，英特尔公司的微处理器并不总是性能最好、运行速度最快的，但是英特尔公司始终是新一代产品的开发者和倡导者。

达维多定律告诉我们：在网络经济中，企业就要不断创造新产品，只有不断创造新产品，及时淘汰老产品，使成功的新产品尽快进入市场，才能形成新的市场和产品标准，从而掌握制定游戏规则的权利。在一定的条件下，某种技术或产品的优势或劣势一旦出现并达到一定程度，就会导致其不断地自行强化，强者越来越强，弱者越来越弱，即马太效应。

3. 梅特卡夫定律

梅特卡夫定律是一种网络技术发展规律，是3Com公司的创始人，计算机网络先驱罗伯特·梅特卡夫提出的。定律内容为：网络的有用性（价值）随着用户数量的平方数增加而增加。梅特卡夫定律揭示了互联网的价值随着用户数量的增长而呈算术级数增长或二次方程式的增长的规则。根据这一观点，增加网络和其他通信技术的介入用户数量，将获得巨大效益。网络的用户人数越多，该网络的价值就越大。

4. 摩尔定律

摩尔定律是由英特尔（Intel）创始人之一戈登·摩尔（Gordon Moore）提出来的。其内容为：当价格不变时，集成电路上可容纳的元器件的数目，每隔18~24个月便会增加一倍，性能也将提升一倍。换言之，每一美元所能买到的计算机性能，将每隔18~24个月翻一倍以上。这一定律揭示了信息技术进步的速度。

“摩尔定律”是一个揭示用不断地奔跑赢得短暂市场机遇的现象的定律，这种做法使领先的厂商赢取合理的领先收益，并使整个市场以普及的势头向消费者倾斜。它不断地发掘巨大的市场需求，而不是靠垄断和霸权来剥削消费者，它是推动产业进步的动力。

总而言之，作为一种商务活动过程，电子商务将带来一场史无前例的革命。其对社会经济的影响会远远超过商务的本身，除了上述这些影响外，它还将对就业、法律制度以及文化教育等带来巨大的影响。电子商务会将人类真正带入信息社会。

1.4.4 电子商务的消极影响

1. 对消费者的消极影响

（1）损害身体健康

社会化电子商务的发展，使人们越来越沉迷于网购和享受网购的便捷性，而不愿意走出家门，从而导致运动量的急剧减少；加上不合理地安排上网时间，受计算机的长期辐射，使得人们的身体状况日益变差。长期上网容易引起很多疾病的发生，精神上常表现为情绪低落、头昏眼花，身体上常见的为颈椎病、腰椎病、疲乏无力、食欲不佳等。

（2）增加购物时间成本

当比较电子商务和实体店购物时，人们总会意识到网购的方便快捷，但是只从交通时间上进行比较是极其片面的。在传统购物中，人们进行消费的一个主要特点是眼见为实，交易很安全，很少有退换货的发生，加之导购员的推荐，容易促成交易的形成。然而网络展示的商品图片大多数是经过修饰的，质量、款式等得不到保障，消费者信任度低且商品信息容易获得，消费者为了获得最大效用，会尽可能多地比较各个商品的信息，这就增加了购物的时间成本。当买到不合适或有缺陷的商品时，退换货需要很长的时间，从而不仅增加了商品的时间成本，也可能增加商品的总成本。

（3）安全问题

在电子商务发展的同时，电子商务网络系统的连接能力也在不断地提高。但在连接能力、信息流通能力提高的同时，基于网络连接的安全问题也日益突出，如电子商务网络的物理安全、电子支付资金安全等。

2. 对经济发展的消极影响

（1）商家的诚信度问题

电子商务中商家的诚信度问题是电子商务发展的最大障碍之一。电子商务普遍地不重视后台建设，一些网站过度炒作。

（2）过度恶性竞争

资本循环的目的是使资本增值，价格战带来后果是亏本营销。许多公司的营销成本已经远超销售额。

（3）发展过于盲目

似乎凑几个人，筹点资金，一个网站就建立起来了，想方设法拉上几个企业在网上销售商品，贴上电子商务的标签，就堂而皇之成为电子商务企业了。一时间国内网站如雨后春笋般迅速发展起来，但仔细看来，许多网站之间没有太明显的区别。一些企业为了提高知名度，制造轰动效应，以求将来上市，不踏踏实实在商务上下工夫，而是利用各种媒介炒作。

实验训练

1. 登录阿里巴巴、当当、淘宝网站，了解这些电子商务网站的功能。

2. 使用百度、谷歌等搜索自己感兴趣的话题，并比较搜索结果的差异。

3. 体验一下在天猫或京东商城购买商品，把购物过程中的过程、体会、经验、教训、对网站或卖方的建议等进行描述。

练习题

1. 如何正确理解电子商务的含义？它有哪些分类方式？

2. 比较分析传统商务与电子商务的优劣势。

3. 家具行业开展电子商务活动相对传统商务活动而言可持续的竞争优势是什么？劣势是什么？机会在哪里？

4. 访问 3 个主要的电子商务网站，了解这 3 个网站的盈利模式。

5. 中国电子商务的发展趋势以及面临的主要问题是什么？

6. 你认为网络购物安全吗？是否会因担心其安全性而放弃网络购物？

7. 举出几个你身边电子商务运用的例子，说明电子商务是如何改变人们的生产和生活的。

8. 分别访问 B2B、B2C、C2C 的典型网站，指出它们所经营的产品、下订单方式、支付方式、物流配送方式，并指出它们在经营上有何区别，分析它们对我们开展的电子商务活动有何启发，写出 2 000 字左右的书面报告。

9. 你有网上开店的想法吗？说说你的创意。

第2章 电子商务商业模式及盈利模式

【学习目标】

本章主要介绍商业模式的概念及分类，使读者了解 B2B、B2C、C2C 3 种模式的特点、分类及典型网站；理解新兴的电子商务模式及特点；能运用商业模式的内涵分析网站的特点；理解盈利模式定义及分类。

【导入案例】

分众传媒

分众传媒（Focus Media）——中国领先的数字化媒体集团，创建于 2003 年，产品线覆盖商业楼宇视频媒体、卖场终端视频媒体、公寓电梯媒体（框架媒介）、户外大型 LED 彩屏媒体、电影院线广告媒体、网络广告媒体等多个针对特定受众，并可以有机整合的媒体网络。2005 年 7 月，分众传媒成功登陆美国 NASDAQ，成为海外上市的中国纯广告传媒第一股。2012 年 8 月，分众传媒宣布开始私有化进程。

2014 年下半年，分众传媒的楼宇电梯广告加入 WiFi 热点之后，增加了互通、互联、互动功能，分众传媒及时抓住移动互联网，成为一个 LBS（基于位置的服务）的公司。它通过楼宇的基于地理位置的广告平台与移动互联网上的所有客户端进行互动。

分众传媒在 2015 年 2 月 14 日“情人节”当天，推出了“全城示爱”活动——只需关注活动微信公众账号“qcshiai”并提交对他/她的表白内容，就能在全城分众框架显示屏上看到自己的示爱话语像弹幕一般滚动而过。鉴于弹幕的表达方式，用户上传的表白内容上限为 50 个字，随后可选择示爱城市以及特定楼宇作为投放地点。小区楼下、办公大楼、购物中心都成为了表白弹幕的轰炸中心。如果某栋楼宇没有设置框架显示屏，则可以勾选“全城投放”。

虽然无法统计目标人群年龄，分众预计参与用户主要将会来自全国热衷于弹幕文化的“80 后”“90 后”和“00 后”。情人节当天，全国 15 万块分众广告屏幕滚动播放这些“表白”，参与活动的地区包括上海、北京、广州、深圳等 20 座城市。分众传媒称，“全城示爱”自 1 月 21 日推出后受到十万粉丝关注，上传至后台的表白条数也达到十几万。

“全城示爱”无疑开创了一个新的互动模式，同时也说明分众凭借自身的媒体资源在 LBS、O2O、大数据等互联网新鲜领域进行尝试，实现了媒体的转型升级，推动户外媒体进入了一个线下/线上互动，媒体即渠道、渠道即媒体的时代。

（资料来源：根据网络资料整理）

【思考】

1. 分众传媒作为中国纯广告传媒，对这次成功的营销活动，你认为它的创意在哪里？

2. 这种商业模式相对于你认知的电子商务模式有什么不同？

2.1 商业模式概述

管理学大师彼得·德鲁克说过："当今企业之间的竞争，不是产品之间的竞争，而是商业模式（Business Model）之间的竞争。"在经济日益信息化和全球化的今天，商业模式的重要作用已经得到社会各界的高度重视。有一个好的商业模式，企业成功就有了一半的保证。

2.1.1 电子商务商业模式含义及特征

1. 商业模式内涵

迈克尔·拉帕认为："商业模式就其最基本的意义而言，是指做生意的方法，是一个公司赖以生存的模式，一种能够为企业带来收益的模式。"他认为，商业模式规定了公司在价值链中的位置，并指导其如何赚钱。

Osterwalder.Pigneur 和 Tucci 从战略视角来解释商业模式，认为商业模式是一个理论工具，它包含大量的商业元素及它们之间的关系，并且能够描述特定公司的商业模式。它能显示一个公司在以下一个或多个方面的价值所在，客户、公司结构，以及以盈利和可持续性盈利为目的，用以生产、销售、传递价值及关系资本的客户网。其主要要素如表 2.1 所示。

表 2.1 商业模式要素

要素	关键问题
价值体现（主张）	消费者为什么买你的东西
盈利模式	如何赚钱
市场机会	目标市场、市场容量
竞争环境	竞争对手、市场环境
竞争优势	进入目标市场的特点和优势
营销战略	对产品和服务的销售计划、渠道
组织发展计划	组织结构
管理团队	各类员工和领导

（1）价值主张

价值主张指基于技术的产品为用户创造的价值，其核心问题是目标客户。企业所创造的价值中，最为重要的是客户价值，客户是企业立足于不败之地的根本，企业必须能够有效地识别、分析并解决客户的需求问题。然而，因为企业经营范围不同、客户市场类型多样，企业需要依据自己的情况，确定自己的客户市场，解答企业自身"给谁提供"与"提供什么"的问题。

（2）盈利模式

盈利模式是企业如何从客户手中获得收入产生利润，以及获得高额的投资回报的策略与技术。例如，广告盈利模式是为企业、客户等广告主提供广告宣传的场所，并向广告客户收取一定的费用。交易费用盈利模式是企业收取授权或进行交易的费用，如天猫的很大一部分销售盈利来自于入驻天猫平台的商家或企业。

（3）市场机会

市场机会指企业所预期的市场,以及企业在该市场中有可能获得的潜在财务收入的机会。

（4）竞争环境

竞争环境是指在同一个市场空间中经营，销售同类或相似产品的企业所处的环境。影响企业竞争环境的因素有活跃的竞争对手，企业规模，竞争对手所占的市场份额，企业的盈利情况、定价情况等。

企业直接竞争对手是指那些在同一细分市场上销售同类产品或提供类似服务的企业；企业间接竞争对手指处于不同的行业但仍然产生竞争的企业。在任何一个细分市场中，若存在着大量的竞争对手，则意味着该市场利润大，也表明门槛低、商家多。总之，企业要培养自己的竞争力才能在市场中立足。

（5）竞争优势

竞争优势是当企业能够比它的竞争对手生产出更好的产品或是向市场推出更低价格的产品，该企业就获得了竞争优势。其特点主要体现在其他竞争对手难以模仿或者模仿成本高。

（6）营销战略

营销战略是由如何进入一个新市场、吸引新客户的具体举措构成的营销计划。将企业的产品和服务推销给潜在消费者就是营销。一个好的营销计划是企业获得成功的开始。无论企业本身有多好，制定和执行营销战略对企业来说是至关重要的。

（7）组织发展计划

组织发展计划是描述企业如何组织所要完成的工作。每个企业都要有一个组织来有效地实现它们的商业计划和战略。

（8）管理团队

管理团队为企业中负责各类业务模式运作的员工。企业的每个业务模式都需要有专门为之负责的运作团队。一支强有力的管理队伍能让业务模式迅速地获得投资者的信任，能准确地捕捉市场信息，并从商业计划的实施中积累经验。项目经理人是团队的核心，好的管理者要具备系统的知识和技能及驾驭团队的能力，它是企业取得竞争优势的源泉。

2. 商业模式的特征

依据上述商业模式定义与构成要素的理解，商业模式的特征包括以下几个方面：系统性、差异性、动态性、共赢性。

（1）系统性

商业模式是由一系列要素组合而成的有机整体，这些要素间紧密联系。这些要素间的协调性会影响整个商业模式的成败。在分析商业模式时，也必须从整体上去把握。

以小米为例，当谈到“小米公司的商业模式”时，大家会想到小米的“饥饿营销”。其实，在商业模式的构成要素方面，小米与同行其他手机厂商相比有其自身的优势。

首先，小米手机给用户的感觉是性价比高，低价格、高配置；主要迎合了市场空间较大的消费者群体；除了与三大运营商合作的定制机，小米还采用自己官网的直销模式；在整个销售过程中，小米公司建立了庞大的客户管理系统，并对其网络客户关系进行维护，根据用户反馈不断改进完善，从而获得快速发展的基础。

其次，小米手机拥有强大的研发核心团队（原谷歌、摩托罗拉、金山、微软等著名公司的技术骨干）；通过小米论坛、微博、小米同城会（网络社区）等低成本、快捷途径，将粉丝和用户的产品需求信息直接融入其研发之中；同时，小米公司走精品手机路线，款式不会更新很快，但软件的功能更新速度快，并根据用户的意见不断创新。

最后，为实现手机的高配置，小米公司选择全球顶尖公司的产品（如高通公司的芯片、LG 公司的电池、夏普公司的液晶屏、三星公司的内存卡等），作为配件，其强大的手机市场需求也增加了自身的谈判能力，进而能够获取低价采购；小米公司把握具有高附加值的研发、品牌运营环节，将相对低附加值的生产直接外包，从而赢得了较大份额的国内手机市场。由此可见，饥饿营销只是小米公司吸引粉丝、潜在购买者的一个手段，是商业模式中的一部分，而其他环节的紧密结合，促成了小米公司的成功，这是商业模式各要素紧密结合的结果。

（2）差异性

要想在同行业竞争者中脱颖而出，企业必须拥有自身的竞争优势。而这种竞争优势能够体现在企业的商业模式中，我们可以称为“难以被模仿、难以被复制”。当今，产业格局竞争加剧，即便是拥有先见之明的企业能够迅速发现并占据一块新的市场，随后不久，企业也很容易陷入红海竞争的困境。所以，拥有一个好的商业模式就显得十分必要。

好的商业模式主要依托企业的部分要素的独特性优势，通过借助这些优势，企业能够阻碍对手实现短时间模仿。商业模式拥有一定的可持续性，可以在一定的时间内保持相对稳定。如小米公司，其他企业可以模仿小米公司的网络直销、网络预订、原料采购、不断试错机制、生产外包等，却很难去模仿小米公司的研发团队、企业文化、品牌等因素。因此，商业模式本质上有差异性的特性。

（3）动态性

企业的外部环境变化迅速，客户的需求和竞争者不断变化。对每个企业而言，拥有快速响应市场的能力就意味着把握了市场的先机。而这种快速响应市场能力就是企业商业模式的动态性。商业模式的动态性是通过商业模式的创新来实现的。为了保持一定的竞争优势，商业模式各构成要素的内容、结构或关系不是一成不变的。因此，商业模式的构成要素需要在动态的协调中变化。

（4）共赢性

客户、企业与合作者是共赢的关系。任何一方的价值需求得不到满足，商业模式都难以成功。首先，商业模式的核心围绕客户价值而展开。客户因得到产品或服务的价值，并对企业给予相应的回报后，企业才可以拥有后续生存的动力。换句话说，客户需求是企业生存的根基。无论采取何种手段，借助何种路径，企业必须时时刻刻地围绕着客户的需求，进而保证所提供的价值是客户所需要的。其次，企业创造的价值离不开合作伙伴的支持，企业得到回报后，只有通过让渡部分有吸引力的利益于合作企业，稳定的伙伴关系才可以建立。最后，商业模式离不开各方的参与，只有各方的价值同时得到满足，整个系统才可能有序地进行下去。

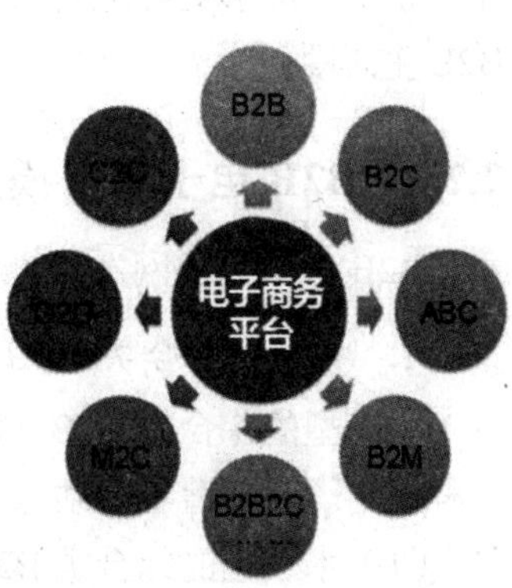

图 2.1　常见的电子商务类型

2.1.2　电子商务模式的分类

电子商务模式常见的类型有 B2B、B2C、C2C、O2O、C2B、B2B2C 等，如图 2.1 所示。

2.2 B2B 电子商务模式

B2B 电子商务模式是指企业与企业之间的营销关系。它将企业内部网、B2B 网站与客户相连，利用互联网的特点，为客户提供更好的服务，从而使企业得到更好发展。

2.2.1 B2B 含义及发展现状

1. B2B 含义

B2B（Business to Business）是指商家对商家的电子商务，即企业与企业之间通过互联网进行产品、服务及信息的交换。企业使用 Internet 技术及商务网络平台，完成商务交易的过程。B2B 交易过程包括：供求信息的发布，订货及订单过程确认，支付过程及票据的签发、传送和接收等。B2B 电子商务不仅能够降低交易成本，提高效率，而且随着新型电子商务基础行业的不断涌现，扩大了企业间电子商务活动的行业范围，为企业特别是中小企业提供了高效、快捷的市场平台，成为近年来电子商务最活跃的领域之一。

2. B2B 发展阶段

随着中国经济全面进入“新常态”，由人口红利、低劳动力成本带来的出口优势渐趋弱化，内需成为拉动经济发展的核心引擎。国家持续扩大内需的政策刺激给中小企业带来了更多发展机会。在此背景下，国内企业（尤其是中小企业）转型动力巨大，而企业也逐步认识到 B2B 电商在帮助自身提升流通效率、降低流通成本、拓展市场渠道方面的作用，开始纷纷主动转型触网，B2B 电商成为众多中小企业落实“互联网+”跨出的第一步。另外，国内百度、阿里等互联网巨头们也一直致力于培育自己的生态圈，通过垂直性 B2B 在各自行业里打造产业生态圈，引领“互联网+”趋势。

国内 B2B 主要经历了两个阶段。第一个阶段是信息阶段，主要是解决信息不对称性的问题，通过建立网络 B2B 平台，让买卖双方发布供求信息，进行商业信息的沟通交流，在这个过程中产生了新的商业机会；第二个阶段是服务阶段，也就是目前国内各行业 B2B 正在经历的阶段，这个阶段主要是进行从销售管理到客户服务，到供给侧生产供应链的改革，这是一套行业企业提升效率、重配资源、降低成本的解决方案，不再是一个商业模式，更像是一个生态系统，能够更好地去服务于各个行业的各个细分产业的合作伙伴，能够合作共赢，共建 B2B 生态圈。

2.2.2 B2B 电子商务模式分类

B2B 电子商务网站分为水平型与垂直型。

1. 水平型综合类 B2B 网站

水平型的综合类 B2B 网站可以为多个行业的企业提供在线交易服务，其信息和服务的综合程度高。此类著名的站点有：阿里巴巴、慧聪网、中国制造网、环球贸易网等。

（1）水平型的综合类 B2B 网站的盈利模式

水平型 B2B 网站可以产生很大的利润流。通常情况下，如果水平型 B2B 网站将眼光放在广告上，那么可以有一个很好的盈利的机会。另外，水平型 B2B 网站通常会举办网上拍卖会。这时，网站可以向成交的卖方收取一定比例的交易费。水平型 B2B 网站还可以靠出售网上店面来赚钱。除此之外，水平型 B2B 网站还可以自己开展电子商务，从商务活动中直接赚钱。水平型 B2B 网站的盈利模式如表 2.2 所示。

表 2.2　水平型 B2B 网站的盈利模式

利润来源	概　　述	代　　表
交易费用	很多拥有 B2B 电子交易市场的公司都对在其网站上达成的交易收取一定额度的交易费用，通常是交易额的一个百分比。无论是取自买方还是卖方，都是网站的一个主要的收入来源	Chemdex 之类一手包办产品的库存与物流的网站，以及像 Fast Parts 一样，仅建立虚拟交易市场让买卖双方见面的网站
拍卖佣金	有买方主导和卖方主导两种拍卖形式，网站向卖方抽取提成。该模式对卖方的好处在于，如果交易不成，则无须付费	Paper Exchange 向卖方抽取成交金额的 3%
软件许可费	是大部分 B2B 平台软件商的主要利润来源	拍卖软件商 Open Market 表示，软件许可费是其相当重要的财源
广告费	目前是许多电子商务公司一个主要收费项目。电子商务公司可以对网上显示出来的一切有关商品、商家的信息进行收费，一些网上拍卖市场会对参加拍卖商品的信息展示进行收费。即使一些公司并不把信息展示费看得很重，但它们可以利用对商品征收展示费来保证所列商品的质量。这是因为一般厂家不会花钱将别人不会要的劣等品展示出来。这样可以防止网上商品泛滥，将优质品淹没	Verticalnet 每个网站都有专门的页面，介绍其商品和服务。赞助商广告则以最常见的横幅广告为主。另外，许多拍卖网站也向店家收取商品的登录费用，虽然该收入不是利润的主要来源，却可确保商家的品质与信誉。广告费并不应该是一个盈利的核心。它应该只是一个商业模式的附属品。正如目前许多公司所做的，它们可以免费为一些公司登广告，对信息也不收费，因为它们希望通过这样增加其他方面的收入，如拍卖佣金等，这些收入的增加可以用来补偿其广告费用，而且有利于促进其品牌的传播
出售“内容”	收集整理厂商目录、客户信息、业界动态等	以 Verticalnet 为代表，其模式是收集不同厂家的产品目录，然后添加搜索功能让买家使用更为方便
节省成本的回报	电子市场为买卖双方带来可观的成本缩减，在此模式当中，网站从商品差价中提成。好处在于将采用新交易模式的投资报酬纳入盈利渠道，如果成本不减反增，则无须付费	互联网咨询业中常见
其他服务费用	专门提供 B2B 所必需的资金流、物流或应用软件等方面的服务，分享利润，如信用卡公司提供的信用认证	如 Corio 的 eMarket 软件专为电子交易市场量身定做，用来集成市场的交易机能与公司的 ERP、CRM 及 SCM 等系统

（资料来源：中国计算机报 总期号：936）

（2）水平型综合类 B2B 网站的困境

水平型 B2B 网站为了给诸多行业厂家提供服务，因此，综合类 B2B 网站追求“全”，即行业全、服务全，这样才有竞争力。但因为太“全”，使得综合类 B2B 网站相对来说对每个行业都不专业。对水平型 B2B 网站来说，如何在“全”和“好”之间找到平衡点，是需要解决的问题。

2. 垂直型 B2B 网站

垂直型 B2B 网站将上游的供应商和下游的销售商聚集在一起。生产商或商业零售商可以与上游的供应商之间形成销货关系，如 Dell 计算机公司与上游的芯片和主板制造商就是通过这种方式进行合作的。生产商与下游的经销商可以形成供货关系，如 Cisco 与其分销商之间进行的交易。著名的垂直型 B2B 网站有：全球纺织网、中国化工网、全球五金网等。

垂直型 B2B 网站专业性较强，面临的是本行业的客户，这些客户具有较高的潜在购买力，在广告效用上效果较好。因此，广告收入是垂直型 B2B 网站的主要盈利来源。除此之外，垂直型 B2B 网站还通过产品列表以及网上商店门面收费、向拍卖交易成功的卖方收取一定比例的交易费、收取客户的信息费等。

同时，垂直型 B2B 网站面临的最大挑战是很难转向多元化经营或向其他领域渗透，这是由其具备鲜明行业特征的专门知识和客户关系所决定的。

2.2.3 典型网站

1. 慧聪网

慧聪网成立于 1992 年，是国内 B2B 电子商务服务提供商。慧聪网形成了以中关村在线为首，包括家电电子商务公司、汽车产业电子商务公司、化工电子商务公司、酒店用品电子商务公司、工程机械电子商务公司、安防电子商务公司、电子产业电子商务公司在内的 8 家垂直电子商务公司。同时，慧聪网还拥有消费品电子商务公司（包括 18 个行业）、工业品电子商务公司（包括 20 个行业）、慧聪 O2O 电子商务产业园公司、神州数码慧聪小贷公司以及兆信防伪科技公司 5 家独立公司，总共 13 家独立公司，专注于电子商务、金融、地产及防伪四大领域。

作为一个 B2B 网站，慧聪网通过企业上网解决方案、网络营销、商务服务及专业市场四大部分的功能，提供全面、完整、多选择的服务，以此获取利润。与阿里巴巴唯一不同的是，慧聪网是靠资讯起家，资讯一直是其强项。资讯方面的优势始终是慧聪保持行业地位的法宝。慧聪网的产品和服务主要有以下这些。

① 买卖通是慧聪网为企业提供的网上做生意、结商友的诚信平台，企业可以通过买卖通建立起集合产品展示、企业推广、在线洽谈、身份认证等多种功能的网络商铺，以获得更多的商机。

② 商机搜索。将专业的行业信息融入搜索结果之中，提供给客户更为准确的专业的搜索结果，且将搜索结果按照行业性质分类，使企业准确定位目标人群，有效投资传播推广和掌握自己的投入计划。

③ 慧聪商情广告。在全国发行，成为商情报价、产品广告、产品技术信息为主的引述品广告媒体。其信息量庞大、及时、集中、针对性强，便于行业内厂商与用户查询，成为供需双方的信息沟通渠道之一。

④ 资讯大全。按照全新的商业视角把行业市场资讯、产品、黄页等信息加以汇编整合成册，致力于为行业经营者、用户提供具有商务价值的行业资讯信息，解决行业发展各环节存在的信息取向烦琐问题。

⑤ 慧聪发发。它是慧聪网发布的一款网上交易即时沟通软件，帮助服务商把握商机、在线洽谈生意、结交商界网友，目前，已有手机绑定功能。

⑥ 行业研究与媒体监测。慧聪主要聚焦于 IT、通信、消费电子、汽车、制药、媒体等行业市场研究和 1 400 多家平面媒体监测与 6 000 多个网址源监测的媒体服务，致力于在行业研究、市场调查、营销策划及管理咨询等多层次的高品质服务。详见网站 http://www.hc360.com/。

2. 阿里巴巴

阿里巴巴网络技术有限公司（简称阿里巴巴集团）是以马云为首的 18 人，于 1999 年在中国杭州创立，他们相信互联网能够创造公平的竞争环境，让小企业通过创新与科技扩展业务，并在参与国内或全球市场竞争时处于更有利的位置。

阿里巴巴集团经营多项业务，主要包括淘宝网、天猫、聚划算、全球速卖通、阿里巴巴国际交易市场、1688、阿里妈妈、阿里云、蚂蚁金服、菜鸟网络等。2014 年 9 月 19 日，阿里巴巴集团在纽约证券交易所正式挂牌上市，股票代码为“BABA”。2015 年，阿里巴巴总营收为 943.84 亿元人民币，净利润为 688.44 亿元人民币。

阿里巴巴的战略目标是要成为一家持续发展 102 年的公司，成为全球十大网站之一，成为全球最大电子商务服务提供商，让天下没有难做的生意。从阿里巴巴当前的目标客户结构来看，中小企业已经不是主要目标，它更多地希望把直接消费者培养成为忠诚客户，有需求就有供应，需求是供应商最强的动力，也是供应商得以生存的根本。因此，马云敢于提出在淘宝投入 20 亿元，打造全新的生活消费模式。越来越多的中国人接受了在淘宝购物的观念，直接带动了更多的企业进入网上直销，带动了现代物流业的倍速增长，创造了更多的就业机会。

阿里巴巴的盈利模式从发展付费会员逐渐向开发综合应用、增加收入渠道发展。收取会员费是阿里巴巴初始的盈利途径，它先通过低价甚至免费吸收大量的会员，之后通过提高收费标准剔除大量低效益会员和一些恶意用户，从而牢牢地掌握了通过缴纳会员费获取收益的老会员，之后通过品牌效应、口碑营销不断发展新会员，会员费的增长是阿里巴巴目前营业收入的主要组成部分。

除了会员费外，网站竞价排名、阿里软件服务、支付宝、阿里贷款、旗下所有的网站广告推广、贸易培训、阿里商学院教育产业和物流都是阿里巴巴的利润来源。

2.3 B2C 电子商务模式

据智研数据研究中心发布的《2016—2022 年中国 B2C 电子商务市场研究与投资方向研究报告》显示，从 B2C 市场未来发展情况看，随着网络购物用户网络购物意识的逐渐成熟及网络购物行为的日趋理性，产品品质及服务水平成为影响网络购物用户购买决策的重要因素，对品质产品的诉求将继续推动 B2C 市场的高速发展。

2.3.1 B2C 含义及发展现状

B2C 中的 B 是 Business，即商业供应方（泛指企业），C 是 Consumer，即消费者。B2C 电子商务是按电子商务交易主体划分的一种电子商务模式，即表示企业对消费者的电子商务，这种形式的电子商务一般以直接面向客户开展零售业务为主，主要借助于互联网开展在线销售活动，故又称为电子零售（电子销售）或网络销售。

中国电子商务研究中心 2016 年 9 月 7 日发布的《2016 年（上）中国网络零售市场数据监测报告》显示，2016 年上半年中国网络零售市场交易规模达 23 141.94 亿元，相比 2015 年上半年的 16 140 亿元，同比增长 43.4%。从报告中可以看出，中国已经成为全球最大的 B2C 市场，并且我国 B2C 网络零售市场首次超过 C2C 成为市场的主体。越来越多的消费者已经逐渐接受方便快捷的网络购物，尤其是作为 B2C 类型代表的天猫、京东、苏宁等大型综合平台，不仅是送货上门，还对于产品质量有较为稳定的保证。

2.3.2 B2C 电子商务模式分类

1. 按照是否负责销售相关环节分类

（1）平台式 B2C 网站

平台式 B2C 网站指为企业或卖家提供交易平台，但对销售、物流等相关环节不负责的网站。天猫是该模式的典型代表。2015 年天猫“双十一”总交易额为 912.17 亿元，创造了历史新高，在整个 B2C 市场位居首位。天猫只提供一个平台，而把仓储、物流、售后等环节交给入驻平台的商家。

（2）自主销售式 B2C 网站

自主销售式 B2C 网站是指产品销售相关各环节由运营商完成的网站。近年来，京东、唯品会、苏宁易购迅速崛起，在终端消费市场获得极大利润。而垂直电子商务企业正在抢占各自不同类型的市场，并已经逐步统领整体行业的发展，如专注细分时尚服装领域的“YOHO!有货”、农资电商“农商 1 号”以及受二胎人口红利利好影响的专注母婴领域的“贝贝网”“麦乐购”等。唯品会、聚美优品等专业型电商平台也已上市，并呈现出比较良好的发展态势。

2. 按照是否经营实体店铺分类

（1）由纯网络运营向多品类及线下渠道资源建设发展的模式

该模式起源于 IT 企业建立的纯电子商务网站或网上商店，以亚马逊中国、当当网为典型。在这种模式中，商家首先在网站上开设网上商城，公布商品的品种、规格、价格、性能等，或者提供服务种类、价格和方式，由消费者个人选购，下订单，在线或离线付款，商家负责送货上门。这种网上购物方式可以使消费者获得更多的商品信息，足不出户即可货比千家，买到价格较低的商品，这大大节省了购物的时间。

当然，这种电子商务模式的发展需要高效率和低成本的物流体系的配合。这一模式的主要优点是网站提供的商品种类丰富、顾客选择余地大，因此更能吸引和留住顾客。其不足之处主要表现在购进销售所需的产品成本较高，且容易因为产品编制、顾客购买偏好转移等原因造成库存风险，同时也提高了电子商务网站对库存管理的难度。

（2）不涉及物流和商业运营，只提供第三方支付平台和信息流等中介服务的网络中介商模式

在这种模式中，网站邀请厂商到其平台进行网上销售，其所充当的角色就是网络中介，为买家和卖家提供交易平台。以天猫为典型，天猫所充当的角色就是为买家和卖家提供一个交易平台，邀请部分的生产厂商上到天猫的平台进行网上销售。网站并不涉及商品的销售、配送等环节。

（3）实体经营延伸至网络的电子商务模式——传统零售企业触网模式

国美、沃尔玛、家乐福等传统零售企业有自己完善的物流、库存以及商品的信息管理系统，同时又进军电子商务领域，开设网上商城。这些传统零售企业一般都有专门的服务商为它们提供成熟的电子商务解决方案。只要网络用户市场开始成熟，这些企业把现有的销售、生产、库存渠道加以改造整合就可迅速转为直接面向消费者的网上购物平台。这些都建立在原有资源的基础之上，不需要投入过多附加的成本。

传统零售企业进军 B2C 电子商务是基于现有业务模式的一个延伸。由于有线下业务、品牌、渠道、顾客等多方面资源的支持，这种电子商务模式更稳健，相对于纯网络型电子商务企业更有竞争力。

2.3.3 典型网站——天猫

天猫（英文为 Tmall，天猫商城，原名“淘宝商城”），是一个综合性购物网站。2012 年 1 月 11 日上午，淘宝商城正式宣布更名为“天猫”。天猫是淘宝网全新打造的 B2C 电商平台。2012 年 11 月 11 日，天猫借光棍节大赚一笔，宣称 13 小时卖 100 亿元，创世界纪录。2014 年天猫“双十一”再次刷新全球最大购物日纪录，单日交易额达 571 亿元。2015 年天猫“双十一”交易额为 912.17 亿元。

天猫商城力争将以淘宝网为主的消费者平台升级为“无处不在”的供需双赢的消费平台。这个平台将由阿里巴巴 B2B 电商平台和三家“Tao”公司一起完成对不同客户的服务：通过一淘网的购物搜索，淘宝网价廉物美的社区化创新以及天猫商城的精品专业体验给消费者以全新的感受；同时，也能更加专业化地帮助更多企业和创业者开展积极的电子商务服务和营销。

天猫商城旨在为商家提供电子商务整体解决方案，为消费者打造一站式的购物体验平台。天猫商城的目标客户是在网络购物中追求较高服务、较好产品质量，能够接受适当高价格的素质优秀的互联网购物者。这些网络购物者是所有消费者中最优质的资源，他们收入较高，消费能力强，善于接受新事物，对服务的诉求大。

对于消费者而言，天猫商城提供了最为全面且低价的海量商品，整合了最为优质的商家，构建了最完善的购物保障体系、最方便的付款方式、最优良的店铺评价体系，以期为消费者打造良好的购物体验。同时对于商家而言，天猫商城也是不遗余力地为商家构建最为实用的店铺体系，整合淘宝网近亿的庞大消费群体，建立用于学习提高的商学院系统，运行便于沟通交流的社区网络——淘宝论坛天猫商城模块，同时提供大量的软件工具帮助卖家更好地进行销售支持，力争建设开放、协同、繁荣的电子商务生态系统，促进新商业文明。天猫商城官网如图 2.2 所示。

图 2.2　天猫商城官网

2.4 C2C 电子商务模式

互联网时代，网上购物已成为一种潮流。C2C 市场给人们提供了数以万计的就业机会，同时改变了人们的消费习惯和消费理念，让我们的生活更加丰富多彩。

2.4.1 C2C 含义及特征

C2C 即 Consumer to Consumer，指消费者个人与消费者个人之间的电子商务。C2C 电子商务模式的本质是网上拍卖，通过一个在线交易平台，买卖双方开展交易，卖方可以主动在平台上进行商品拍卖，而买方可以对选择的商品进行竞价。这种方式不再受到时间和空间限制，节约了大量的市场沟通成本。

据中国电子商务研究中心（100ec.cn）监测，2015 年上半年中国网民网购规模为 1.614 万亿元，与上年同期相比增长 48.7%，C2C 市场有广阔的发展前景。

2.4.2 典型网站介绍

淘宝网是亚太地区较大的网络零售商圈，由阿里巴巴集团在 2003 年 5 月创立，致力于打造全球领先的网络零售商圈，如图 2.3 所示。淘宝网是网络购物者深受喜爱的网络零售平台，截至 2013 年，拥有近 5 亿的注册用户数，每天有超过 6 000 万的固定访客，同时每天的在线商品数超过了 8 亿件，平均每分钟售出 4.8 万件商品。据中国电子商务研究中心（100ec.cn）监测数据显示，2015 年第二季度，淘宝的季度成交额达人民币 4 270 亿元。随着淘宝网规模的扩大和用户数量的增加，淘宝也从单一的 C2C 网络集市变成了包括 C2C、团购、分销、拍卖等多种电子商务模式在内的综合性零售商圈，目前已经成为世界范围的电子商务交易平台之一。

图 2.3 淘宝网官网

1. 强大的管理功能

在淘宝网的页面设计中，色彩以鲜艳的橙色为主。首页很整齐，有条理，有层次感，并且体现了淘宝网的精神——简单、简约。登录淘宝网首页后，通过搜索引擎，用户可以直接又方便地在淘宝网淘到想要的宝贝；或者单击“高级搜索”，能缩小搜索范围，更方便地查找宝贝。通过价格、店主名字、店铺名字都可以迅速找到想要的宝贝。在后台有功能强大的二级栏目，包括我要买、我要卖、我的淘宝、社区（即互动论坛）、交易安全、帮助中心，可以使买卖方快捷、方便地交易。正是有了强大的管理功能，所以淘宝网在面对竞争对手时，能更好地为用户服务。

2. 方便的网上买卖系统

淘宝网通过电子商务平台为买卖双方提供了一个在线交易平台，卖方可以主动提供商品上网销售或拍卖，而买方可以自行选择商品进行竞价和购买，不再受时间和空间的限制，广泛方便的比价、议价、竞价过程节约了大量的市场沟通成本。另外，参与的群体庞大，选择的范围更广。

3. 安全的支付系统——支付宝

支付宝系统的引进在更深层次上为交易安全提供了保障。在淘宝网的交易过程中，买家看好货物后，可以选择通过支付宝先将钱交给淘宝网，在淘宝网确认到款后，卖家放心地向买家发货。而淘宝网会在买家确认收货后将钱款打入卖家的账号。支付宝功能为监督买家和卖家的信用提供了完整的解决方案。支付宝的实施过程中同样引入第三方监督机制，用户通过银行和淘宝网的 B2C 接口向淘宝网支付汇款，以银行为信用中介，淘宝网给客户提供了资金流向的监督保证。通过与银行的携手，将达到客户、银行、淘宝网的三赢局面，而这种三赢，实质上就是客户、淘宝网与银行间建立的一种良性互动的诚信监督机制的外显。

4. 人性化的聊天交流工具——阿里旺旺

有效的沟通是淘宝网的一大法宝。中国人做生意是讲感觉的，谈成了朋友也就谈成了生意。在网上做买卖，相互是摸不着的，沟通显得更加重要。商品的外观、价格等都必须通过交流进行必要的了解。许多购物网站、拍卖网站一直是以论坛的方式进行沟通的，买家、卖家并不能及时地就商品买卖进行答复，这给网购者带来了不便。淘宝网通过特有的沟通方式——“阿里旺旺”解决了这一问题。

2.5 新兴电子商务模式

资本市场瞬息万变，包容万千。无论是王健林和马云的“亿元之赌”，还是董明珠和雷军的“十亿豪赌”，本质上都是多元化的商业环境中不同商业模式的论战。下面我们就来看看新兴的电子商务模式。

2.5.1 电子商务新模式 O2O

1. O2O 含义

O2O 特指本地服务电商化。从广义讲，O2O 是指通过线上营销推广方式，将消费者从线上平台引入到线下实体店，即 Online to Offline；通过线下营销推广的方式，将消费者从线下转移到线上，即 Offline to Online。从狭义上讲，O2O 是指消费者通过线上平台在线购买并支付/预订某类产品或服务，并到线下实体店体验或消费后完成交易过程；或消费者在线下体验后通过扫描二维码或移动终端等方式在线上平台购买并支付/预订某类商品或服务，进而完成交易。狭义的 O2O 强调交易必须是在线支付或预订的，同时商家的营销效果是可预测的。

本地生活服务 O2O，指与百姓日常生活相关的线上线下服务，其中包括餐饮、休闲娱乐、美容美护、酒店等。商家将商家信息、商品信息等展现给消费者，消费者在线上筛选服务并支付，线下进行消费验证和消费体验。商家通过平台将信息传播得更快、更远、更广，可以瞬间聚集强大的消费能力。该模式的主要特点是商家和消费者都通过 O2O 电子商务满足了双方的需要。O2O 模式结构如图 2.4 所示。

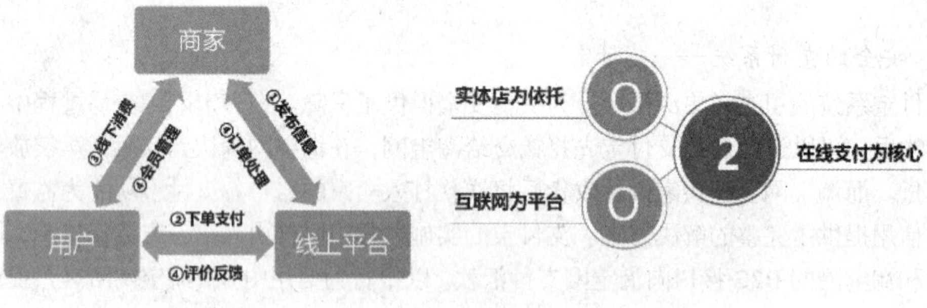

图 2.4　O2O 模式结构

2. O2O 优势

O2O 模式克服了信息不对称、地域差异明显、物流配送体系不发达、信息化水平落后等问题，充分利用了互联网低门槛、无边界、零距离、海量用户及信息的优势，促进传统商业模式的转型与发展，充分挖掘线下资源，建立完善线上商业平台，进而快速促成线上用户与线下商品、服务的交易。O2O 模式改变了以往商家过度依赖“黄金商圈”“旺铺、旺址”的现象，真正地做到了“酒香不怕巷子深”。无论身处 CBD（中央商务区）还是狭窄街巷，大家获取客户的机会都是均等的，获得宣传和展示的机会也是均等的。

通过 O2O 平台，消费者可以轻松获取商家的各项信息，包括商家介绍、产品介绍、买家评价、会员活动或打折促销等，通过快捷筛选或智能排序等手段可以快速订购最适宜的商品或服务。与传统电商模式相比，O2O 将互联网上无法做到的体验真实化了。对于商品或服务的供应商来说，这种模式还可为其带来大量的高黏度用户。

3. O2O 劣势

B2B 改变了制造业的经营之道，B2C、C2C 改变了零售业的销售渠道，同时也改变着人们的采购方式；O2O 让一直徘徊在互联网边缘的服务业抓住了新的机遇，将线上的消费者带到线下的实体店中消费。由于 O2O 所具备的重要特点和显著优势，使得 O2O 正在成为电子商务领域的新方向，但是 O2O 模式还并未真正实现商家、消费者、电商平台运营商三家共赢的局面，其还存在一定的劣势。

第一，盈利模式简单化，行业进入门槛低，竞争压力大，这就使得同质化严重；第二，企业定位不清晰，商业环境较差，商业秩序亟待建立；第三，由于急速扩张所带来的诸如管理不到位、流程不健全、企业文化不匹配、服务理念不适应、人才机制不完善等问题，不利于企业发展；第四，电商企业诚信意识有待加强，信用机制尚待完善，不改进则会导致大量客户流失；第五，法制不健全，法律监管存在盲点。

2.5.2 电子商务新模式 C2B

1. C2B 含义

马云说："未来的世界，我们将不再由石油驱动，而是由数据驱动；生意将是 C2B 而不是 B2C，用户改变企业，而不是企业向用户出售——因为我们将有大量的数据；制造商必须个性化，否则它们将非常困难。"

C2B（Consumer to Business，即消费者到企业），是互联网经济时代新的商业模式。这一模式改变了原有生产者（企业和机构）和消费者的关系，是由消费者贡献价值（Create Value），企业和机构消费价值（Consume Value）。C2B 的核心是以消费者为中心，消费者当家做主。真正的 C2B 应该先有消费者需求产生而后有企业生产，即先有消费者提出需求，后有生产企业按需求组织生产。通常情况为消费者根据自身需求来定制产品和价格，或主动参与产品设计、生产和定价，产品、价格等彰显消费者的个性化需求，生产企业以此来进行定制化生产。

2. 模式类型

常见的 C2B 模式有以下几种。

（1）聚合需求形式（反向团购、预售）

这种形式是在产品发布预售或团购时，就注明目前的预订量，并且标明团购达到多少数量才自动成团，否则取消团购。商家应该根据自身的生产能力和运送能力去合理规划，以免出现物流爆仓等情况，影响消费者满意度。

（2）个性化定制

随着互联网及智能手机的普及，用户越来越追求个性化，这就要求商家根据用户需求生产个性化产品。目前有一些商品在销售时可以个性化定制，但这个个性化一般都仅仅针对某个小模块，如 iPad mini 订购时背面的刻字，又如购买手机时外壳的颜色和样式等。这些定制可以给用户带来一定的个性化元素，让用户体会到产品的不同，但仅仅某一个模块的定制并不能带来实质性的变化，某一商品的外观、功能、包装、销售过程等都应该实现个性化的定制，这在目前看来并不容易实现，但这是一个发展的趋势。

这种深度个性化定制需求对商家的设计与生产提出了更高的要求，在设计产品时要考虑提供的这类个性化是否有利于生产，个性化定制对商家的实力有着较高的要求，真正的个性化定制的实现不是一蹴而就的。

2.5.3 电子商务新模式 B2B2C

所谓 B2B2C 是一种新的网络通信销售方式，是英文"Business to Business to Comsumer"的简称。第一个 B 指广义的卖方（即成品、半成品、材料提供商等），第二个 B 指交易平台，即提供卖方与买方的联系平台，同时提供优质的附加服务，C 即指买方。卖方不仅仅是公司，可以包括个人，即一种逻辑上的买卖关系中的卖方。平台绝非简单的中介，而是提供高附加值服务的渠道机构，拥有客户管理、信息反馈、数据库管理、决策支持等功能的服务平台。

买方同样是逻辑上的概念，可以是内部的也可以是外部的。B2B2C 定义包括了现存的 B2C 和 C2C 平台的商业模式，更加综合化，其可以提供更优质的服务。

2.6 盈利模式

盈利模式是对企业经营要素进行价值识别和管理，在经营要素中找到盈利机会，即探求企业利润来源、生产过程以及产出方式的系统方法。它是企业通过自身以及相关利益者资源的整合并形成的一种实现价值创造、价值获取、利益分配的组织机制及商业架构。

2.6.1 盈利模式

关于盈利模式的定义学术界一直众说纷纭，具有代表性观点主要有以下几种。琼·玛格丽塔和南·斯通认为，盈利模式是一种系统方法，其探求企业的利润来源、生成和产出，是一种能够帮助企业在经营中获取利润的业务结构和商务模式。王方华、徐飞认为利润模式是企业经过生产要素的投入与各种经济关系和外部相关资源的整合，最终实现价值的创造与收益的获取，并帮助企业最后完成利益分配的组织架构与商业框架。王方华认为盈利模式是实现利益分配的组织机制、收益架构，是企业通过投入自有生产要素，并整合外部资源包括周围所有经济关系和利益相关者的力量、资源而形成的一种实现价值创造、获取收益，并最终实现利益分配的组织机制和收益框架。

2.6.2 电子商务盈利模式

任何企业的盈利模式都可以简化为 5 种基本要素——价值对象、价值主张、价值创造、价值实现、价值保护。

（1）价值对象——利润对象

价值对象是指企业的客户，价值对象决定了企业的市场定位。企业可以使用市场细分来确定提供价值给顾客，并且要能提供差异化的价值。企业在定位其市场位置时要先考虑这 5 种因素，然后决定是否提供价值给顾客。

（2）价值主张——利润点

价值主张是企业盈利模式重要的组成部分，企业市场定位决定着其价值主张和盈利模式。企业根据其盈利模式和价值主张来提出和实施相关策略，使其客户知悉并了解其价值主张，从而使公司、客户和其他利益相关者获得利益。因此，企业的价值生产形式受其价值主张的影响。例如，B2C 电子网站的价值主张与实体的商场和专卖店并没有太大的差别，但是由于网络销售减少了中间环节导致中介费用的减少，导致成本的降低，其商品售价能够比实体店更低，产生的利润也能更多。

（3）价值创造——利润杠杆

价值创造是指企业出于价值交换的目的而向客户提供的价值。所有的盈利模式要想获得成功都必须拥有其核心业务，企业价值主张的创造和提供、与市场的对接、客户关系的维护和其超额利润的获得都有赖于企业的核心业务。企业的核心业务由盈利模式的价值结构决定。一般而言，企业的核心业务可能拥有一种或多种。例如，B2C 的价值创造环节的业务主要是为其正常运营并且获利而展开的一切活动。

（4）价值实现——利润来源

如果价值对象是盈利模式的心脏，那么价值实现就是大动脉。企业的收入来源来自于为每个种类的潜在客户群提供其确实想要为其买单的价值。一个盈利模式可以包括两个不同类型的收入来源：一个是通过客户一次性支付获得的交易收入；另一个是经常性收入，是客户为了获得其长期价值而形成的持续支出。

（5）价值保护——利润屏障

价值保护是指企业具有的阻止其客户资源被其竞争者抢夺的能力。这种能力包括资源及竞争优势。

① 资源和能力。企业只有同时拥有资源和能力才能在竞争中处于领先地位，二者缺一不可。企业间的竞争是通过产品和服务体现的，没有一定数量和质量的资源作为基础，企业的能力也就成为无源之水；反之，虽然企业资源雄厚优越，但是没有能力，其聚集的资源也无法有效地转化为消费者需要的产品和服务，自然也就没有竞争优势可言。例如，B2C 电子商务的能力即其对顾客和潜在顾客的了解和各种促销经营方法等，其资源即支持企业正常运行的软硬件设备和能够提供更低进价的商品供应商。

② 竞争优势及其持久性。企业的资源和核心能力同步发展造就了其在行业竞争中的领先地位。核心能力能够使企业在竞争中占据领先地位，其所具有的难以模仿性和难以替代性则进一步形成了阻止竞争对手模仿和取而代之的障碍，进而巩固了企业在竞争中的领先地位。

实验训练

商业模式案例分析，题目自拟。要求：

1. 介绍企业的基本情况、分类、商业运作模式、采用的基本模型等。
2. 从 8 个要素中选择 3 个或以上（必须包括价值体现、盈利模式）分析该企业的特色。

练习题

1. B2B 商业模式还有哪些分类？
2. 国内典型 B2C 电子商务网站还有哪些？
3. 简要了解 C2C 电子商务的拍卖流程。
4. 分析社区 O2O 的特点及典型代表网站。
5. 查阅资料，分析亚马逊盈利模式还有哪些。
6. 从阿里巴巴上市论述中国电子商务发展对个人的启示。

第3章　电子支付

【学习目标】

本章主要介绍电子支付方式的含义及种类，使读者了解银行卡的本质及常见类型；掌握信用卡网上交易的处理流程；了解网上支付的基本流程及第三方支付的特点；能熟练进行网上支付；熟悉移动支付的特点及流程。

【导入案例】

支付宝案例

支付宝网站（www.alipay.com）是国内先进的网上支付平台，由全球最佳 B2B 公司之一的阿里巴巴公司创办，致力于为网络交易用户提供优质的安全支付服务。支付宝平台从 2004 年建立开始，始终以“信任”作为产品和服务的核心。支付宝旗下有“支付宝”与“支付宝钱包”两个独立品牌。其自 2014 年第二季度开始成为当前全球最大的移动支付厂商。

支付宝主要提供支付及理财服务，包括提供交易过程中的信用担保、网络支付、转账、信用卡还款、手机充值、水电煤缴费、个人理财，以及选择推荐物流公司、获得优惠会员价格，代卖家做发货确认等服务。它在进入移动支付领域后，为零售百货、电影院线、连锁商超和出租车等多个行业提供服务，还推出了余额宝等理财服务。

同时，支付宝与国内外 180 多家银行以及 Visa 国际组织、MasterCard 国际组织等机构建立战略合作关系，成为金融机构在电子支付领域最为信任的合作伙伴。而支付宝合作商户也进一步覆盖了包括服装、电子、机械、家居、文化等在内的几乎所有已应用电子商务的产业领域。截至 2015 年 4 月，支付宝钱包活跃用户现已超过 2.7 亿，在移动支付市场占据了 80% 以上的市场份额。

同时，蚂蚁金融服务集团、阿里巴巴集团与新浪微博共同启动了“互联网+城市服务”战略，联合为各地政府提供“智慧城市”的一站式解决方案。用户通过支付宝钱包、微博和手机淘宝，均可进入城市服务平台，直接在手机上完成交通违章查询、路况及公交查询、生活缴费、医院挂号等事项。截至 2015 年 4 月，上海、广州、深圳、杭州、宁波、南昌、青岛、太原等首批 12 个城市的城市服务已正式上线。

因此，伴随着网络购物的普及，第三方支付平台——支付宝也成为大家离不开的正常必备工具，已成为人们生活的重要组成部分。

（资料来源：根据网络资料整理）

【思考】

1. 支付宝作为第三方支付平台，相对于其他的支付平台，它的优势在哪里？
2. 春晚支付宝红包活动中，你觉得支付宝是最大的赢家吗？

3.1 传统支付方式

网上支付技术是在传统支付方式基础上建立起来的。目前的电子商务支付主要通过传统支付和在线支付两种方式。特别是在一些非完全电子商务交易过程中，买卖双方有时会采取“线上交易，线下支付”的方式，如货到付款。

3.1.1 现金支付方式

现金支付也叫货币支付。现金支付是交易中最简单的价款支付方式。货币使用历史较长。在原始社会，人们使用以物易物的方式交换自己所需要的物资。作为交易过程中的主要支付工具，货币是商品交换发展的结果，历史上充当货币的物品有贝壳、贵金属、金属货币、纸币。现在，世界各国的货币形式主要是纸币和硬币。使用货币支付流程是“一手交钱，一手交货”。

现金支付有诸多优点。

第一，现金（即法定货币）是国家发行的具有法律效力的支付手段，是为公民普遍接受的。

第二，现金支付流程简单，具有非集中、匿名、方便、灵活的特点。

第三，现金发行是有限的，这种稀缺性维持了人们对现金价值的信任。

现金支付的主要优点是使用简单，任何人只要持有货币便可支付，但其也有缺点。

第一，容易丢失、被盗、被伪造、磨损。

第二，受时间和空间的限制，对于不在同一时间、同一地点进行的交易，就无法采用现金支付的方式。

第三，在大宗交易中需携带大量的现金，这种携带的不便性以及由此产生的不安全性在一定程度上限制了现金作为支付手段的采用。

3.1.2 票据方式

1. 票据含义

广义上的票据包括各种记载一定文字、代表一定权利的文书凭证，如股票、债券、货单、车船票、汇票等，人们笼统地将它们泛称为票据。狭义上的票据是一个专用名词，专指票据法所规定的汇票、本票和支票等票据。我国《票据法》将票据分成汇票、本票和支票 3 种。

汇票是出票人委托他人于到期日无条件支付一定金额给收款人的票据。

本票是出票人自己于到期日无条件支付一定金额给收款人的票据。

支票则是出票人委托银行或其他法定金融机构于见票时无条件支付一定金额给收款人的票据。

所以，票据是出票人依据《票据法》发行的、无条件支付一定金额或委托他人无条件支付一定金额给收款人或持票人的一种文书凭证。

2. 票据的交易过程

票据支付过程中有 3 个当事人，即出票人、收款人和付款人（支票的付款人为银行）。

出票人（债务方，在银行须存入足够的资金），签发支票或其他票据交给收款人（债权方）以结清债务；约定的日期到来时，持票人将该票据原件提交给付款人（银行），办理现金支付或转账业务；银行代理承兑票据，在票据审核无误后，按出票人的委托，无条件按提示的金额支付给收款人或持票人。

3. 票据的特点

票据本身的特性决定了交易可以异时、异地进行，这就突破了现金交易同时同地的局限，大大增加了交易实现的机会。不用携带大宗现金，使得交易过程更安全。以票据的转移代替实际的资金的转移，则可大大减少现金的保管和远程携带输送中的麻烦和风险。而且，在支付日到来之前，付款人在这段时间内可充分运用资金。缺点是票据的真伪、遗失等都会带来一些问题。

3.1.3 银行卡支付方式

1. 银行卡的起源

银行卡 1915 年起源于美国，一些商业企业（百货商店、饮食业、娱乐业、汽油公司等）为了招揽生意，在一定范围内发给顾客信用筹码（代表商业信用，也能代替现金流通），可以赊销商品。后来，演变成为用塑料制成的卡片。

1952 年，美国加利福尼亚州的富兰克林国民银行作为金融机构首先发行了银行信用卡。

1985 年中国银行珠海分行发行了我国第一张信用卡“中银卡”。1986 年，中国银行北京分行发行了长城信用卡，全面推广。

2. 银行卡分类

银行卡按照信用性质与功能，将其分为信用卡与借记卡。

信用卡是一种把支付与信贷两种银行业务功能融为一体的银行卡，本质上是银行向客户提供的一种信用凭证。持卡人享有一定信贷额度的使用权，无须先在发卡机构存款，便可以“先消费，后还款”。完全具备这些特点的信用卡也称为“贷记卡”。

借记卡具有与信用卡相对立的特点，即“先存款，后消费”，不允许透支。借记卡用来提取现金的卡称为“现金卡”（如在 ATM 上使用），用来转账、消费的卡称为“转账卡”（如在 POS 机上使用）。我国商业银行发行的储蓄卡集上述两种功能于一身，十分灵活。

3. 银行卡的传统支付过程

银行卡的支付过程如图 3.1 所示。

① 特约商家的现金出纳系统将顾客的消费金额输入 POS 终端。

② 读卡器读取信用卡磁条中的认证数据，顾客输入密码。

③ 将前两步输入的数据送往信用卡机构。

④ 信用卡机构基于收到的数据验证信用卡的合法性、顾客密码及信用额度，更新顾客数据库文件，并将处理结果数据实时送回 POS 终端。

⑤ 现金出纳系统对处理结果数据确认后，商品及收据交给顾客。

⑥ 信用卡机构的计算机中心将处理过的申请支付数据，通过计算机网络传送给相应的银行。

⑦ 银行收到申请支付数据后，从顾客的账户支出该款项，同时存入特约商家的账户。

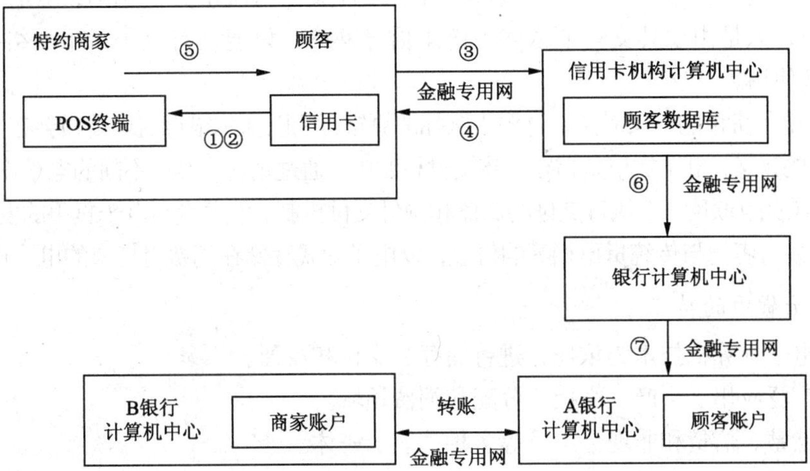

图 3.1　银行卡的传统支付过程

4. 银行卡使用特点

银行卡的使用具有高效便捷、简单、安全的特点。

由于银行为持卡人和特约商户提供高效的结算服务，这样消费者就便于持卡购物和消费。另外，利用银行卡结算可以减少现金货币流通量，简化收款手续。而且，持卡人即使到外地，也可以凭卡存取现金和消费，十分灵活方便，免除随身携带大量现金的不便，而且有安全保障。电子商务环境下的交易需要更高效的支付方式，由此网上支付应运而生。

综上所述，传统支付方式简单、便捷，但也存在一定的局限性，如运作速度与处理效率比较低；支付安全问题较多；支付介质多，使用起来不方便；处理流程复杂，运作成本高；实现全天候、跨地区服务难；非即时结算，资金回笼慢。

3.2　电子货币

电子货币是伴随电子技术、互联网、通信技术飞速发展的产物，是货币支付发展历史上不可或缺的内容，它代表了货币发展的方向，电子货币顺应用户的消费习惯，为消费者生活带来了便利。同时，电子货币为消费者购物带来了多样化的选择，电子货币不受时空的限制，相对于传统货币节约了大量的交易成本和交易时间。

3.2.1　电子货币的含义及特征

1. 电子货币概述

电子货币是指用一定金额的现金或存款从发行者处兑换并获得代表相同金额的数据，通过使用某些电子化方法将该数据直接转移给支付对象，从而能够清偿债务。目前，对于电子货币的界定主要有以下两种观点。

一是对电子货币的狭义界定，把中央银行发行的法定货币（以下简称法币）的电子信息形式定义为电子货币。这种电子货币在经济学性质上与法币完全相同，具有与法币相当的支付能力，只是由于其支付要依赖于电子信息网络，只能在有电子货币网络终端设备的场所才可以使用。

二是对电子货币的广义界定，这源于国际清算银行的巴塞尔银行监理委员会在1998年对电子货币所下的定义：电子货币是指在零售支付机制中，通过销售终端、不同的电子设备之间以及在公开网络（如互联网）上执行支付的储值和预付支付机制。消费者向电子货币的发行者支付传统货币，而发行者把与传统货币相等的价值，以电子形式存储在消费者持有的电子设备中。

2. 电子货币的特点

① 以电子计算机技术为依托，进行储存、支付和流通。

② 可广泛应用于生产、交换、分配和消费领域。

③ 融储蓄、信贷和非现金结算等多种功能于一体。

④ 电子货币具有使用简便、安全、迅速、可靠的特征。

3.2.2 电子货币的种类

目前的电子货币主要有电子支票、电子现金、电子钱包、虚拟货币等。

1. 电子支票

电子支票（Electronic Check）是客户向收款人签发的，它通过互联网或者无线接入设备来完成传统支票的所有功能，是一种借鉴纸质支票转移支付的优点，利用数字传递将钱款从一个账户转移到另一个账户的电子付款形式。

电子支票是纸质支票的电子替代物，它与纸质支票一样是用于支付的一种合法方式，它使用数字签名和自动验证技术来确定其合法性。电子支票是一个经付款人私钥加密并包含有相关信息的电子文件。它由客户计算机内的专用软件生成，一般应包括支付数据（支付金额、支付起因等）、支票数据（出票人、收款人、付款人、到期日等）、客户的数字签名、CA证书、开户行证明文件等内容。由于支票是银行见票即付的票据，因此开出支票的事先授权十分重要（客户开户行的授权证明文件是电子支票的重要内容）。

2. 电子现金

（1）含义

电子现金（E-cash）也叫数字现金，是一种以数据形式流通的货币，它具有现金的属性。它把现金数值转换成为一系列的加密序列数，通过这些序列数来表示现实中各种金额的币值。用户在开展电子现金业务的银行开设账户并在账户内存钱后，就可以在接受电子现金的商店购物了。电子现金可以实现金融IC卡的一卡多账户、一卡多功能，满足人们一卡在手，跨行业、跨区域的小额快速支付使用。持卡人在使用电子现金闪付前，要向电子现金预存一定的金额（圈存），电子现金中的金额视同现金，不挂失、不计息，不能透支、不能取现。中国人民银行规定，金融IC卡电子现金余额最高不得超过1 000元人民币，单笔最高支付金额不得超过1 000元人民币。

（2）特点

电子现金具有匿名、节约交易费用、节省传输费用、持有风险小、支付灵活方便、防伪造及防重复性、不可跟踪性等优点。同时，使用电子现金需要银行和商家之间具有协议和授权关系；用户、商家和 E-cash 银行都需要使用 E-cash 软件，E-cash 银行负责用户和商家之间资金的转移；电子现金对使用者来说都是匿名的，丢失无法补救；目前只有少数商家接受电子现金，而且只有少数几家银行提供电子现金开户服务。这些都影响了电子现金业务的普及。

3. 电子钱包

（1）含义

电子钱包（E-wallet）是一个可以由持卡人用来进行安全电子交易和储存交易记录的软件，就像生活中随身携带的钱包一样，它是电子商务活动中网上购物顾客常用的一种支付工具。电子商务活动中电子钱包的软件通常都是免费提供的。目前有 Visa Cash 和 Mondex 两大在线电子钱包服务系统。

使用电子钱包的顾客通常在银行里都是有账户的。在使用电子钱包时，将有关的应用软件安装到电子商务服务器上，利用电子钱包服务系统就可以把自己在电子货币或电子金融卡上的数据输入进去。在进行付款时，如果顾客要用电子信用卡付款，如用 Visa 卡或者 MasterCard 卡等收付款时，顾客只要单击一下相应项目或相应图标即可完成，人们常将这种支付方式称为单击式或闪付。

（2）特点

电子钱包最大的特点是安全方便、成本低。电子钱包具有如下功能：电子安全证书的管理——包括电子安全证书的申请、存储、删除等；安全电子交易——进行 SET（安全电子交易）协议交易时辨认用户的身份并发送交易信息；交易记录的保存——保存每一笔交易记录以备日后查询。

4. 虚拟货币

虚拟货币是指非真实的货币。知名的虚拟货币，如百度公司的百度币、腾讯公司的 Q 币和 Q 点、盛大公司的点券、新浪推出的微币（用于微游戏、新浪读书等）、游戏币等。2013 年流行的数字货币有比特币、莱特币、无限币、夸克币、泽塔币、烧烤币、便士币（外网）、隐形金条、红币、质数币。目前全世界发行有上百种数字货币。

3.3 网上支付与第三方支付平台

网上支付是电子商务交易正常进行的关键因素。从过去 10 年的产业发展历程和变化可以看出，网上第三方支付作为一种新兴金融服务产业，在我国经济发展、金融支付基础设施建设过程中起到重要作用。

3.3.1 网上支付概述

网上支付是电子支付的一种形式，它是通过第三方提供的与银行之间的支付接口进行的即时支付方式，这种方式的好处在于可以直接把资金从用户的银行卡中转账到网站账户中，汇款马上到账，不需要人工确认。客户和商家之间可采用信用卡、电子钱包、电子支票和电子现金等多种电子支付方式进行网上支付，采用在网上电子支付的方式节省了交易的开销。

3.3.2 网上支付的流程及构成

1. 网上支付流程

基于互联网平台的网上支付一般流程如下。

① 客户接入互联网，通过浏览器在网上浏览商品，选择货物，填写网络订单，选择应用的网络支付结算工具，并且得到银行的授权使用，如银行卡、电子钱包、电子现金、电子支票或网络银行账号等。

② 客户机对订单相关信息进行处理，如支付信息的加密、网上订单的提交。

③ 商家服务器对客户的订购信息进行检查、确认，并把相关的、经过加密的客户支付信息转发给支付网关，直到银行专用网络的银行后台业务服务器确认，从银行等电子货币发行机构验证得到支付资金的授权。

④ 银行验证确认后，通过建立起来的经由支付网关的加密通信通道，给商家服务器回送确认及支付结算信息，为进一步的安全，给客户回送支付授权请求。

⑤ 银行获得客户传来的进一步授权结算信息后，把资金从客户账户中转拨至开展电子商务的商家银行账户中，借助金融专用网进行结算，并分别给商家、客户发送支付结算成功信息。

⑥ 商家服务器收到银行发来的结算成功信息后，给客户发送网络付款成功信息和发货通知。

2. 网上支付系统的构成

电子商务网上支付系统是集购物流程、支付工具、安全认证技术、信用体系以及现代金融体系为一体的一个综合系统。其基本构成包括活动参与的主体、支付方式以及遵循的支付协议几个部分。

网上支付活动的参与主体包括客户、商家、银行（客户开户行和商家开户行）、支付网关、金融专网和认证机构，如图 3.2 所示。

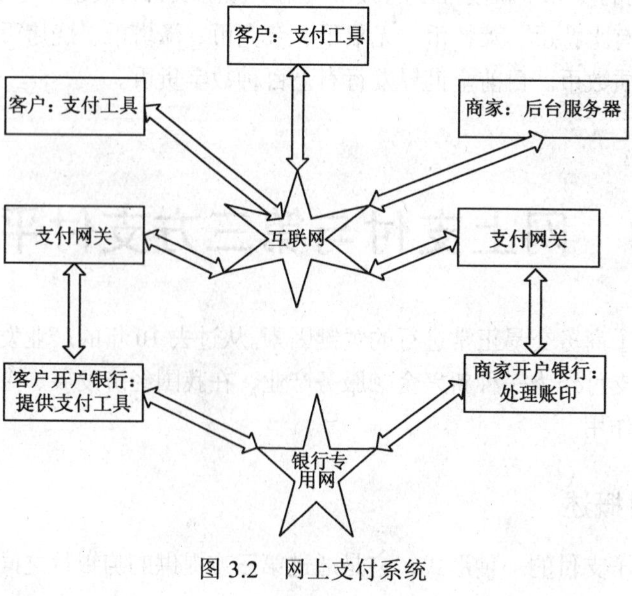

图 3.2 网上支付系统

3.3.3 第三方支付平台

第三方支付是指具备实力和信誉保障的第三方企业与国内外的各大银行签约，为买方和卖方提供信用保证。在通过第三方支付平台的交易中，买方选购商品后，使用第三方平台提供的账户进行支付，由第三方通知卖家货款到达、进行发货；买方检验物品后，就可以通知付款给卖家，第三方再将款项转至卖家账户。

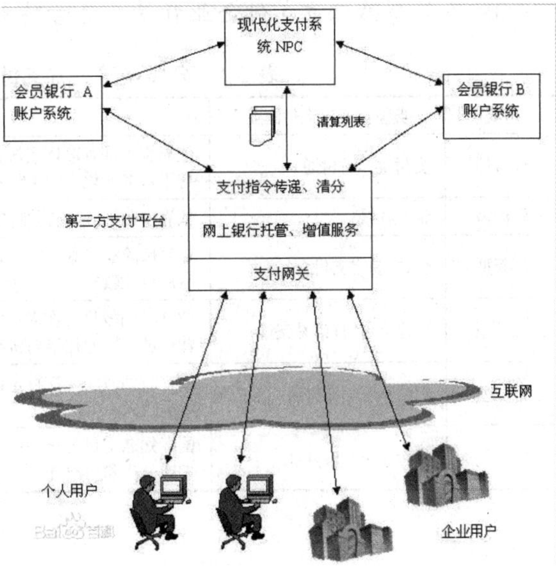

图 3.3 第三方支付平台系统

第三方支付平台前端直接面对网上客户，平台的后端连接各家商业银行，或通过中国人民银行支付系统连接各家商业银行。第三方支付平台的功能大致有 3 项：第一，接收、处理并向开户银行传递网上客户的支付指令；第二，进行跨行之间的资金清算（清分）；第三，代替银行开展金融增值服务。其业务流程如图 3.3 所示。

1. 第三方支付行业发展状况

2009 年以来，第三方支付市场的交易规模保持 50%以上的年均增长速度，并在 2013 年成功突破 17 万亿元的基础，达到 17.2 万亿元，同比增长 38.71%；2014 年交易规模达到 23.3 万亿元；2015 年交易规模达 31.2 万亿元。具体情况如图 3.4 所示。随着我国电子商务环境的不断优化，支付场景的不断丰富，以及金融创新的活跃，使网上支付业务取得快速增长，因此第三方支付机构发生的互联网支付业务也取得了较快增长。

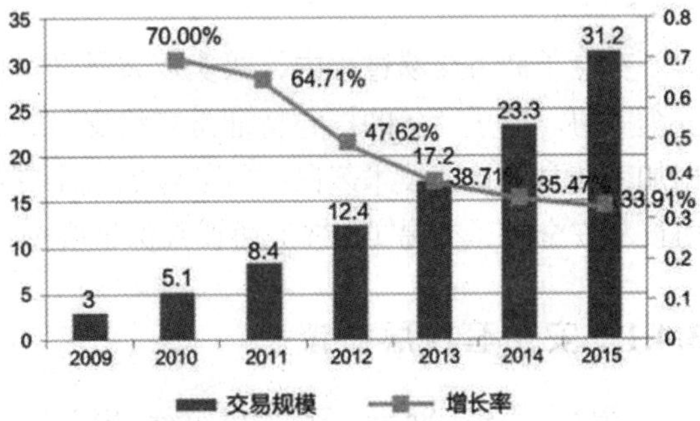

（图片来源：前瞻产业研究院）

图 3.4 第三方支付市场的交易规模

2. 第三方支付模式分类

（1）支付网关模式

第三方支付平台将多家银行卡支付方式整合到一个平台上，负责电子商务交易各方与银行的接口，并通过交易结算与银行对接，消费者通过第三方支付平台付款给商家。

（2）信用中介模式

为了让交易双方增强线上交易的安全性，保证资金和产品的正常流通，第三方支付平台充当信用中介的作用，实行“代收代付”和“信用担保”。订单下达后，买方先将支付款存入其在支付平台上的账户内，卖家能够看到买家付款，也看到了买家的诚意，于是发货，但需买家收货并验收合格，确认付款后，支付平台才将买方先前存入的款项从买家的账户中划至卖家的账户。这种模式以第三方支付平台作为信用中介，有效地让买卖双方都放心，保证了交易的公正、公平。

3. 各类型第三方支付企业背景及运营特点（见表 3.1）

表 3.1　各类型第三方支付企业背景及运营特点

分类	典型第三方支付企业	运营特点
综合性	支付宝、财付通	依靠强大的互联网资源，有自身的电子商务平台相互支持，拥有庞大的用户群，支持平台多元化，应用行业较多
资源型	银联在线	依靠中国银联，有独特的银行背景和资源优势，在大额支付领域扩展较早
创新型	快钱 易宝支付	依靠风险投资崛起，善于发现市场，创造新型产品和鲜活概念，在市场中表现活跃，应用行业较多
元老型	环迅支付 首信易支付	成立时间较早，在多年发展中聚集了稳定的合作伙伴，形成了鲜明的运营特色，运营稳健。但近几年创新不知，步调趋缓
行业型	汇付天下　盛付通	成立时间较晚，在特定的领域深度发展，运营风格扎实，但应用行业较单一，运营风险较大
外资型	贝宝支付（PayPal）	国际知名支付公司的全资子公司，是全球用户追捧的国际贸易支付工具，但在中国扩展商户和用户难度大

3.4　网上支付协议

在电子商务交易过程中，买卖双方是通过网络来联系，电子商务交易双方都面临不同的安全威胁。电子商务的核心特征是在线支付，为了加强电子商务交易的安全性，需要通过数据加密和身份认证技术来保证可信赖的电子交易环境。目前，用户主要通过安全套接层（SSL）协议和安全电子交易（SET）协议来保证安全性。

3.4.1　安全套接层协议

安全套接层（Secure Socket Layer，SSL）协议是 Netscape 公司率先采用的网络安全协议。它是在传输通信协议 TCP/IP 上实现的一种安全协议，采用公开密钥技术。SSL 支持各种类型的网络，使用公开密钥技术来提供三种基本的安全服务。基于 SSL 协议的电子交易过程如图 3.5 所示。

图 3.5　基于 SSL 协议的电子交易过程

具体流程如下。

① 客户将购物信息传递给商家。

② 商家将信息同步转发给银行。

③ 银行验证客户信息合法性，并通知客户付款成功。

④ 银行通知商家付款成功。

⑤ 商家再通知客户购买成功，并将商品发给客户。

3.4.2　安全电子交易协议

安全电子交易协议（Secure Electronic Transaction，SET），是由 MasterCard 和 Visa 联合

Netscape、Microsoft 等公司，于 1997 年 6 月 1 日推出的一种新的电子支付模型。SET 是在 B2C 上基于信用卡支付模式而设计的，它保证了开放网络上使用信用卡进行在线购物的安全。SET 主要是为了用户、商家、银行之间通过信用卡交易的安全性而设计，能够保证交易数据的完整性、交易的不可抵赖性等。目前，该协议成为公认的信用卡网上交易的国际标准。参与 SET 的交易成员有持卡人、商家、发卡银行、收单银行、CA 认证中心，如图 3.6 所示。

SET 的工作流程如下。

① 消费者在网上选购商品，下订单。

② 通过所在服务器与在线商店取得联系并做出应答。

③ 消费者选择付款方式，确认订单，签发付款指令，此时 SET 介入。

④ 消费者对订单和付款指令进行数字签名，同时利用“双重签名”技术使商家看不到消费者的账号信息。

具体流程如图 3.7 所示。

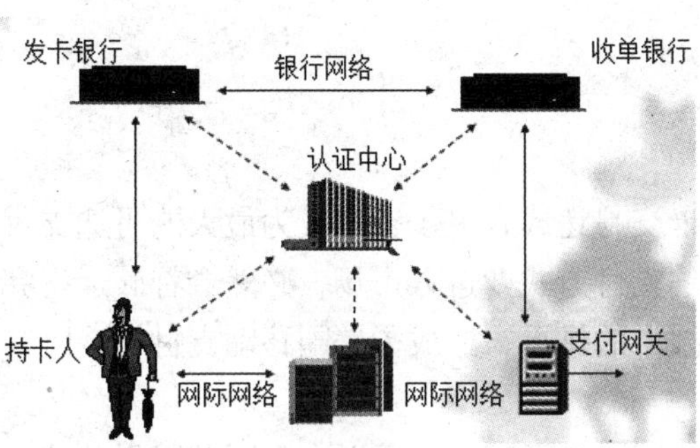

图 3.6　参与 SET 协议的实体

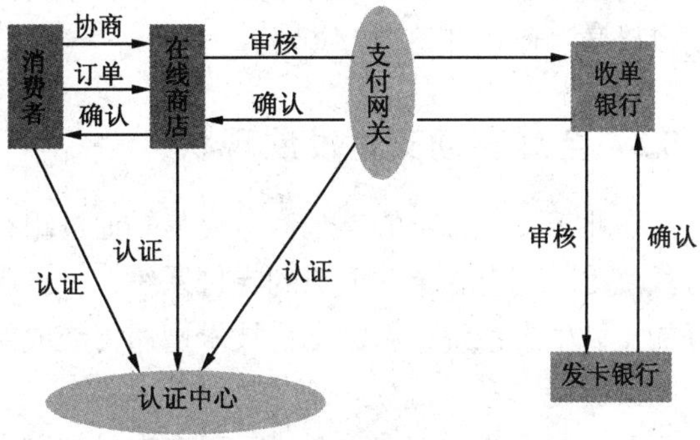

图 3.7　基于 SET 协议的工作流程

3.5　移动支付

《2015 年中国互联网金融发展格局研究报告》显示，移动支付已经成为银行卡、现金之外最常使用的支付工具。据中国情报网发布的《2016 上半年中国第三方支付市场专题研究报告》，2016 年第二季度，中国第三方支付移动支付交易规模达 75 037 亿元，环比增长 25.68%，行业上半年整体交易规模达 134 776 亿元。支付宝、财付通、拉卡拉占据市场交易份额前 3 位，支付宝以市场占有率 55.4%位列第一。

3.5.1　移动支付概述

移动支付也称为手机支付，是允许用户使用其移动终端（通常是手机）对所消费的商品或服务进行账务支付的一种服务方式。移动支付存在的基础是移动终端的普及和移动互联网的发展，特别是移动电话和掌上计算机的普及，可移动性是其最大的特色。手机银行、手机购物支付是最普遍的形式。随着社会的发展和交易的需要，移动支付将逐步成为人们普遍接受的支付方式，移动支付的特征如下。

1. 移动性

随身携带的移动性，消除了距离和地域的限制。并且，结合了先进的移动通信技术的移动性，用户可随时随地获取所需要的服务、应用、信息和娱乐。

2. 及时性

移动支付不受时间地点的限制，信息获取更为及时，用户可随时对账户进行查询、转账或进行购物消费。

3. 定制化

基于先进的移动通信技术和简易的手机操作界面，用户可定制自己的消费方式和个性化服务，账户交易更加简单方便。

4. 集成性

以手机为载体，通过移动通信技术、无线射频技术、互联网技术，运营商可将移动通信卡、公交卡、地铁卡、银行卡等各类信息整合到以手机为平台的载体中，为用户提供方便的支付以及身份认证渠道。

3.5.2 全球移动支付发展现状

在北美，近 3/4 的电子商务交易是通过银行卡交易达成，电子钱包成为最大的可选支付方式。美国拥有稳定、成熟的支付系统，一种新的支付方式要进入市场，必然会打破运行完好的支付生态系统，新的支付技术遭遇传统成熟技术的排斥，造成了美国移动支付发展比其他国家缓慢。

而德国人购物消费主要通过现金支付和刷卡，因为电子现金卡可以在全国范围内免费使用，因此电子现金卡也是德国人最常使用的支付手段。德国人在网上购物，也大都通过转账、信用卡等手段来支付货款。德国也有移动支付服务，比如说通过手机购买车票，但是日常生活中的消费以及金融活动等都是通过正规银行的正规服务来实现。

在法国，不少实体店已经实现了移动支付。很多实体店会直接跟手机捆绑，不用携带很多卡，在会员机前刷手机，把会员卡输进去就可以直接完成。而日本是移动支付普及率比较高的国家，远远超过美国和欧洲国家，已经具有比较成熟的商业模式。日本几大运营商推出的手机支付，几乎覆盖全国的便利店、地铁、餐馆，在日本，手机就是钱包。流量不封顶包月套餐的广泛普及，极大地推动了日本移动互联网的发展。

在中国，目前还没有典型的移动支付模式，但 2012 年初三大移动运营商分别获批第三方支付牌照，使国内移动支付前景一片光明。比达咨询（BigData-Research）发布的《2015 年度中国第三方移动支付市场研究报告》显示，我国第三方移动支付市场由于巨头的补贴和 App 的活跃，使得人们的习惯逐步适应移动端，移动支付在 2013—2014 年得到高速发展。在线上增长相对缓和后，各大第三方支付机构开始扩展线下市场，使其线下消费场景的业务得到快速增长。移动支付用户规模的增长带动了整个行业用户规模的爆发式增长。另外，手机短信支付也在用户群体中得到了进一步的普及。

4G 网络和智能手机的普及给移动互联网的腾飞注入了燃料，移动支付的便捷性和安全性使得其在全球很多地方的普及会越来越广泛。

实验训练

1. 登录支付宝网站，通过爱心捐款一分钱，体验支付宝使用，并说明开通网上银行和快捷支付的不同。

2. 描述电子钱包的申请和使用过程，体会 E-wallet 的优点和不足。

3. 了解网上银行开户申请过程及方式，为自己的某张银行卡开通网上银行（如果没有开通）。

练习题

1. 传统支付方式和网上支付方式有哪些不同？

2. 现在你准备网上购物，你可以选择哪些支付方式？请列出。

3. 我们赚钱了，想通过打款来表达对父母的孝敬，请问我可以通过哪些方式给父母打款呢？写下你的答案。

4. 网上支付过程中风险有哪些？

5. 常见的电子货币形式有哪些？

6. 常见的第三方支付平台有哪些？分析它们的共性和不同。

7. SSL 协议和 SET 的区别是什么？

8. 移动支付的特点是什么？

9. 网络信用卡与超级信用卡一样吗？说出它们的特点。

10. 网银和支付宝卡通一样吗？二者都需要开通吗？

第4章 互联网金融

【学习目标】

本章主要介绍互联网金融的含义、互联网金融模式、互联网金融的风险等，使读者了解互联网金融的定义、特点、发展现状以及发展前景；掌握互联网金融模式；熟练掌握互联网金融的风险。

【导入案例】

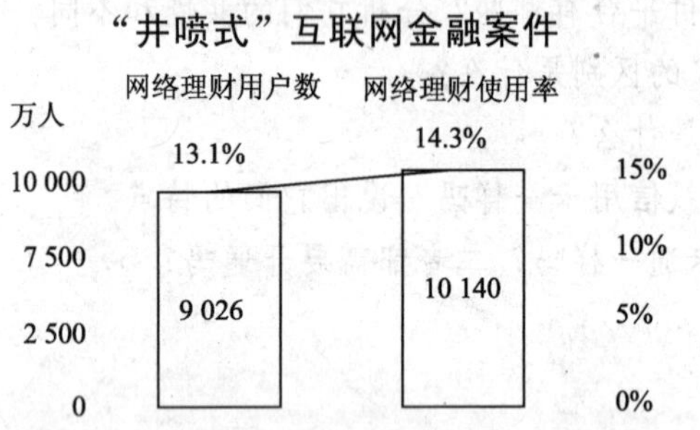

2015.12—2016.06 中国互联网理财用户规模及使用率

2016 年 9 月 23 日发布的《互联网金融蓝皮书：中国互联网金融发展报告（2016）》指出，截至 2015 年末，P2P 网贷问题平台数量累计已达 1 263 家，2015 年出现问题平台数量 896 家，约为上年的 3.26 倍，其中“跑路”类问题平台数量最多，占比为 55%。

股权众筹、P2P 网贷、第三方支付……不断涌现的互联网金融新业态，改变着人们的生活方式，给金融市场带来了新的生机和活力。然而，随之而来的风险也不断升级。

“目前，北京市检察机关正在办理 e 租宝案件。”北京市人民检察院检察长在 9 月 22 日召开的“互联网金融风险防治与金融检察”专题研讨会上透露了这一消息，同时他还指出，由于行业发展不规范、风控机制不到位，一些机构和个人打着金融创新的旗号，以高息增值为诱饵，进行非法集资、非法经营、金融诈骗，严重危害金融安全，扰乱社会秩序，“规范互联网金融、加强风险防控刻不容缓”。

（资料来源：中国科技网-科技日报.http://h.wokeji.com/jbsj/wb/201609/t20160927_2872702.shtml）

【思考】

1. 国内互联网金融是在什么背景下产生的？
2. 互联网金融有什么特点？

3. 互联网金融的风险是什么？

为了让大家对互联网金融有个更清楚的认识，下面给大家做详细的介绍。

4.1 互联网金融概述

互联网金融是传统金融业与互联网技术相结合，实现资金融通、支付和相关信息传播等功能的新兴金融模式，不同于传统银行借贷，也不同于传统的资本市场直接投融资。从更广阔的视野来看，互联网金融不是互联网颠覆金融业，而是互联网拓展了金融的空间，使金融的业态发生了改变。互联网“开放、平等、协作、分享”的精神通过这种途径逐步向传统金融领域渗透，将可能对金融业产生根本性影响。

在近几年的“双十一”年度购物节中，各大电商联袂奉献了一场场狂欢般的消费盛宴。2015 年 11 月 11 日当日仅天猫的交易额就突破了 912 亿元，超过了 2014 年全国社会消费单日平均的零售金额。从不断升温的在线消费中，足见互联网对人们生活场景和行为方式的重塑正持续加强。另外，作为交易便利和交易成本的双重受益者，我们也欣然拥抱互联网带来的交易方式和生活方式的变革。

从一些数据我们不难看出，互联网金融已经发展成为互联网商务地质结构运动中崛起的一座高峰。自 2012 年兴起的互联网金融，历经野蛮生长的洪荒开拓、各领风骚的模式分化以及暗流涌动的风险激荡，正逐步迈向政策包容、市场成熟、用户依赖、生态井然的阳光地带。

既然互联网金融是传统金融行业与互联网精神相结合的新兴领域，那么互联网“开放、平等、协作、分享”的精神也会向传统金融业渗透，对人类金融模式也会产生根本影响，从而使具备互联网精神的金融业系统成为互联网金融。

互联网金融与传统金融的区别不仅仅在于金融业务所采用的媒介不同，更重要的在于金融参与者深谙互联网“开放、平等、协作、分享”的精髓，通过互联网、移动互联网等工具，使得传统金融业务具备透明度更强、参与度更高、协作性更好、中间成本更低、操作更便捷等一系列特征。

4.1.1 互联网金融的含义

事实上，准确定义互联网金融是一件比较困难的事情。不同的群体或个人会从不同的角度去理解和解读，而不同领域、不同模式也存在不少差异，加之互联网金融的不断动态发展，难以用一个严格准确的定义来进行概括。

从互联网金融的发展历史来看，它应当源自于金融业与互联网开始进行的相互交融。与金融业的漫长的发展历史相比，互联网的发展还相对年轻。因此，不能简单地说互联网金融是传统金融业务的网络化，也不能单纯说是互联网企业、互联网精神的金融业务。

因此，投中研究院认为，所谓互联网金融，就是互联网技术和金融业务进行全面的交互、关联、延展和创新而产生的一种新型金融模式。

它是在互联网的基础上，由金融服务商提供证券、银行、保险等多样化的金融服务，也是对以计算机网络技术为基础的所有金融活动的总称。就狭义层面来说，互联网金融就是在金融服务者提供主机的前提下，利用互联网或是通信网络为传输工具，借助内嵌金融数据以及业务流程的软件平台，将操作界面定位用户终端的新型的金融运营模式。就广义层面来说，互联网金融就是与之相匹配的互联网金融机构、互联网金融市场、监管等的总称。

4.1.2 互联网金融的特点

当前的互联网金融发展可谓如火如荼，时代的趋势造就了互联网金融的发展，看起来这一切都是让我们感到惊讶的，那么互联网金融有哪些显著特点呢？

1. 成本低

互联网金融模式下，资金供求双方可以通过网络平台自行完成信息甄别、匹配、定价和交易，无传统中介、无交易成本、无垄断利润。一方面，金融机构可以避免开设营业网点的资金投入和运营成本；另一方面，消费者可以在开放的平台上快速找到适合自己的金融产品，削弱了信息不对称程度，更省时省力。

2. 效率高

互联网金融业务主要由计算机处理，操作流程完全标准化，客户不需要排队等候，业务处理速度更快，用户体验更好。

3. 覆盖广

互联网金融模式下，客户能够突破时间和地域的约束，在互联网上寻找需要的金融资源，金融服务更加直接，客户基础更广泛。此外，互联网金融的客户以小微企业为主，覆盖了部分传统金融业的金融服务盲区，有利于提升资源配置效率，促进实体经济的发展。

4. 发展快

近年来，依托于大数据和电子商务的发展，互联网金融得到了快速增长。以余额宝为例，余额宝上线 18 天，累计用户数达到 250 多万，累计转入资金达到 66 亿元。

5. 管理弱

一是监控弱，互联网金融在我国起步较晚，目前还没有明确的监管和法律约束。二是风控弱，互联网金融目前还没有接入中国人民银行征信系统，也不存在信用信息共享机制，不具备类似银行的风控、合规和清收机制，容易发生各类风险问题，目前已有众贷网、网赢天下等 P2P 网贷平台宣布破产或停止服务；缺乏准入门槛和行业规范，整个行业面临诸多政策和法律风险。

6. 风险大

一是信用风险大，目前我国信用体系尚不完善，互联网金融的相关法律还有待配套，互联网金融违约成本低，容易诱发恶意骗贷、卷款跑路等风险问题。特别是 P2P 网贷平台，由于其准入门槛低和缺乏监管，成为不法分子从事非法集资和诈骗等犯罪活动的温床。二是网络安全风险大，目前，我国互联网安全问题突出，网络金融犯罪问题不容忽视。一旦遭遇黑客攻击，互联网金融的正常运作会受到影响，危及消费者的资金安全和个人信息安全。

4.1.3 互联网金融的发展现状

中国金融业的改革是全球瞩目的大事，尤其是利率市场化、汇率互联网金融市场化和金融管制的放松。而全球主要经济体每一次重要的体制变革，往往伴随着重大的金融创新。中国的金融改革，正值互联网金融潮流兴起，在传统金融部门和互联网金融的推动下，中国的金融效率、交易结构，甚至整体金融架构都将发生深刻变革。

在互联网金融时代，对于传统的金融公司，想要靠自己的力量去闯荡互联网是很困难的，选择一个合适的网络合作平台对于传统金融公司非常重要。互联网公司中很典型地存在“二八”法则，因此对金融公司而言选择什么样的伙伴至关重要。选择了不同的互联网公司，必须要根据其特点进行适应性改造才能产生足够的“化学反应”，创造出属于自己的互联网金融模式。任何一家金融公司与任何一家互联网公司的合作恐怕都不能简单复制余额宝模式，也正是这种不可知的变化和创新才能更加凸显出互联网金融的无限魅力。

互联网金融在创新之路上只是刚刚走出第一步，仍有巨大的空间去探索，未来互联网金融的侧重点也不仅局限于计算机，更引起大家关注的应该是移动互联网终端。目前，已经有很多家电商将目光转移到了移动互联网终端上。

现在互联网金融产品只是拉开了“战国时代”的序幕。互联网平台不能仅仅被视为金融产品的销售渠道，如果把互联网定义为渠道，那么传统的金融营销模式不可能得到根本性改变。在互联网与金融互相融合的初期，短期高收益产品是吸引眼球的有效手段，最重要的目标是让用户沉淀下来。经过一段时间的运营后，进一步挖掘分析数据，以设计出符合新用户使用习惯的金融产品。根据《2014—2018 年中国互联网金融行业市场前瞻与投资战略规划分析报告》分析，在中国，互联网金融的发展主要是监管套利造成的。一方面，互联网金融公司没有资本的要求，也不需要接受央行的监管，这是本质原因；另一方面，从技术角度来说，互联网金融虽然具有自身优势，但是要考虑合规和风险管理的问题。

从政府不断出台的金融、财税改革政策中不难看出，扶持中小微企业发展已然成为主旋律，占中国企业总数 98%以上的中小微企业对于中国经济发展的重要性可见一斑。而从互联网金融这种轻应用、碎片化理财的属性来看，相比传统金融机构和渠道而言，则更易受到中小微企业的青睐，也更符合其发展模式和刚性需求。

4.1.4 互联网金融的发展前景

互联网金融是指借助于互联网技术、移动通信技术实现资金融通、支付和信息中介等业务的新兴金融模式，是既不同于商业银行间接融资，也不同于资本市场直接融资的融资模式。互联网金融包括 3 种基本的企业组织形式：网络小贷公司、第三方支付公司以及金融中介公司。当前商业银行普遍推广的电子银行、网上银行、手机银行等也属于此类范畴。

近年来，以第三方支付、网络信贷机构、人人贷平台为代表的互联网金融模式越发引起人们的高度关注，互联网金融以其独特的经营模式和价值创造方式，对商业银行传统业务形成直接冲击甚至具有替代作用。目前在全球范围内，互联网金融已经出现了 3 个重要的发展趋势。

第一个趋势是移动支付替代传统支付业务。随着移动通信设备的渗透率超过正规金融机构的网点或自助设备，以及移动通信、互联网和金融的结合，全球移动支付交易总金额 2011 年为 1 059 亿美元，此后几年将以年均 42%左右的速度增长，2015 年达到了 4 500 亿元，2016 年达到了 6 169 亿美元。在肯尼亚，手机支付系统 M-Pesa 的汇款业务已超过其国内所有金融机构的总和，并且延伸到存款、贷款等基本金融服务，而且不是由商业银行运营的。

第二个趋势是人人贷之类的平台替代传统存贷款业务。其发展背景是正规金融机构一直未能有效解决中小企业融资难问题，而现代信息技术大幅降低了信息不对称和交易成本，使人人贷之类的平台在商业上成为可行。例如，2007 年成立的美国 LendingClub 公司，到 2012 年年中已经促成会员间贷款 6.9 亿美元，利息收入约 0.6 亿美元。

第三个趋势是众筹融资替代传统证券业务。所谓众筹，就是集中大家的资金、能力和渠道，为小企业或个人进行某项活动等提供必要的资金援助，是最近几年国外最热的创业方向之一。以 Kickstarter 为例，虽然它不是最早以众筹概念出现的网站，但却是最先做成的一家，曾被《时代周刊》评为最佳发明之一和最佳网站，进而成为“众筹”模式的代名词。2012 年 4 月，美国通过 JOBS 法案（Jumpstart Our Business Startups Act），允许小企业通过众筹融资获得股权资本，这使得众筹融资替代部分传统证券业务成为可能。

4.2 互联网金融模式

不同的机构从不同的角度对互联网金融模式所做的分类多种多样，现在重点学习一下央行从监管角度对我国互联网金融现存模式进行的分类，它将我国互联网金融的模式分为 6 类：互联网支付、P2P 网络借贷、网络小额贷款、众筹融资、在线金融产品和业务服务平台、公募基金互联网销售平台。

4.2.1 互联网支付

互联网支付是依托互联网，以第三方支付机构作为中介，通过计算机、手机等设备在付款人和收款人之间进行资金划转的服务，如支付宝、财付通等。在手机端进行的互联网支付又被称为移动支付。

4.2.2 P2P 网络借贷

P2P 是 Peer to Peer（或 Person to Person）的缩写，意为点对点（人对人）。P2P 网络借贷指的是个体和个体之间通过互联网作为中介平台实现的直接借贷，如人人贷、宜信、陆金所等。

P2P 网贷是通过第三方互联网平台进行资金借、贷双方的匹配，需要借贷的人群可以通过网站平台寻找到有出借能力并且愿意基于一定条件出借的人群，帮助贷款人通过和其他贷款人一起分担一笔借款额度来分散风险，也帮助借款人在经过充分比较的信息中选择有吸引力的利率条件。

它有两种运营模式：一种是纯线上模式，其特点是资金借贷活动都通过线上进行，不结合线下的审核，通常这些企业采取的审核借款人资质的措施有通过视频认证、查看银行流水账单、身份认证等；另一种是线上线下结合的模式，借款人在线上提交借款申请后，平台通过所在城市的代理商采取入户调查的方式审核借款人的资信、还款能力等情况。

4.2.3 网络小额贷款

网络小额贷款，简称“网络小贷”，是区别于 P2P 网络借贷的另一种借贷模式。它指的是互联网企业通过其控制的小额贷款公司，向旗下电子商务平台客户提供的小额信用贷款，如阿里巴巴、京东、苏宁、百度等设立的小贷公司。

4.2.4 众筹融资

众筹融资是指通过网络平台为项目发起人筹集从事某项创业或活动的小额资金，并由项目发起人向投资人提供一定回报的融资模式。

按照回报方式不同，众筹融资可分为以下两类：一是以投资对象的股权或未来利润作为回报，如天使汇、大家投、创投圈等；二是以投资对象的产品或服务作为回报，如点名时间、众筹网、追梦网等。

相比于传统的融资方式，众筹的精髓就在于小额和大量。融资门槛低且不再以是否拥有商业价值作为唯一的评判标准，为新型创业公司的融资开辟了一条新的路径。从此，其融资渠道不再局限于银行、PE（私募股权投资）和 VC（风险投资）。

众筹项目种类繁多，不单单包括新产品研发、新公司成立等商业项目，还包括科学研究项目、民生工程项目、赈灾项目、艺术设计、政治运动等。经过几年的迅速发展，众筹已经逐步形成奖励制众筹、股份制众筹、募捐制众筹和借贷制众筹等多种运营模式，典型平台包括点名时间、大家投等。

4.2.5 在线金融产品和业务服务平台

这类平台可分为以下 3 类：一是具有线下实体业务的金融机构的互联网化，主要体现为网上银行、网上证券交易、网上保险销售等形式；二是不设线下实体分支机构，完全通过互联网开展业务的专业网络金融机构，如众安在线财产保险；三是不提供金融业务本身，而是提供金融业务的服务支持的平台，包括但不限于金融产品和业务的搜索（如 91 金融超市、融 360）、理财记账服务（如挖财网）等。

4.2.6 公募基金互联网销售平台

按照网络销售平台的不同，基于互联网的公募基金销售平台可以分为两类：一是基于自有网络平台的基金销售，实质是传统基金销售渠道的互联网化，即基金公司等基金销售机构通过互联网平台为投资人提供基金销售服务；二是基于非自有网络平台的基金销售，实质是基金销售机构借助其他互联网机构平台开展的基金销售行为，包括在第三方电子商务平台开设“网店”销售基金、基于第三方支付平台的基金销售等多种模式，如余额宝、理财通等。

互联网金融中的余额宝已经完成了它挑战传统金融的历史使命，并随着中国的经济形势及利率走势成为过去时，目前主要以众筹和 P2P 网络借贷为主。

4.3 互联网金融风险

互联网技术的普及产生了互联网金融，这在一定程度上降低了交易成本和交易时间，对金融服务的市场有所拓展。但是由于互联网金融的高科技化、虚拟化、法律法规监管缺位、跨国经营等特点，导致其风险管理更加复杂，这对我国的金融稳定是一种新的挑战。

随着互联网金融的飞速发展，其遇到的风险越来越复杂，如操作风险、交易风险、信息风险和信誉风险、法律风险等。

4.3.1 操作风险

操作风险指源于系统可靠性、稳定性和安全性的重大缺陷而导致的潜在损失的可能性。

操作风险可能来自网络金融客户的疏忽，也可能来自网络金融安全系统及其产品的设计缺陷与操作失误。操作风险主要涉及网络金融账户的授权使用、网络金融的风险管理系统、网络金融机构和客户间的信息交流、真假电子货币的识别等。

目前，网络金融对进入金融机构账户的授权管理变得日益复杂起来，这一方面是由于计算机的处理能力得到日益增强，另一方面是客户的地理空间位置变得更加分散，也可能是由于采用多种通信手段等因素造成的。

4.3.2 交易风险

交易风险是指投机者利用利率、汇率等市场价格的变动进行关联交易，给金融资产的持有者带来损益变化的不利影响。

由于网络信息传递的快捷和不受时空限制，网络金融会放大传统金融风险，导致市场价格波动风险、利率风险、汇率风险发生的突然性、传染性增强，危害也更大。金融网络化给投机者带来了机会，他们会在股市、汇市、期市进行大量关联交易，导致金融市场跌宕起伏，从而可能会在极短的时间内给一国经济以致命打击。在金融网络化、全球化不断加深的今天，国际游资对证券市场的冲击和股票投资者的非理性操作是证券市场动荡的根源，也是网络金融最大的潜在风险。

4.3.3 信息风险

信息风险是指由于信息不对称或信息不完全导致网络银行面临的不利选择和道德风险引发的业务风险。

由于网络金融的虚拟性，一切金融往来都是以数字化形式在网络上进行，网络市场上商业银行与客户间信息处于严重的不对称状态，客户将会比在传统市场上更多地利用信息优势，形成对网络银行不利的道德风险行动。

4.3.4 信誉风险

信誉风险是指网络金融交易者的任何一方不能如约履行其义务的风险。

由于网络金融虚拟性的特点，与传统金融相比，金融机构的物理结构和建筑的重要性大大降低。交易双方互不见面，只是通过网络发生联系，这使对交易者的身份、交易的真实性验证的难度加大，增大了交易者之间在身份确认、信用评价方面的信息不对称，从而增大了信用风险。

对我国而言，网络金融中的信用风险不仅来自服务方式的虚拟性，还有社会信用体系的不完善而导致的违约可能性。信誉风险可能来自网络金融出现巨额损失时，或者出现在网络金融的支付系统发生安全问题时，社会公众难以恢复对网络金融交易能力的信心。一旦网络金融提供的虚拟金融服务产品不能满足公众所预期的水平，且在社会上产生广泛的不良反应时，就形成了网络金融的信誉风险。或者，如果网络金融的安全系统曾经遭到破坏，无论这种破坏的原因是来自内部还是来自外部，都会影响社会公众对网络金融的商业信心。

4.3.5 法律风险

法律风险是由于互联网金融业务违反法律或交易主体在交易过程中未遵守相关权利义务引起，或者是由于我国互联网金融立法方面没有明确的规定或比较落后，现有的银行法、保险法和证券法都是针对传统金融业务，对于互联网金融不太适合。对于互联网金融的电子合同有效性的确认、个人信息保护、交易者身份认证、资金监管、市场准入等尚未有明确规定。故在互联网金融的交易过程中容易出现交易主体间权利义务模糊，不利于互联网金融的稳定发展。

4.3.6 互联网金融风险的应对措施

对于互联网金融所面临的各种风险，我们提出的应对措施主要有以下 4 个方面：构建互联网金融安全体系、健全互联网金融风险管理体系、加强互联网金融风险法制体系建设、完善互联网金融监管体系。

1. 构建互联网金融安全体系

构建互联网金融安全体系包括对互联网金融运行环境要进行改进、对数据的管理要加强、开发自主知识产权的信息技术。改进运行环境需要从硬件和网络运行方面对其进行改进，首先加大对硬件安全措施的投入，提高计算机系统的防病毒能力和防攻击能力，保证互联网金融的硬件环境安全；其次对网络运行方面应用分级授权和身份认证登录来访对非法的用户登录进行限制。对数据的管理要加强，可以通过利用数字证书为交易主体提供安全保障。要大力开发数字签名技术、密钥管理技术和互联网加密技术，从而降低技术选择风险，保证国家金融安全。

2. 健全互联网金融风险管理体系

健全互联网金融风险管理体系包括加强内部控制并加快建设社会信用体系。内部控制方面应该从内部的规章制度和组织机构方面入手，制定完善的业务操作规程、互联网金融风险防范制度和安全管理办法，建立技术队伍来防范互联网金融风险；社会信用体系的建设方面要从建立全面客观的电子商务身份认证体系、个人和企业信用评估体系着手，避免信息不对称造成的选择性风险。

3. 加强互联网金融风险法制体系建设

加强互联网金融风险法制体系建设包括加大立法力度、完善现行法规、制定网络公平交易规则。加紧推进计算机犯罪、电子商务的安全性和电子交易的合法性的立法，明确电子凭证和数字签名的有效性，对各交易主体的权力义务进行明确的解析；对现行的不适合互联网金融的法律法规进行完善，适时地加大量刑力度；对交易主体的责任、保护消费者个人信息、保持电子交易凭证、识别数字签名等做出详细的规定，保证能够有序开展互联网金融业务。

4. 完善互联网金融监管体系

在此方面应对市场准入管理进行加强并完善监管的体制。确定准入条件并对互联网金融创新加大扶持力度；互联网金融对分业监管模式提出挑战，故应协调混业和分业监管模式，实行综合监管。我国应向国外学习，及时协调可能出现的国际司法管辖权。

4.4 互联网金融对传统金融的影响

当前互联网金融正以更快速、更便捷、更省心为服务模式，以产品新、门槛低、收益高为卖点，向传统的金融业发起强烈的挑战。这些挑战突出表现在第三方支付、移动支付、网络借贷、众筹融资对传统金融业产生的重大影响。传统金融业不得不对此问题进行认真思考，慎重研究，积极面对，调整转型，投身变革，加快创新，迎接挑战。应对措施主要集中在以下几个方面。

1. 更新旧有观念，积极迎接挑战

面对互联网金融的压力和冲击，传统金融业应突出“新”，立足于“变”，着力于“建”，不断地加大创新和变革的力度，充分发挥自身的优势。

2. 整合现有资源，主动调整转型

互联网金融在短时间内全面取代传统金融是不可能的，传统金融业要有危机意识，积极主动调整转型，发挥优势，以适应新的发展。

3. 创新业务模式，自觉融入变革

创新始终是业务发展的动力，也是竞争制胜的法宝。要依托自身的资金优势进行服务创新，与成熟的电商、支付平台联手寻求布局互联网金融的先机；要发现互联网金融和传统金融的结合点，对支付结算、托管、担保、融资等业务进行改进创新；在防范风险的前提下，建立适合大数据时代的管理方式，最低限度地使用效率低下的行政管理办法，进行管理方式创新。

实验训练

1. 登录淘宝网众筹模块，浏览淘宝众筹项目，可以通过公益众筹项目等体验一下众筹的过程。
2. 登录京东众筹模块，浏览京东众筹，了解一下京东众筹与淘宝众筹有什么不同。
3. 了解网上众筹的成功案例以及众筹的失败案例，结合实际掌握互联网金融的风险的规避措施。

练习题

1. 你对互联网金融的理解是怎样的？
2. 互联网金融的特点是什么？
3. 互联网金融的发展趋势是什么？
4. 互联网金融的模式有哪些？
5. P2P 网络借贷有哪些运营模式？这些运营模式之间有什么不同？
6. 按照回报方式不同，举例说明众筹融资的不同种类有哪些。
7. 互联网金融的风险有哪些？
8. 互联网金融风险的应对措施有哪些？
9. 互联网金融对传统金融有哪些影响？
10. 谈谈你对互联网金融发展前景的认识。

第5章 电子商务物流

【学习目标】

本章主要介绍物流以及电子商务物流的基本概念，使读者了解电子商务和物流的相互关系；掌握电子商务不同的物流模式；了解几种常见的物流模式的区别；掌握当前主流的电子商务物流技术；了解电子商务下第四方物流以及国际物流等新内容；了解电子商务物流的最新发展前景。

【导入案例】

京东物流

京东商城是中国最大的综合型 B2C 购物网站之一，是中国电子商务领域最受消费者欢迎和最具影响力的电子商务网站之一。

京东商城物流发展的 3 个阶段如下。

1. 第三方物流阶段

对于相当一部分 B2C 电子商务的中小企业来说，由第三方物流公司来承担主要物流任务，不仅减少了花销，而且可以集中精力去经营自身更具竞争力的网络商品。京东商城在发展的早期也是委托第三方物流公司来完成物流配送服务，其合作伙伴主要有申通、圆通、顺丰、中国邮政等公司。但采用第三方物流进行商品递送有以下缺点。

① 对于京东商城而言，借助第三方物流完成物流配送，其物流控制能力以及为客户提供信息的能力受服务商的服务能力影响较大。

② 资金周转速度太慢。京东商城把订单货物交给第三方物流企业存在资金周转的过程，增加了账期过长的风险。

③ 不利于客户关系管理。第三方物流公司承担京东商城的物流任务后，使得京东商城与客户的联系被削弱了，不利于京东商城的管理以及维护与客户之间的关系。

④ 随着自身业务的发展，使用第三方物流无法满足京东商城长期发展的需求。

2. 自建物流阶段

京东商城总部设在北京，设立了华北、华东、华南、西南、华中、东北、西北分公司，在沈阳、济南、西安、南京、杭州等城市设立了二级物流中心。除了在几个一线城市（北京、上海、广州）增加配送站的数量外，还在天津、苏州、厦门、深圳等超过 130 座重点城市建立了自己的配送站，全国范围大中城市物流配送网络已基本形成。京东商城在 2010 年 4 月正式推出了“211 限时达”服务，即当日上午 11：00 前提交的现货订单，当日送达，夜里 11：00 前提交的现货订单，次日 15：00 前送达。

3．混合物流模式

京东商城虽然自建大型物流配送系统，很多物流配送中心已扩展至二级、三级城市，但是面对着中国广阔的疆域，想要完全覆盖并非易事，所以京东商城选择了与第三方物流公司合作。现阶段，京东商城形成了以自建物流为主，与第三方物流合作为辅的混合物流配送模式。此外，京东还与生产商（TCL、海信、格力等）进行合作，因为大家电的物流配送成本较高，如果京东商城自己来配送，将会耗费大量的成本，而生产商在各个城市都有自己的售后服务网点和自己的合作伙伴，通过与生产商合作可以达到降低成本的目的，也能够用生产商的知名度提高自己的知名度。同时，在众多的客户中，高校大学生也占据了相当大的比例，京东商城在为高校学生做配送服务时做出了调整，在各个高校设立校园代理，首先将这些包裹送到校园代理手上，然后在放学的时间段，高校学生可以根据自己的时间安排随时领取包裹，大大提高了配送效率。

【思考】

1．京东商城物流运作发展的过程给你什么样的启示？

2．京东商城发展的不同阶段为什么会采用不同的物流配送模式，其物流配送模式是如何匹配企业的战略发展目标的？

5.1 物流概述

近年来电子商务发展迅速，电子商务的一个非常重要的环节是物流环节，电子商务的实现有赖于物流的支撑，要完善电子商务整体化的顺畅的运作，就需要打破原有的传统体系，既需要关注商流、信息流，还需要结合物流，实现社会化、现代化的整体电子商务物流配送体系。电子商务物流是以传统物流为基础的，因此要了解电子商务物流首先应该从对传统物流的了解入手。

5.1.1 物流概述

1．物流的起源

人类社会通过活动实现经济行为时就有了物流，只是当时人们没有这样的认识和文字定义。18 世纪末开始有了汽车的发明和使用，这使得运输业变得更加发达，直接或者间接地推动和促进了物流业的发展，开始产生了除生产和销售之外的第三方专业运输者。20 世纪 50 年代初开始有了物流的专业名词称谓，国外最早将物流称为“Physical Distribution”，缩写为“PD”，含义为“实物分配”或“货物配送”。

现在普遍认为物流的英文为 Logistics。从“PD”到“Logistics”的演变是由于第二次世界大战中，物流技术在美国军队后勤保障供应系统中的成功运用，而美军后勤保障的英文名称为“Logistics”。“二战”结束后，世界各地开始陆续用“Logistics”替代“PD”，中国将其译为“物流”。美军在后勤保障中成功地运用物流后，很快地又将此成果转化于工业上，于是西方发达国家将“Logistics”用于工业，并用英文的“Logistics”（后勤保障）用以说明工业生产和销售的"物流"管理，"Logistics"就成了物流的代名词，并延续和流传于世界各国。物流被人们真正认识是"二战"以后，到现在为止已经有 70 多年的历史。

2. 物流的定义

关于物流的定义，不同的国家、不同的机构有不同的解释。我国发布的《物流术语》中将物流定义为：物流是物品从供应地向接收地的实体流动过程，根据实际需要，将运输、储存、装卸、搬运、包装、流通加工、配送、信息处理等基本功能实施有机结合。除此之外，还有其他的关于物流的解释。

美国物流管理协会认为：物流是为了符合顾客的需要所发生的从生产地到销售地的物质、服务以及信息的流动过程，以及为使保管能有效、低成本进行而从事的计划、实施和控制行为。

联合国物流委员会对物流的界定为："物流"是为了满足消费者需要而进行的从起点到终点的原材料、中间过程库存、最终产品和相关信息有效流动和存储计划、实现和控制管理的过程。

日本通商产业省运输综合研究所《物流手册》中认为：物流是将货物由供应者向需求者的物理移动，它由一系列创造时间价值和空间价值的经济活动组成，包括运输、保管、配送、包装、装卸、流通加工及物流信息处理等多项基本活动。

因此，综合上述定义我们将物流理解为：其是为了满足客户的需要，以最低的成本，通过运输、保管、配送等方式，实现原材料、半成品、成品等由商品的产地到商品的消费地所进行的计划、实施和管理的全过程。物流一般由七大职能构成，分别为运输职能、仓储职能、配送职能、包装职能、装卸搬运职能、流通加工职能和信息处理职能，其典型过程如图 5.1 所示。

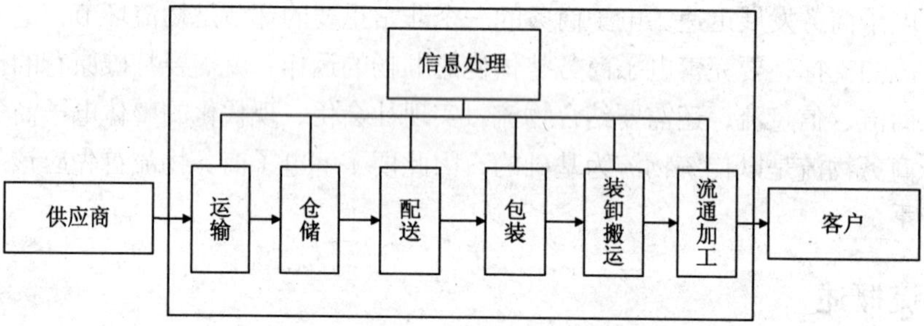

图 5.1　物流配送流程

现代物流不仅单纯地考虑物料从生产者到消费者的流动问题，而且还进一步包括了供应商对原材料的采购、生产者本身在产品制造过程中的运输、保管和信息等各方面，力图全面地、综合性地提高经济效益和效率。因此，现代物流是以满足消费者的需求为目标，把生产、制造、运输、销售等市场环节统一起来考虑的一种战略措施。

电子商务物流是以现代物流为基础，随着电子商务以及社会的发展而产生的，可以理解为"电子商务时代的物流"。因此，电子商务物流的概念可以表述为利用电子化的手段，尤其是基于互联网技术来完成物流全过程的协调、控制和管理，从而实现从网络前端到最终客户端的所有中间过程服务，最显著的特点就是在物流操作过程中各种软件技术与物流服务的融合和应用。传统物流与电子商务物流对比如表 5.1 所示。

表 5.1 传统物流与电子商务物流对比

领域（环节）	传统物流	电子商务物流
业务推动力	物质财富	IT 技术
服务范围	单项物流服务（运输、仓储、包装、配送等）	综合性物流服务
通信手段	电话、传真	大量使用互联网、EDI 进行数据交换
仓储	集中分布	分散分布
包装	批量包装	个别包装、小包装
运输频率	低	高
交付速度	慢	快
IT 技术应用	少	多
订单量	少	多

电子商务物流是电子商务运作过程中非常重要的支撑，与传统物流相比，体现出了一些新的特点。

（1）物流信息化

电子商务时代，物流信息化是电子商务的必然表现。物流信息化主要体现为在电子商务物流运作中，采用信息技术，如条码技术、RFID（射频识别）技术、GPS（全球定位系统）技术、数据库技术等借助于计算机和互联网的使用参与物流处理，从而实现物流信息的快速采集、传递，及物流信息的标准化和实时化处理。

（2）物流自动化

自动化的基础是信息化。物流处理过程中，已经有多种自动化系统的辅助，如无线射频自动识别系统、自动分拣系统、自动存取系统、货物自动跟踪系统等，通过自动化处理可以节省资源、扩大物流作业能力、提高物流运作效率、减少物流作业的差错等。

（3）物流网络化

电子商务物流网络化可以从两个方面理解。第一，这是电子商务环境下社会化物流的必然要求。物流效率的提高必须实现综合化、整体化的物流处理，而这是构建于统一的物流网络系统平台基础之上的，是软性的组织和资源方面的要求。第二，这是信息化物流处理的要求。基于技术支持的物流配送系统必须依赖于计算机网络系统，这是硬性的技术方面的要求。

（4）物流智能化

物流作业过程中会遇到大量的运筹和决策问题，如物流路径选择、物流库房选址等，这些都需要以专业性知识储备、大数据为基础，进行智能化决策处理。阿里旗下的“菜鸟物流”所做的工作主要就是在物流信息调配平台基础上，借助于阿里物流的数据化基础，实现“中国智能物流骨干网”的建设。

（5）物流协同化

随着电子商务的发展，当前的自建物流和第三方物流等物流模式都或多或少地显现出了一定的弊端。适应电子商务物流需求的物流业务模式的一大特征表现为物流协同化处理。基于整合的物流信息平台，进行统一的物流业务分配和优化的物流系统运作实现物流协同化处理是将来电子商务物流的发展趋势。

5.1.2 电子商务与物流的关系

随着技术的进步和新的经济模式的产生，电子商务得到了进一步的发展。电子商务发展中巨大的经济效用，使得企业、政府和个人以不同的形式越来越多地参与到电子商务活动中，电子商务也受到了政府、企业界的高度重视。而在电子商务活动中，只有少部分商品是数字化或无形商品，不需要进行物流运作。另外，一些大部分商品都是有形化的体现，必须要通过物流环节才能使商品实现从卖方到买方的转移，物流是实现整个电子商务活动的重要支撑。另外，电子商务对于物流的发展也起到了很大的促进作用，使得物流业提升到了前所未有的高度，两者是相辅相成的。

1. 电子商务对物流的影响

（1）电子商务对物流地位的影响

在电子商务高科技和信息化等特点的作用下，实体经济会逐渐地被影响并发生变化，其中的很多经营环节，如广告、订货等处理会以虚拟化、电子化的方式来呈现，表现为脱离实体的信息内容。这必然导致行业中业务内容重置和重组等变化，但物流却是如何改变都不会缺失的一环。物流在电子商务运作中必须是其重要的组成环节：既要把网络店铺的货物送到用户手中，也要从生产企业及时进货补充库存。物流企业成为了所有生产企业及供应商对用户的唯一最集中、最普遍的实物供应者。物流业成为社会生产链条的领导者和协调者，为整个社会提供全方位的物流服务。可见，电子商务把物流业推到了前所未有的高度，为其提供了空前的发展机遇，其作用只会越来越受到重视，其地位也只会越来越强化。

（2）电子商务对物流组织模式的影响

第三方物流模式成为物流业的主要组织形式。电子商务市场中，只有少数企业是通过自建物流来实现包裹递送的，大部分的电子商务公司都是采用第三方物流进行产品向买方的递送。对于大型电子商务公司来说，自建物流会耗费大量的成本，降低资金的周转水平，将物流进行第三方外包可以集中优势资源进行平台拓展。对于小型电子商务企业来说，自身资源的限定使得其业务过程必须依赖第三方物流的处理。在业务量激增以及对其服务水平要求逐渐提升的基础上，政府也不断出台相应政策，推动物流行业的发展，逐步使得第三方物流成为电子商务发展过程中的重要组成部分。

（3）电子商务对物流作业环节的影响

电子商务对从原材料的采购到包装，到消费者的配送等各个物流作业环节都产生了影响。在传统的采购过程中采购员要完成寻找合适的供应商、产品校验、订单处理等一系列复杂烦琐的工作。而通过互联网采购，采购员可以在更大范围内对接到供应厂商，有了更多的选择，同时也降低了采购成本。对于配送而言，在电子商务时代，信息化、社会化和现代化的物流配送中心把三者有机地结合在一起，商流、物流都是在信息流的指令下进行运作，极大地提高了配送效率。

（4）电子商务对物流运作方式的影响

在电子商务环境下，供应链中的供应商与零售商、消费者三方通过互联网连在了一起，通过 POS 等工具供应商可以及时且准确地掌握产品销售信息和顾客信息。此时，存货管理部门按所获信息组织产品生产和对零售商供货，存货的流动变成“拉动式”，实现销售方面的“零库存”。

（5）电子商务对物流技术的影响

现代物流技术包括各种物流操作方法、管理技能等，如流通加工技术、物品包装技术、物品实时跟踪技术、物品标识技术等，也包括物流规划、物流设计、物流策略等。随着互联网的普及，尤其是电子商务的飞速发展，物流技术中又加入了许多新的现代技术，如 GIS（地理信息系统）、GPS（全球定位系统）、RFID（无线射频识别）等。

2. 物流对电子商务的影响

（1）物流是电子商务的重要组成部分

电子商务过程中的任何一笔交易，都包含着以下 4 种基本的“流”，即信息流、商流、资金流、物流。其中，在电子商务中的商品信息提供、技术支持、售后服务以及询价、报价、付款等的商业贸易单证等都属于信息流的内容，而商品在购、销之间的交易以及商品所有权转移的过程是属于商流的内容。资金流主要是指资金的转移过程，包括支付、转账等。在电子商务环境中，信息流、商流和资金流这 3 种流的处理都可以通过计算机和网络通信设备的辅助而实现。物流，作为 4 种流中最为特殊的一种，是指物质实体（商品或服务）的流动过程，具体包括物质实体的运输、储存、配送、装卸、保管以及物流相关的信息管理等各种活动。对于无形商品或者数字化产品在内的少数商品和服务来说，可以直接通过网络传输的方式进行配送，如电子图书、信息咨询服务、法律咨询业务等。而对于大多数商品和服务来说，物流的过程仍然是物理位置的转移的过程，要经过物理方式进行传输，因此，物流在交易中占有十分重要的地位。

（2）物流是实现“以顾客为中心”电子商务商业运作理念的根本保证

电子商务模式的产生在最大限度上方便了终端消费者。消费者不必再花费过多的时间和精力乘坐交通工具跑到拥挤的商业街，逐家地比较来挑选自己所需的商品，而只要坐在家里，在互联网上进行搜索、查询和挑选，就可以完成他们的购物过程。但试想，如果他们精心选购的商品迟迟不能送达，抑或商家所送商品并非自己真正所需的，那消费者还会选择网上购物吗?对网上购物还能满意吗？物流是电子商务中实现“以消费者为中心”理念的根本保证，缺少了现代化高效快捷的物流支撑，电子商务给消费者带来的购物体验会大幅降低，消费者必然会转向他们认为更稳妥的传统购物方式。

（3）物流基础设施的建设严重滞后，阻碍了电子商务的发展

物流是“物的流通过程”，需要像铁路、公路、航空等基础设施作为物流活动质量和速度的物理保证。近年来，我国与物流发展相匹配的物流基础设施建设虽然有了长足发展，但是仍然相对落后。截至 2000 年，按国土面积和人口数量计算的运输网络密度，我国仅为 1 344.48 千米/万平方千米，而相对应的美国的运输网络密度为 6 869.3 千米/万平方千米，德国为 14 680.4 千米/万平方千米。从数据上可以看出，我们与欧美发达国家相比，差距很大。另外，由于运力和道路交通问题，一些公路、铁路经常出现超负荷运输以及拥堵现象，严重制约了物流运送的速度和质量，物流线路以及节点设施都还需要进一步优化和完善。电子商务物流基础设施的薄弱，使得我国物流业发展总体水平仍然偏低。

（4）物流系统不健全，形成了对电子商务快速发展的限制

电子商务快速发展的保障因素是完整的协调运作的物流系统的支撑，而目前我国物流系统的功能一定程度上还存在缺失。究其原因，一方面是对于分散的物流资源的整合需要借助

于信息化的基础，而我国信息化基础水平不高，无法支持物流行业企业间的相互配合；另一方面，从软硬件设施来看，我国在物流发展的软件方面和硬件设施方面都还有需要完善的地方，这导致物流成本居高不下，物流系统功能不强，仓储和运输功能缺乏协调机制，长途运输和短途配送不能顺畅衔接，各种运输方式之间配合不力，无法形成完整的物流系统作用，限制了电子商务的快速发展。

不管是 B2B 还是 B2C，消费者最关心的问题是他们所购买的商品能否快速安全地送到自己手中，这体现的是消费者对物流及配送的关注。物流体验会直接影响消费者的购物体验，进而影响电子商务的发展。因此，电子商务的发展需要以完善的物流运作为基础，物流是实现“以顾客为中心”理念的根本保证。

5.2 电子商务物流模式概述

电子商务物流的实现是影响电子商务企业生存至关重要的一环，要实现良好的企业整体运作，必须重视物流的处理，企业需要根据自身的情况选择适当的运作模式。根据物流经营主体的不同，可以将电子商务物流模式分为企业自营物流、物流联盟、第三方物流、第四方物流以及云物流模式等。

5.2.1 企业自营物流

自营物流是指企业借助于自己内部的资源，如人员、设备、物流设施等进行物流业务的处理，从而完成对消费者的物流配送工作。企业进行自营物流需要对仓储、人员配备等投入大量的资金，因此，企业选择自营物流需要有雄厚的资金条件，构建自营物流配送系统，实现对于客户服务的更好满足，进一步来拓展市场。

电子商务企业以自营物流为模式进行物流运作主要分为两种情况：一种是资金实力雄厚的电子商务公司，基于其自身条件，在平台运作初期就选择自营物流体系的处理，如京东、亚马逊。因为其资金实力雄厚，有能力投入大笔资金建立物流配送体系，其进行自营物流的目的就是拓展市场，提升客户的满意度。另一种是传统的大型制造企业、批发零售企业经营的 B2C 网站，像是苏宁易购、国美在线等。这些企业在涉足电子商务领域之前，基于其长期的传统运作就已经拥有了自己专业的配送队伍，有相对完善的线下物流配送体系。为了顺应时代发展，在扩展线上业务的同时，其物流配送体系也在原来的基础上进行改造升级，提升为电子商务自营物流体系形式。

1. 自营物流模式的优点

（1）提高客户满意度，提升企业的品牌价值

企业自营物流可以比较便利地协调物流资源进行商品的递送，当收到网上订单后，电子商务企业可以在第一时间进行商品配送，并且能够把握配送服务质量，实现送货上门、送货到家以及在与客户接触的第一现场解决客户的问题，减少由于第三方递送而导致的时间延误和客户不满，提高企业的服务水平，保障客户对企业的满意度和忠诚度。另外，通过本公司

的物流人员与客户的直接关联，企业可以了解客户的诉求，收集最新的客户信息和市场信息，使得企业可以根据市场的变化及时地调整企业的经营方式，提高企业的竞争力。

（2）降低成本

自营物流可以降低企业的交易成本和沟通成本。通过自营物流，在与供应链上游的供应商接触中，企业可以通过对于原材料采购的直接把握了解当前的市场行情变化，提高对于供应商的原材料采购的议价能力，减少由于原材料成本、仓储配送等而产生的交易费用。另外，在与供应链下游的顾客沟通中，由于为顾客服务的物流人员和市场人员属于同一企业体系，便于进行信息的直接回馈传达，更好地为客户提供服务，降低信息的沟通成本。

（3）避免商业机密的泄露

如果企业借助于第三方物流公司进行物流业务外包，企业就不可避免地要进行物流业务的信息公开，这一方面不便于控制第三方物流公司进行客户信息的保密，另一方面也存在公司业务信息泄露的风险，不便于公司的长期稳定的业务拓展。

（4）增加企业的经营利润

自营物流的公司在物流业务进入正轨后，往往会出现物流运力的剩余，这种剩余会造成社会资源的浪费。企业完全可以将剩余运力进行出租或外包，在满足企业自身的物流配送要求的基础上，对外开展物流配送业务，释放企业剩余的物流运力，实现资源的充分配置和利用，为企业赢得额外的经营收益。

2. 自营模式的不足

（1）物流成本的增加

企业进行自营物流需要庞大的资金投入，这其中包括固定资金部分和流动资金部分。一方面，自营物流需要进行仓储中心的建设、物流设施的购买等，这些都属于公司的固定资产，占用公司的固定资金。另一方面，自营物流要培养自己的物流运送队伍，要花费大量的资金在人员培训、人员工资等方面，占用公司的流动资金，物流费用过多，势必会减少公司在其他业务环节的投入，削弱市场的风险抵抗能力和市场竞争能力。

（2）分散企业的精力

企业在自建物流体系过程中还会耗费大量的资金和精力，物流业务一般来说从业人员数量庞大，管理困难，将物流作为企业的一个业务环节，很难以实现物流对于企业盈利的贡献。这种情况，往往会导致企业资源的分散，物流业务影响其核心业务的发展，削弱企业的核心竞争力。

（3）物流管理的专业化程度低

进行物流的专业化管理，不仅需要有良好的管理机制，也要有相应的标准化设备的投入。企业自营物流，往往会基于管理的原因或者资金等方面的原因导致物流专业化水平低，难以实现物流的规模效应。

5.2.2 物流联盟

物流联盟是以物流业务为基础的企业战略联盟，它是指两个或多个企业之间，基于各自的物流战略目标，通过各种协议、契约等形式结合而成的优势互补、风险共担、利益共享的松散型网络组织。

企业之间的共享利益是物流联盟长期运作的基础。物流市场及其利润空间是巨大的。西方发达国家中物流成本仅占 GDP 的 10%左右，而相对应的我国占 15%～20%，物流运作巨大的市场空间与当前我国物流产业的低效率形成鲜明的对比，生产运输企业以物流联盟或供应链联盟的方式进行物流运作有利于提高企业的物流效率，实现物流效益的最大化。

对于大型企业来说，随着竞争的加剧，企业都在寻求把企业的最核心的资源放在能够为企业创造更多利润的环节，而物流环节往往是占用资金比较多、成本比较大的业务部门，在这种情况下，大型企业采用物流联盟把物流业务环节外包给一个或几个专业的第三方物流公司，有助于保持其核心竞争力，集中优势资源发展自己的核心业务。

对于中小企业来说，联盟方式可以提高物流服务水平，解决自身能力的不足。近年来人们消费水平不断提高，零售业也在迅猛发展，这都给物流业带来了发展机遇，同时也带来了挑战。而面对物流发展水平长期落后的现状，如物流技术落后、运作资金不足、按行政条块划分物流区域等，那些众多的中小企业就可以通过联盟的方式来迅速适应市场的新需求。

1. 常见的物流联盟经营方式

（1）横向一体化物流联盟

横向一体化物流联盟也称为水平一体化物流联盟，是指为了获得规模经济效益和提高物流效率，同一行业中多个企业为实现在物流方面的合作而达成的联盟组织。例如，在进行商品的运输时，不同的企业可以用同样的装运方式合作进行不同类型商品的共同运输。当物流范围相近，而某个时间内物流业务量较少时，几个企业同时分别进行物流处理显然不经济。于是就出现了一个企业在运输本企业商品的同时，同时也运输其他企业商品的物流现象。从企业经济效益上看，这降低了企业内部的物流成本；从社会效益来看，这减少了社会物流过程中的重复劳动。

（2）纵向一体化物流联盟

纵向一体化物流联盟也被称为垂直一体化物流联盟，其一般是指上游供应商与下游客户之间在所有权上纵向合并，使得企业将提供产品或运输服务等的供货商和用户纳入其管理范围，实现从原材料到用户的全过程的物流管理，利用企业自身优势建立并且发展与供应商和客户的合作关系，形成力量的联合，赢得竞争优势。

（3）混合一体化物流联盟

混合一体化物流联盟是纵向一体化物流与横向一体化物流的综合体。当一体化物流中的每个环节同时又是其他一体化物流系统的组成部分时，以物流为联系的企业之间的关系就形成了混合一体化物流联盟形式。

2. 物流联盟的优势

（1）物流联盟的建立减少了物流合作伙伴之间的交易费用

物流合作伙伴之间的沟通和合作，可降低搜寻交易对象信息方面的费用；通过合作伙伴之间的个性化物流服务而建立起来的相互信任与承诺，可减少各种违约的风险；物流契约一般签约时间较长，可通过协商协调来避免或者减少在服务过程中的冲突，避免不必要的麻烦。

（2）物流联盟的存在有助于实现整体利益最大化

联盟企业通过寻找合适的合作伙伴，在一定时期内有效地实现物流联盟的稳定性。联盟各方出于自身的利益选择有效的长期合作，建立充分的联盟协调机制减少交易的不确定性和交易频率，降低交易费用，实现共同利益最大化。

（3）物流联盟的长期、稳定合作也有助于联盟企业的业务稳定发展

从物流发展的角度看，物流联盟是企业与专业物流服务提供商建立的一种长期、稳定的物流合作形式。在物流联盟中，随着合作的进行，供应链中的联系会进一步加深，这使得双方能够开展持续、诚信的合作，相互学到对方的优点，如技术优势、丰富的经验等。

5.2.3 第三方物流

第三方物流，英文缩写为 TPL（Third Party Logistics），也写作 3PL，是指生产经营企业为集中精力搞好主业，把原来属于自己处理的物流活动，以合同方式委托给专业物流服务公司，同时通过信息系统与物流企业保持密切联系，以达到对物流全程管理监控的一种物流运作与管理方式。“第三方”是相对“第一方”发货人和“第二方”收货人而言的，第三方物流是由第三方的物流相关企业来承担物流活动的一种物流形态。因此，第三方物流是通过与第一方或第二方的合作来提供其专业化的物流服务，它没有商品，不参与商品的买卖，而是为客户提供以合同为约束、以结盟为基础的，系列化、个性化、信息化的物流代理服务。

第三方物流是物流专业化的重要表现，是物流社会化的有效途径，同时第三方物流的发展程度也反映和体现了一个国家物流业发展的整体水平。很多电子商务公司在企业物流处理过程中都选择第三方物流来进行企业商品的物流递送，如 Dell 和 Compaq 分别将自己的物流业务外包给 FedEx 和 Exel，而 Amazon 虽然在美国国内的物流业务由自己承担，但对于美国市场以外的物流业务则外包给专业的物流公司来进行。中国国内很大比例的电子商务公司，如当当网的配送业务都委托给第三方来进行处理。将物流业务外包给第三方是电子商务经营者适应电子商务需求变化的选择。第三方物流运作模式如图 5.2 所示。

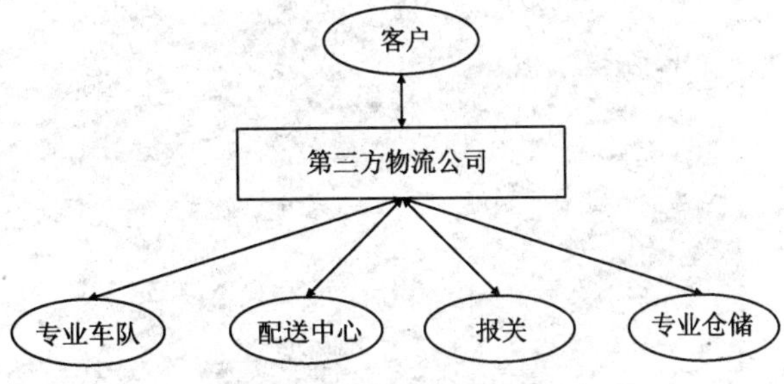

图 5.2　第三方物流运作模式

1. 第三方物流兴起的原因

（1）企业竞争环境的变化

20 世纪 90 年代以后，随着科学技术的不断进步、经济的不断发展、全球信息网络和全球化市场的形成，围绕新产品的市场竞争也变得日趋激烈。技术进步和需求的越加灵活使得产品寿命周期不断缩短，企业面临着缩短交货期、提高产品质量、降低成本和改进服务的压力。所有这些都要求企业要对不断变化的市场做出快速反应，源源不断地开发出满足消费者需求的、定制的“个性化产品”去占领市场以赢得竞争的主动权。每个企业都同时面临着机会和挑战，有机会去占领更大的市场，但也有可能因竞争失利而被市场所淘汰，企业面对的将是日益激烈，甚至是残酷的市场竞争。

（2）企业对核心业务的关注

企业要想在严峻的市场竞争中生存下来并得以发展，必须提高资源配置的效率，以

赢得竞争的优势。但是任何企业所拥有的资源都具有有限性，因此不可能在所有的业务领域都获得竞争优势，必须将有限的资源应用于核心业务上，实现企业核心竞争力的提升。那么其做法就是根据企业自身特点，专注于核心业务，而将其他非核心业务委托其他企业完成。

（3）企业对自营物流的重新认识

在生产力发展水平不高的情况下，企业对物流服务的需求是以自我提供的方式实现的。当企业面临的竞争环境日益残酷时，企业尤其是生产加工企业认识到其核心业务一般地说就是生产，物流业务对于它们来说通常属于非核心业务，企业物流不具有核心竞争优势，这时企业对自营物流开始进行重新认识。企业从事物流活动需要投入大量的资金来建设物流基础设施、购买物流设备，这对缺乏资金的企业来说是一个沉重的负担。企业自己独立进行物流活动，还会出现一系列问题：企业的生产规模过小或生产的季节性等原因会降低物流效率；企业的物流手段有限，无法完成多手段、多载体的物流运输，诸如集装箱运输、铁路运输以及国际间运输等；大量的物流投资也会有较高的风险等。因此，随着企业对自营物流认识的变化，特别是当企业自营物流面临困难时第三方物流应运而生。

2. 我国第三方物流的类型

依据资产性质进行划分，我国专业化的第三方物流企业主要有 3 种类型。

① 外商独资、中外合资企业，如 UPS、DHL、TNT、Fedex、Maserk 以及黄天百、宅急送、新科安达等，其中宅急送网站页面如图 5.3 所示。

图 5.3　宅急送网站页面

② 大型国有企业，如中外运、中储、中远、中铁物流等，其中中铁物流集团网站页面如图 5.4 所示。

③ 民营企业，如宝供物流、圆通、申通、韵达等，其中宝供物流网站页面如图 5.5 所示。

图 5.4　中铁物流集团网站页面

图 5.5　宝供物流网站页面

3. 电子商务第三方物流的优势

（1）充分发挥专业化分工和规模经营的优势，降低物流经营成本

一个企业的资源是有限的，电子商务企业通过把非核心的物流业务外包给专业的第三方物流公司来实现资源的优化配置，将有限的人力、物力和财力集中于电子商务核心业务，发展其电子商务核心竞争力。同时，第三方物流的物流专业化优势也有利于降低企业的物流经营成本，实现更好的企业整体收益。

（2）能更好地适应电子商务的发展要求

第三方物流通过设计“量体裁衣”式的物流方案来匹配电子商务企业的物流配送需求，制订出以顾客为导向的低成本、高效率的物流方案，通过遍布各地的运输网络，大大缩短物流配送周期，帮助电子商务企业更好地适应电子商务的发展需求。

（3）通过物流整合，实现有效的社会资源配置

第三方物流可以集成多品种、小批量送货的物流需求来获得规模经济效应，以更有效率、

更专业化的方式组织企业的物流配送活动，实现物流社会资源的统一调配使用，提高企业运作的灵活性。

（4）提供个性化、专业化的服务，为顾客创造更多的价值

第三方物流企业可以根据不同的客户在业务流程、产品属性特征、顾客需求细分、竞争需要等方面的不同要求，提供更加有针对性的个性化的物流服务，以及更多的增值服务，为顾客创造更多的价值。

4. 电子商务第三方物流的劣势

（1）不便于企业进行物流环节的把控

在物流配送过程中，电子商务企业可以将物流业务全权委托给独立的第三方物流公司，但对于第三方物流的服务质量、管理水平以及发展方向等，电子商务公司都没有权利进行完全的把控，那么一旦第三方物流在具体运作过程中出现问题，电子商务企业将会十分的被动，物流风险加大。

（2）不利于客户关系管理

第三方物流公司承担电子商务企业的物流外包业务，这使得电子商务公司与客户的天然联系被削弱了，不利于电子商务公司的内部管理和与客户之间的关系维系。另外，第三方物流公司掌握大量重要的名字、电话、地址等个人细节属性信息，快递公司员工可能将客户数据泄露，甚至用户数据可能被卖给竞争对手和不良企业，直接威胁电子商务公司的信息安全。

（3）第三方物流公司的经营会影响电子商务公司的业务处理

若电子商务公司完全依托第三方物流进行商品的递送，当第三方物流公司经营不善或者管理不规范出现丢件、客户服务态度恶劣等问题时，顾客会将此造成的恶劣影响直接归咎到电子商务公司身上，因此第三方配送企业经营出现问题时，有可能会殃及企业自身的经营。

5.2.4 第四方物流

第四方物流（FPL，也写作 4PL）的概念是美国著名管理咨询机构埃森哲公司的约翰·盖特纳在《战略供应链联盟》（*Strategic Supply Chain Alignment*）一书中提出的："第四方物流供应商是一个供应链的集成商，它对公司内部和具有互补性的服务供应商所拥有的不同资源、能力和技术进行整合和管理，提供一套整体供应链解决方案。"第四方物流主要是在解决企业物流需求的基础上，整合社会资源，实现物流信息充分共享、社会物流资源的充分利用。现代物流的核心思想在于以最低的成本创造顾客价值，而这一目标的实现，仅仅依靠整合社会物流资源是不够的，因为通过整合社会物流资源来降低物流成本的程度是有限的，不能从本质上降低物流成本。第四方物流成功的关键在于为顾客提供最佳的增值服务，即迅速、高效、低成本、人性化服务等，而这些增值服务的实现又是由第四方物流的内在特征决定的。其与其他物流模式的关系如图 5.6 所示。

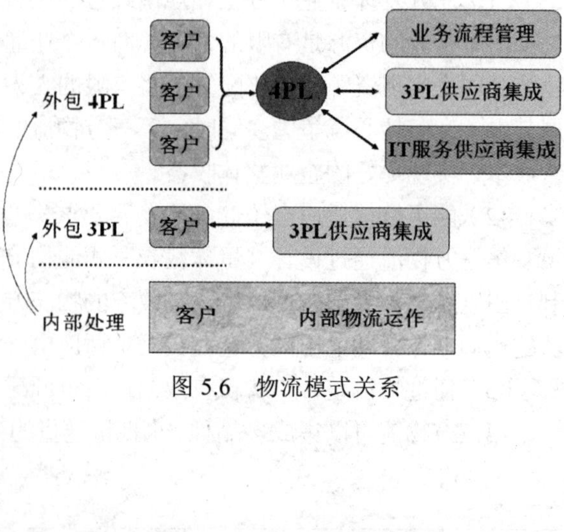

图 5.6 物流模式关系

1. 第四方物流的特征

（1）供应链再造

供应链参与者可以实现将供应链规划与实施同步进行，或通过独立的供应链参与者之间的合作来提高规模和总量。供应链再造改变了供应链管理的传统模式，将企业的商贸战略与整体供应链战略结合起来，创造性地重新设计了参与者之间的供应链关系，使之成为符合一体化标准的供应链。

（2）业务流程重组

第四方物流将客户与供应商的信息和技术系统一体化，把人的因素与业务规范有机结合起来，使整个供应链规划与业务流程能够有效贯彻实施。开展多功能、多流程的供应链业务，其范围远远超出了传统外包运输管理和仓储运作的物流服务。企业可以把整条供应链全权交给第四方物流运作，第四方物流可为企业提供完整的供应链服务。

（3）综合效益提高

第四方物流的利润增长依赖于服务质量的提高、整体效率的增加以及物流成本的降低。由于第四方物流关注的是整条供应链，而非仓储或运输配送单方面的效益，因此第四方物流为客户及自身带来的综合效益是非常可观的。

（4）运营成本降低

运营成本的降低可通过运作效率的提高、流程的增加以及采购成本的降低来实现，即通过整条供应链外包来达到提高效率、节约成本的目的。同时，采用现代信息技术、科学的管理流程和标准化的运作管理，可以使存货与现金流转次数减少，工作成本降低。

2. 第四方物流的运作模式

第四方物流组织在运作过程中具有较大的柔性，它能够根据成员组织的约定和目标，适应不同的组织，反过来也能够被行业结构所塑造，形成匹配行业需要的灵活的运作模式，其主要有以下几种模式可以选择。

（1）协同运作模式

如图 5.7 所示，该运作模式下第四方物流只与第三方物流有内部合作关系，即第四方物流服务供应商不直接与企业客户接触，而是通过第三方物流服务供应商将其提出的供应链解决方案、再造的物流运作流程等实施。这就意味着，第四方物流与第三方物流共同开发市场，在开发的过程中第四方物流向第三方物流提供技术支持、供应链管理决策、市场准入能力以及项目管理能力等，它们之间的合作关系可以采用合同方式绑定或采用战略联盟方式形成。该模式的特点是具有雄厚的物流配送实力和最优的解决方案，该模式业务范围多集中在物流配送管理方面，针对性强，灵活性大。如中远国际货运公司依托中远集运，在美国西海岸至上海之间为通用公司提供汽车零配件的集装箱陆运、海运、仓储、配送等一条龙服务。

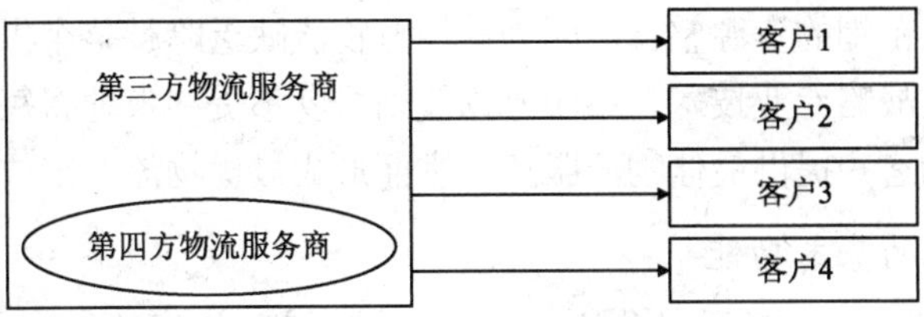

图 5.7　第四方物流协同运作模式

（2）方案集成商模式

该运作模式下，第四方物流作为企业客户与第三方物流的纽带，将企业客户与第三方物流连接起来，这样企业客户就不需要与众多第三方物流服务供应商进行接触，而是直接通过第四方物流服务供应商来实现复杂的物流运作的管理。在这种模式下，第四方物流作为方案集成商除了提出供应链管理的可行性解决方案外，还要对第三方物流资源进行整合，统一规划，为企业客户服务。第四方物流服务商只为一个客户运作和管理，通常由第四方物流服务商与客户成立合资公司或合伙公司，客户在合资或合伙公司中占主要份额，如中远物流在广州与科龙电器等公司合资成立的安泰达物流公司，以及通用汽车和 CNF 在 2000 年成立的维可多供应链管理公司都是这种模式的代表，具体如图 5.8 所示。

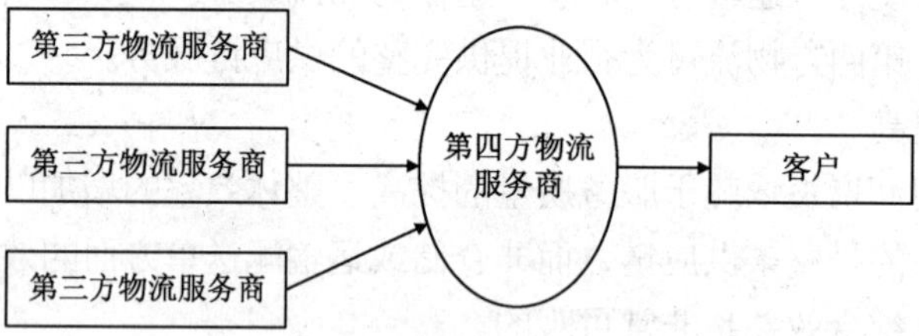

图 5.8　第四方物流方案集成商运作模式

（3）行业创新者模式

行业创新者模式与方案集成商模式有相似之处:都是作为第三方物流和客户沟通的桥梁，将物流运作的两个端点连接起来。两者的不同之处在于：行业创新者模式的客户是同一行业的多个企业，而方案集成商模式只针对一个企业客户进行物流管理。这种模式下，第四方物流提供行业整体物流的解决方案，这样可以使第四方物流运作的规模更大限度地得到扩大，使整个行业在物流运作上获得收益。在该模式中，第四方物流会通过卓越的运作策略、技术以及供应链运作实施来提高整个行业的效率，如卡特彼勒物流公司起初只负责总公司的货物运输，现在还为很多其他的行业提供供应链解决方案，具体如图 5.9 所示。

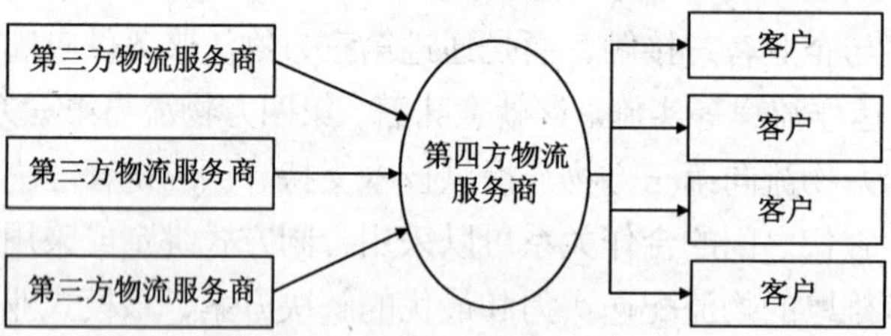

图 5.9　第四方物流行业创新者运作模式

第四方物流无论采取哪一种模式，都突破了单纯发展第三方物流的局限性，能真正地低成本运作，实现最大范围的资源整合。因为第三方物流缺乏跨越整个供应链运作以及真正整合供应链流程所需的战略专业技术，第四方物流则可以不受约束地将每一个领域的最佳物流提供商组合起来，为客户提供最佳物流服务，进而形成最优物流方案或供应链管理方案。

3. 第四方物流的基本功能

① 供应链管理功能，即管理从货主、托运人到用户、顾客的供应全过程。

② 运输一体化功能，即负责物流公司、运输公司等运输企业之间在业务操作上的衔接与协调问题。

③ 供应链再造功能，即根据货主/托运人在供应链战略上的要求，及时改变或调整战略战术，使其经常处于高效率的运作状态。第四方物流的关键是以“行业最佳的物流方案”为客户提供服务与技术。

4. 第三方物流与第四方物流的比较

第四方物流是在第三方物流基础上诞生的，是物流运作管理模式的新发展，第四方物流与第三方物流存在很大的不同，如表 5.2 所示。

表 5.2 第三方物流与第四方物流对比表

项目 名称	第三方物流	第四方物流
服务目的	降低单个企业的外部物流运作成本	降低整个供应链的物流运作成本，提高物流服务的能力
服务范围	主要是单个物流企业的采购物流或者销售物流的全部或部分物流功能	提供基于供应链的物流规划方案，负责实施与监控
服务内容	单个企业的采购或销售物流系统的设计、运作，比如物流信息系统、运输系统、仓储管理及其他增值物流服务	企业的战略分析，业务流程重组，物流战略规划，衔接上、下游企业的综合化物流方案，包括物流信息系统模块的企业信息系统
与客户的合作关系	合作关系、契约关系，一般在一年以上，长者达三五年	长期战略合作关系，一般有长期合作协议
运作特点	单一功能的专业化高，多功能集成化低	多功能的集成化，物流单一功能运作专业化低
物流方案设计角度	单个企业	企业供应链
服务对象	大、中、小型企业	大、中型企业
服务支撑	第三方物流运作技能，主要是运输、仓储、配送、加工、信息传递等增值服务功能	涉及管理咨询技能、企业信息系统搭建技能、物流业务运作技能、企业变革管理能力

从上表中可以看出第三方物流的突出特点在于专业化能力比较强，而这在当前对于物流行业更多的多样化、全球化的高需求之下很难以进行物流业务的满足。而第四方物流可以集成互补性的资源、技能和信息，实现从供应链角度进行企业整体的物流战略决策，设计最优的物流解决方案，因此具有巨大的发展前景。

5.2.5 云物流模式

1. 云物流的基本概念

要了解云物流的概念首先应该清楚什么是“云”。“云”是指计算机、手机、电视等电子应用产品能够通过互联网提供包括云服务、云应用等一系列资源分享应用。云服务是基于云计算技术，实现各种终端设备之间的资源共享和互联互通。云物流就是基于云计算模式的物流平台服务，它是以供应链上的上下游企业为基础，以移动互联网运营商、工业链和物流链为依托，基于大数据，调度和指挥各类物流资源（铁路、公路、航空运输等），将货物从供货商运送到客户的系统。当前云物流已经成为现代物流发展的重要方向。如图 5.10 所示，在云物流平台上，所有的物流公司、制造企业、销售企业等都集中整合优势资源，各种资源相互展示和互动，按需交流，达成意向，从而实现业务交流和对接，以高效率、低成本的方式进行业务处理和运作。

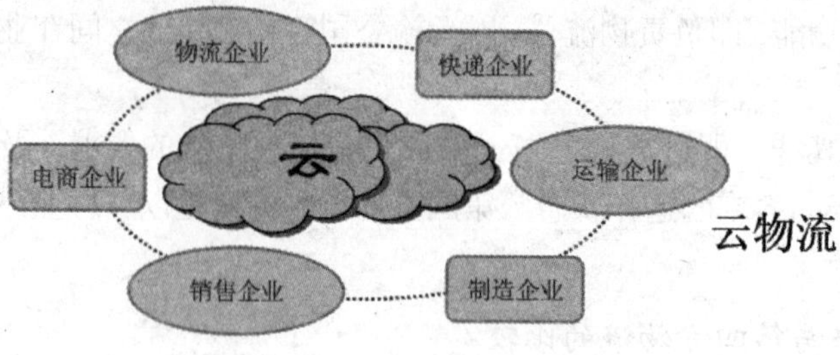

图 5.10　云物流平台示意图

2. *云物流的优势*

（1）社会化

在电子商务快速发展的影响下，物流行业发展迅速，与之相关的物流终端网点也成千上万，云物流平台能充分调动这些社会资源，发挥社会化优势。

（2）节约化

当前“云”的概念快速蔓延，每个公司都建立一个小型云计算平台非常浪费，集中建设能够实现规模效应，减少资源的浪费。

（3）标准化

由于物流行业标准方面的不完善，在物流运送过程中，标准不统一造成的不便利比比皆是，而通过统一的平台，运单查询、产品服务（国内、省内、同城）、收费价格、售后服务（晚点、丢失赔偿）以及保险等都能做到标准、透明。发货公司通过这个平台，能方便地找到物流公司，物流公司通过这个平台，也能方便地找到订单与运单。

3. *云物流发展存在的问题*

云物流的理念和计划看似非常完美，但在具体推进过程中还存在一定的问题。

（1）费用问题

从上文云物流的定义中可以看出云物流的运作需要多种资源的支撑，资源的使用就会产生成本，如果云物流运作过程中用相应的收费处理来弥补资源耗费的成本部分，那么造成的费用的增加由谁来买单？消费者还是商家抑或是政府？

（2）技术问题

由于专业的供应链管理人才缺乏，物流基础设施落后，目前我国的供应链管理技术尚不发达，若企业投入巨资进行供应链一体化处理，其成本和收益方面还存在着一定的风险。

（3）时机问题

云物流本质上是在第三方物流基础上发展起来的虚拟平台，需要第三方物流的强力支撑，而我国目前第三方物流也还在发展过程之中，一些物流公司存在条块分割、各自为政的情况，很难适应完全公开化、透明化的竞争模式，这也为云物流的推广设置了一大障碍。

5.3　电子商务环境下的国际物流

近几年，跨境电商发展得如火如荼，为推动经济一体化、贸易全球化起到了重要的作用。

跨境电商的特点之一在于其地域的全球性，这反映在物流方面就要求国际物流的参与。

5.3.1 国际物流概述

1. 国际物流的概念

国际物流是物流活动的国际化，也就是物流业务跨越国界，在全球范围内的运作。其实质就是为国际贸易和跨国经营服务，在实现过程中根据国际分工协作的原则，依照国际惯例，利用国际化的物流网络、物流设施和物流技术，选择最佳的方法与路径，以最低的成本和最小的风险，实现货物在国际间的流动与交换。

2. 国际物流系统的含义

国际物流系统是由国际商品的运输、仓储、包装、装卸搬运、外贸加工、出入境检验检疫、通关、信息以及国际配送等子系统组成的统一整体。运输和仓储子系统是国际物流系统的主要组成部分。

随着电子商务、网络技术以及经济全球化的发展，区域物流的范围在不断延伸，企业物流也开始超脱企业内部向供应链的上游和下游延伸，这一趋势促使物流企业模式以及物流范围发生了变化，向多样化和区域全球化发展。这就决定了国际物流业业态的更加多样性和复杂性。

3. 国际物流系统的组成

（1）运输子系统

运输的作用是使得商品使用价值进行空间移动，物流系统依靠运输作业跨越商品生产地和需求地的空间距离，创造了商品的空间效益。国际货物运输是国际物流系统的核心。商品通过国际货物运输作业实现商品从卖方向买方的转移。国际货物运输具有路线长、环节多、手续繁杂、风险大等特点。运输费用在国际贸易商品价格中所占比重也很大。国际运输主要包括运输方式的选择、运输单据的处理以及投保等有关方面。

（2）仓储子系统

在国际物流中，会或多或少地存在商品的储存、保管等活动，这实现了商品在运输过程中在一地或多地的停留，这种停留很有必要。因为，商品流通是一个由分散到集中，再由集中到分散的流通过程。国际贸易和跨国经营中的商品从生产加工厂或供应部门被集中运送到港口，有时须临时存放一段时间，再装运出口，是一个集和散的过程。

（3）商品检验子系统

国际贸易和跨国经营具有投资大、风险高、周期长等特点，其中商品检验就成为了国际物流系统中重要的子系统，因为通过商品检验，可以确定交货品质、数量和包装条件是否符合合同规定。如发现问题，可分清责任，向有关方面索赔。在买卖合同中，一般都包括商品检验条款，其主要内容有检验时间与地点、检验机构与检验证明、检验标准与检验方法等。

（4）商品包装子系统

杜邦定律（由美国杜邦化学公司提出）认为：63%的消费者是根据商品的包装装潢进行购买的。国际市场和消费者是通过商品来认识企业的，而商品的商标和包装就是企业的面孔，它反映了一个国家科技、文化的综合水平。 我国出口商品存在的主要问题是：出口商品包装材料主要靠进口；产品包装的技术水平较低，质量上不去；外贸企业经营者对出口商品包装缺乏现代意识，表现在缺乏现代包装观念、市场观念、竞争观念和包装的信息观念，仍存在着“重商品出口、轻包装改进”等思想。

（5）国际物流信息子系统

国际物流信息子系统主要功能是采集、处理和传递国际物流和商流的信息内容。没有功能完善的信息系统辅助，国际贸易和跨国经营将困难重重。国际物流信息的主要内容包括进出口单证的作业过程、客户资料信息、支付方式信息、市场行情信息和供求信息等。国际物流信息系统的特点是信息量大，交换频繁；传递量大，时间性强；环节多，点多，线长。这就需要建立技术先进的国际物流信息系统。因此在国际贸易中 EDI 的发展是一个重要趋势，EDI 在跨国贸易公司之间以及港口等跨国业务环节中的进一步推广和应用有助于国际贸易和跨国经营的“高速公路”的建设。

上述主要系统应该和配送系统、装卸搬运系统以及流通加工系统等有机联系起来，统筹考虑，全面规划，建立起适应国际竞争要求的国际物流系统。

5.3.2 国际物流的报关报检过程

物流系统是指在一定的时间和空间里，由所需输送的物质和有关设备、输送工具、仓储设备、人员等若干相互制约的动态要素构成的具有特定功能的有机整体。而跨国运行的物流系统主要是包括在起运地的发货和报关、国际间运输、到达目的地的报关和送货等环节的国际物流运作系统，具体如图 5.11 所示。

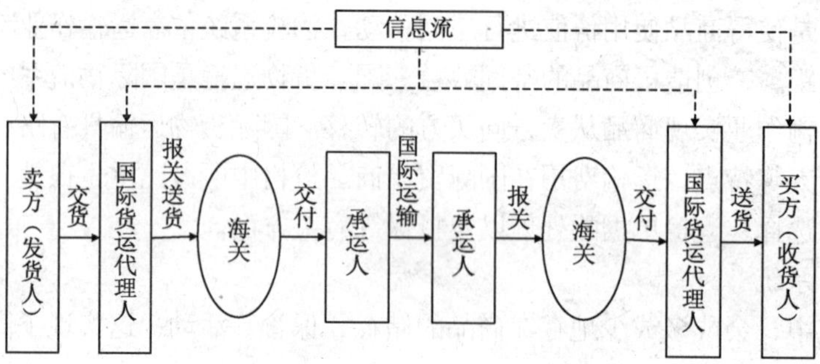

图 5.11　国际物流系统主要运作流程

其中，国际货物运输、仓储、通关和国际货运代理等是国际物流的主要环节。这些环节在国际市场信息的引导下，按照国际惯例和国际上通行的运作规程运作，从而使整个物流系统协调、高效地运行。

5.4 物流信息技术

随着互联网的普及和应用，电子商务是进行各种商贸活动的必然趋势。而且随着电子商务的进一步推广，物流对电子商务活动的影响日益明显。现代物流企业在运作过程中具有信息量大、时空跨度大、处理过程复杂等特点，所以，建立功能完善、操作方便、安全、及时的物流管理信息系统，就需要大量的技术及知识的支撑。

物流信息技术是指与电子商务物流活动有关的所有专业技术的总称，包括各种物流相关技术方法和操作技能。典型的有 EDI 技术、GPS、条形码技术以及 RFID 技术等，下面就对这几种技术做具体介绍。

5.4.1 EDI 技术

电子数据交换（Electronic Data Interchange，EDI），是将贸易、运输、保险、银行和海关等行业的信息，遵循一种国际公认的标准格式，形成结构化的事务处理的报文数据，通过计算机通信网络，实现各有关部门、公司与企业之间的数据交换与处理，并完成以贸易为中心的全部业务过程。

EDI 是结构化的数据通过一定标准的报文格式从一个应用程序到另一个应用程序的电子化的交换，其将人为干预降到最小。一个 EDI 系统通过内部系统给贸易伙伴系统发送数据只需几秒钟的时间。我们可以从以下几个方面更好地理解 EDI。

① EDI 的使用对象是不同的组织之间，EDI 传输的是企业间的报文，是企业间信息交流的一种方式。

② EDI 所传送的资料是一般业务资料，如发票、订单等，而不是指一般性的通知。

③ EDI 传输的报文是格式化的，是符合国际标准的，这是计算机能够自动处理报文的基本前提。

④ EDI 使用的数据通信网络一般是增值网、专用网。

⑤ 数据传输由收送双方的计算机系统直接传送、交换资料，不需要人工介入操作。

⑥ EDI 与传真或电子邮件的区别是：传真与电子邮件需要人工阅读判断处理才能进入计算机系统，人工将资料重复输入计算机系统中，既浪费人力资源，也容易发生错误，而 EDI 不需要再将有关资料以人工方式重复地输入系统。

在物流过程中，EDI 系统被广泛用于供应链利益相关公司进行信息传递以及港口、码头等需要大量物流数据处理的环境。根据 EDI 的应用范围和集成度，我国 EDI 应用模式主要分为 3 类，分别为行业应用模式，如“海关 EDI 通关系统”；EDI 中心模式，如上海市 EDI 中心；China EDI 模式，如以邮电通信网为支撑提供 EDI 增值服务。

5.4.2 GPS

全球定位系统（Global Positioning System，GPS）是由美国国防部研制建立的一种具有全方位、全天候、全时段、高精度的卫星导航系统，能为全球用户提供低成本、高精度的三维位置、速度和精确定时等导航信息，是卫星通信技术在导航领域的应用典范，它极大地提高了地球社会的信息化水平，有力地推动了数字经济的发展。

GPS 在物流中的应用主要体现在以下几个方面：

（1）实时监控

利用 GPS 技术开发的运输实时监控设备，能够对车辆进行实时跟踪，查询车辆所在的地理位置（经度、纬度、速度等信息），从设备管理中心的地图上，记录监控车辆的运行轨迹，将实时的位置信息进行直观显示，掌握车辆的运行情况、路线选择等。

（2）动态调度

物流管理中时常要与车辆进行运输状态、位置、到货时间以及运输情况的调度沟通，调度人员通过调度中心能够掌握车辆的总体状况，对物流企业的全部资源实施动态的优化管理，以提高车辆的运输效率，降低物流企业成本，增强企业竞争力。

（3）全程导航

GPS 定位技术可全程为运输车辆驾驶人员提供详细的导航信息，在驾驶员不熟悉的道路中，特别是在交通复杂的大城市，能尽量避免行驶路线差错，为驾驶员提供最优路径方案，提高运输效率，节约运输成本。

（4）紧急援助

运输车辆在运输途中发生突发状况时，GPS 用户可使用语音功能与紧急援助中心进行联系沟通，以分析车辆的地理位置和受损情况，进行事故的紧急处理，降低物流企业运输过程中的安全风险。

5.4.3 条形码技术

条形码技术是在计算机和信息技术基础上产生和发展起来的融编码、识别、数据采集、自动录入和快速处理等功能于一体的信息技术。

如图 5.12 所示，条形码按其符号排列方式可以分为一维条码和二维条码。

图 5.12 一维条码和二维条码

一维条码由一组黑白相间、粗细不同的条状符号组成，条码隐含着数字信息、字母信息、标志信息、符号信息，主要用以表示商品的名称、产地、价格、种类等，是全世界通用的商品代码的表示方法。

一维条码的条纹由若干个黑色的“条”和白色的“空”等单元组成，其中，黑色条对光的反射率低而白色的空对光的反射率高，再加上黑色条与白色空的宽度不同，就能使扫描光线产生不同的反射接收效果，在光电转换设备上转换成不同的电脉冲，形成了可以传输的电子信息。

一维条码只是在一个方向（一般是水平方向）表达信息，而在垂直方向则不表达任何信息，其一定的高度通常是为了便于阅读器的对准。一维条码的应用可以提高信息录入的速度，减少差错率，但是一维条码也存在一些不足之处：数据容量较小，只能容纳 30 个字符左右；只能包含字母和数字；条码尺寸相对较大（空间利用率较低）；条码遭到损坏后便不能阅读。

二维条码是用按一定规律在平面（二维方向）上分布的黑白相间的某种特定的几何图形记录数据符号信息的；在代码编制上巧妙地利用构成计算机内部逻辑基础的“0”“1”比特流的概念，使用若干个与二进制相对应的几何形体来表示文字、数值信息，通过图像输入设备或光电扫描设备自动识读以实现信息自动处理。它具有条码技术的一些共性：每种码制有其特定的字符集；每个字符占有一定的宽度；具有一定的校验功能等。同时，它还具有对不同行信息的自动识别功能及处理图形旋转变化点的功能，因此二维条码的应用领域要广得多。一维条码与二维条码的对比如表 5.3 所示。

表 5.3　一维条码与二维条码的不同

一维条码	二维条码
可直接显示英文、数字、简单符号	可直接显示英文、中文、数字、符号、图形
存储数据不多，主要依靠数据库	存储数据量大，是一维条码的几十到几百倍
保密性能不高	保密性高（可加密）
损污后可读性差	安全级别最高时，损污 50%仍可读取完整信息
译码错误率约为百万分之二	误码率不超过千万分之一，可靠性极高

物流行业是条形码技术一个很重要的应用方面。在物资入库、分类、出库、盘点和运输等方面，可以全面实现条形码管理。例如，在生产管理模块，企业在每个产品上贴上一个唯一标志的条码，可以是一维条码也可以是二维条码，从而为商品添加一个唯一、完整、保密的身份和属性标识符。在销售管理模块，分销企业通过将二维条码技术与进销存软件结合，实现商品分销全流程的管理和监控。在商品防伪模块，系统通过一维条码、二维条码实现防伪功能，经过企业加密的一维条码、二维条码，在无法得到密钥的情况下，其他人员无法获取条码中的数据和信息。在售后服务模块，售后服务部门通过扫描加密型二维条码，获得条码中所保存的商品来源和属性等信息，从而对维修商品进行全面、严格的身份识别和确认，保证公司的利益不受损害，并有效提高客户服务质量。

5.4.4　RFID 技术和物联网

1. RFID 技术

RFID 是 Radio Frequency Identification 的缩写，即射频识别，是一种非接触式的自动识别技术，它通过射频信号自动识别目标对象，从而实现快速的物品追踪和数据交换。RFID 识别工作无须人工干预，可工作于各种恶劣环境。RFID 技术还可识别高速运动物体并同时识别多个标签，操作快捷方便。

最基本的 RFID 系统由 3 部分组成：标签（Tag）——由耦合元件及芯片组成，每个标签具有唯一的电子编码，附着在物体上标识目标对象；阅读器（Reader）——读取（有时还可以写入）标签信息的设备，可设计为手持式或固定式；天线（Antenna）——在标签和阅读器间传递射频信号。RFID 技术的基本工作原理并不复杂：标签进入磁场后，接收阅读器发出的射频信号，借助感应电流所获得的能量发送出存储在芯片中的产品信息（Passive Tag，无源标签或被动标签），或者主动发送某一频率的信号（Active Tag，有源标签或主动标签）；阅读器读取信息并解码后，送至中央信息系统进行有关数据处理。

RFID 电子标签具有条码技术不可比拟的优点：第一，可以识别单个的非常具体的物体，而不是像条形码那样只能识别一类物体；第二，其采用无线电射频，可以透过外部材料读取数据，而条形码必须靠激光来读取信息；第三，可以同时对多个物体进行识读，而条形码只能一个一个地读。此外，RFID 存储的信息量也非常大。

随着技术的不断成熟，RFID 在物流中的应用越来越广泛，在需要对物品进行跟踪或分类管理的任何场合，RFID 都有其用武之地。例如，在仓库环境下，RFID 技术最广泛的应用在于存取货物与库存盘点，实现自动化的存货和取货等操作。在运输管理中，可以将在途运输的货物和车辆贴上 RFID 标签，运输线的一些检查点上安装上 RFID 接收转发装置。这样，接收装置收到 RFID 标签信息后，连同接收地的位置信息上传至通信卫星，再由卫星传送给运输调度中心，送入数据库中。到达中央配送中心后，托盘通过阅读器，读取托盘上所有货箱上的 RFID 标签内容。系统将这些信息与发货记录进行核对，以检测错误。在零售环节，RFID 能对某些时效性强的商品的有效期限进行监控；免除跟踪过程中的人工干预，并能够生成 100%准确的业务数据。

2. 物联网技术

RFID 技术的一个重要应用即物联网技术，物联网的概念是 1999 年开始提出的。其是通过射频识别（RFID）、红外感应器、全球定位系统、激光扫描器、气体感应器等信息传感设备，按约定的协议，把任何物品与互联网连接起来，进行信息交换和通信，以实现智能化识别、定位、跟踪、监控和管理的一种网络。简而言之，物联网就是“物物相连的互联网”，其可以在任何时刻将处于任何地点的任何人和任意物品关联起来，如图 5.13 所示。

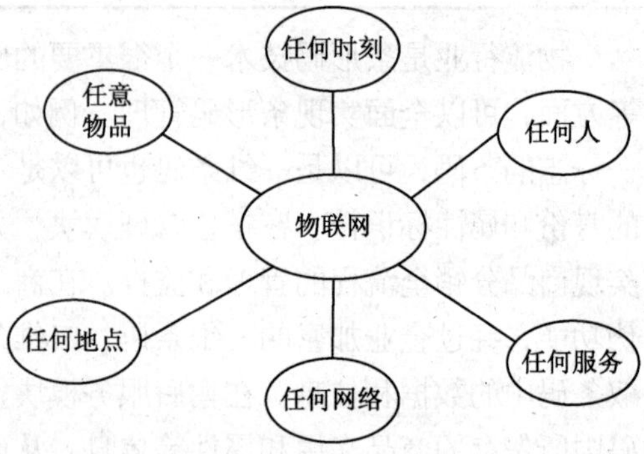

图 5.13 物联网示意图

物联网根据其实际用途可以归结为两种基本应用模式。

（1）对象的智能标签

通过二维码、RFID 等技术标识特定的对象，用于区分对象个体，如在生活中我们使用的各种智能卡、条码标签的基本用途就是用来获得对象的识别信息；此外，通过智能标签还可以获得对象物品所包含的其他扩展信息，如智能卡上的余额、二维码中所包含的网址和名称等。

（2）对象的智能控制

物联网基于云计算平台和智能网络，可以依据传感器网络借助于获取的数据进行决策，对对象的行为进行控制和反馈。例如，根据光线的强弱调整路灯的亮度；根据车辆的流量自动调整红绿灯间隔时间等。

物联网的应用领域非常广阔，从日常的家庭个人应用，到工业自动化应用，以及军事反恐、城建交通都有涉及。当物联网与互联网、移动通信网相连时，可随时随地全方位“感知”对方。目前，物联网已经在智能交通、智能物流、公共安全等领域得到初步应用，具体如表 5.4 所示。

表 5.4 物联网主要应用类型

应用分类	用户/行业	典型应用
数据采集	公共事业基础设施	自动水表、电表数据的抄读
	机械制造	智能停车场
	零售连锁行业	自动售货机
	质量监管行业	电梯监控
	石油化工	物品信息跟踪
	气象预测	环境监控、治理
	智能农业	产品质量监管等

续表

应用分类	用户/行业	典型应用
自动控制	医疗	远程医疗及监控
	机械制造	危险源集中监控
	智能建筑	路灯监控
	公共事业基础设施	智能交通（包括导航定位）
	工业监控	智能电网等
日常生活便利性应用	数字家庭	交通卡
	个人保健	智能家居
	金融	新型电子支付
	公共安全监控	工业和楼宇自动化等
定位类应用	交通运输	警务人员定位监控
	物流管理及控制	物流、车辆定位监控等

在表 5.4 所列的应用中，某些实际应用已取得较好的示范效果。例如，在智能交通方面，美国交通部提出了“国家智能交通系统项目规划”，预计到 2025 年全面投入使用。该系统综合运用大量传感器设备，配合 GPS 等资源，实现对交通车辆的优化调度，并为个体交通推荐实时、最佳的行车路线服务。在智能家居领域，通过将感应设备和图像系统进行结合，可实现智能小区家居安全的远程监控，而且通过远程电子抄表系统，可减小水表、电表的抄表时间间隔，能够及时掌握用电、用水情况。物流管理及控制是物联网技术最成熟的应用领域。在物流生产和运输领域，基于物联网的支持，可以实时获取电子标签承载的信息，从而清楚地了解到产品的具体位置，进行自动跟踪；在物流仓储领域，出入库产品信息的采集经过物联网技术的处理，可以实现对产品的拣选、分类堆码和管理；在销售管理领域，物联网系统具有快速的信息传递能力，能够及时获取缺货信息，并将其进行及时返回，有利于上游供应商合理安排生产计划；在商品消费领域，物联网的出现使得个性化购买、排队等候时间缩短变为现实。

当前，我国物联网的相关技术尚处于起步阶段，部分物联网的应用还只是试点，并没有得到广泛推广。发展物联网是我国一项重要的战略任务，也是未来社会发展的必然趋势，它必会对电子商务的发展产生巨大的影响。我们相信，随着技术的不断进步，物联网在电子商务中的应用能够更好地发挥物联网的优势，同时更进一步推动电子商务的发展。

实验训练

1. 上网收集若干电子商务企业物流运作处理的资料，比较其物流运作模式的差别，分析其中的原因。

2. 针对某一特定类型的企业如何从事电子商务物流管理工作进行策划，提交针对其中一家企业所做的电子商务物流运作模式策略方案。

3. 选择一个有代表性的物流企业，访问其网站，对该企业的物流服务进行分析。

练习题

1. 什么是电子商务物流，与普通物流有哪些联系与区别？

2. 简述电子商务对物流产生的影响。

3. 简述物流在电子商务中的地位和作用。

4. 联系实际选择一家大型跨国企业，分析其整个物流系统的组成以及其整个物流过程的作业管理方法和具体操作，并找出该企业系统和作业管理的优越性，并根据国际物流系统知识分析其原因。

5. 什么是第三方物流？第三方物流的发展现状如何？

6. 什么是第四方物流？请简述一下第四方物流的特征。

7. 你对云物流模式怎么看？其发展前景如何？

8. 国际物流系统的组成部分有哪些？

9. 请简述一下物流信息技术的分类。

10. 列举不同分类的物流信息技术的应用范围。

第6章 网络营销

【学习目标】

本章主要介绍网络营销的基础知识及特点，使读者了解网络营销的内容及相关策略；掌握主要的网络营销工具，并能应用相应工具为产品或网上店铺进行推广；理解网络营销客户关系管理的重要性，了解消费者行为特征，能够使用网上调研工具开展网络调研；了解客户关系管理的重要性。

【导入案例】

三只松鼠

“三只松鼠”是由安徽三只松鼠股份有限公司于2012年强力推出的第一个互联网森林食品品牌，代表着天然、新鲜以及非过度加工。仅仅上线65天，其销售在天猫坚果类目跃居第一名，花茶类目跃居前十名，发展速度之快创造了中国电子商务历史上的一个奇迹。

在2012年天猫“双十一”大促中，成立刚刚4个多月的“三只松鼠”当日成交近800万元，一举夺得食品销售冠军宝座，并且成功在约定时间内发售10万笔订单，创造了中国互联网食品销售历史的突破。2013年1月业绩突破2 000万元，位居食品销售全网第一。截至2016年8月6日上午，三只松鼠2016年销售额突破25亿元人民币，已达2015全年度销售总额。按预算估测，三只松鼠在2016年极有可能突破预计的50亿元销售目标。在整体经济、电商竞争日趋激烈的大背景下，三只松鼠的“疯狂”成长与企业的战略转变有莫大关系。

1. 扩充产品，逐步完成从“坚果”到“零食”布局

产品布局方面，与同行相比，三只松鼠的SKU（库存量单位）数低于友商200~300个，而在架销售的坚果销量几乎处于行业首位。从2015年上半年开始，三只松鼠开始品类扩充计划，新增的60~70个SKU在25亿元的销售额中占比达到了40%左右。品类扩充计划带来的是三只松鼠正在从过去的“坚果”代名词成为“零食”代名词。在阿里巴巴平台上，自2015年初开始，“三只松鼠”的搜索指数已完全超过“坚果”的搜索指数；2016年初，“三只松鼠”的搜索指数阶段性超过“零食”的搜索指数，逐渐从“坚果”的代名词升级为“零食”的代名词。

2. 从服务升级到打造“娱乐化”品牌转变

2016年4月，三只松鼠CEO章燎原在2016世界电子商务大会上表示，电商1.0的用户体验是服务的升级，而电商2.0的发展方向是“娱乐化”，期待三只松鼠在与用户的交流当中，给用户带来的是快乐。因此，三只松鼠以“娱乐化”战略开启未来5年的发展思路。同

时，三只松鼠巨资聘请迪士尼编剧和中美韩一流团队进行同名 3D 动画片剧集打造，并将以公顷为单位建造全球最大的食品零售店与线下体验店，未来将打造“全球面积最大食品零售店+线下体验店+全体松鼠员工=为用户造梦”新格局。

3. 进行人员调整，激发员工潜力

在内部管理上，三只松鼠意识到只有增加归属感员工才能更好地为顾客服务。在企业内部管理改革方面，为了更好地促进企业的发展，三只松鼠在 2016 年度规划大会上便提出“产品年”的概念，将年度关键词锁定在“产品、服务、设计、技术”四大局限性点上，强调回归初心。

网上零食销售为“吃货们”提供了更广阔的购买途径，三只松鼠以互联网技术为依托，开创了新型零售模式。这种商业模式缩短了商家与客户的距离，以其独特的销售模式成为坚果类零食互联网第一品牌。

（资料来源：三只松鼠官网，http://www.3songshu.com/；食品板，http://www.aiweibang.com/yuedu/138627415.html。）

【思考】

1. 你认为三只松鼠的成功是因为抓住了哪些核心元素？

2. 从坚果类零食互联网第一品牌的案例，你得到了什么启示？

6.1 网络营销基础知识

网络营销是互联网时代一种崭新的营销理念和营销模式，是促使企业开辟广阔市场，获取增值效益的重要途径，是连接传统营销，又引领和改造传统营销的一种有效方法，是提升企业核心竞争能力的重要手段。

6.1.1 网络营销概述

1. 网络营销的含义

网络营销（Online Marketing 或 E-Marketing）是以互联网为主要平台，为达到一定营销目的而进行的营销活动。网络营销不同于网上销售。网络营销是借助网络开展的营销活动，它既包括针对网络虚拟市场开展的营销活动，也包括在网上开展的有别于传统有形市场的营销活动，还包括在线下以传统手段开展的服务于网络虚拟市场的营销活动。这里所指的网络不仅包括互联网，还包括企业外部网及企业内部网，即应用互联网技术和标准建立的企业内部信息管理和交换平台。

2. 网络营销和市场营销的区别

（1）含义不同

市场营销是指企业旨在满足消费需求、实现企业目标的经营活动过程，包括生产前的市场调研、产品开发，售后服务，产品的目标市场选择，价格、渠道、促销决策的确定等一系列与市场有关的企业经营活动。网络营销就是以互联网为主要平台进行的，为达到一定营销目的的营销活动。

（2）基于的理论不同

① 市场营销是基于 4P 理论。1967 年，菲利普 · 科特勒在其畅销书《营销管理：分析、规划与控制》（第一版）中进一步确认了以 4Ps 为核心的营销组合方法，即：产品（Product），注重开发的功能，要求产品有独特的卖点，把产品的功能诉求放在第一位；价格（Price），根据不同的市场定位，制定不同的价格策略，产品的定价依据是企业的品牌战略，注重品牌的含金量；渠道（Place），企业并不直接面对消费者，而是注重经销商的培育和销售网络的建立，企业与消费者的联系是通过分销商来进行的；宣传（Promotion），很多人将 Promotion 狭义地理解为“促销”，其实是很片面的，Promotion 应当是包括品牌宣传（广告）、公关、促销等一系列的营销行为。

② 网络营销的核心是 4C 理论。4C 是网络营销的理论基础，4C 即顾客的欲望和需求（Customer's Wants and Needs）、满足欲望和需求的成本（Cost to Satisfy Wants and Needs）、方便购买（Convenience to Buy），以及与消费者的沟通（Communication）。

6.1.2 网络营销的特点

1. 互动性

通过互联网，企业可以在线展示商品、产品目录，并可以与顾客在线沟通，在线收集市场情报，进行产品测试与消费者满意度调查等。

2. 个性化

网络营销更具有针对性，能够针对用户的不同情况如地域分布、年龄、性别、收入、职业、婚姻状况、爱好等，为顾客提供有差异的个性化需求，更好地服务顾客。

3. 多媒体

互联网为企业提供了广阔的想象空间，企业营销人员可以广泛利用多种媒体信息，如文字、声音、图像等，可以充分发挥营销人员的创造性和能动性，对企业的产品或服务进行宣传和推广。

4. 全球性

互联网无国界限制，不受时间和地点的限制。营销的最终目的是占有市场份额，由于互联网具有超越时间约束和空间限制进行信息交换的特点，因此使得脱离时空限制达成交易成为可能，企业能有更多的时间和更大的空间进行营销，可全天 24 小时随时随地提供全球性营销服务。

5. 低成本性

通过互联网进行信息交换和宣传，代替以前的实物交换，企业可以有效地减少印刷与邮递成本。同时，通过互联网进行营销也可以大大降低宣传费用，如网络广告相对于传统广告而言成本大大降低。

6.2 网络营销的内容

网络营销通过网络市场调研来了解市场行情及同行竞争对手状况，在产品和服务、定价、渠道等方面提出了具体策略，详细情况如下。

6.2.1 网络市场调研

1. 网络市场调研的含义

市场调研是网络营销的重要内容和基本职能。网络市场调研是基于互联网系统地进行营销信息的收集、整理、分析和研究的过程，以及利用各种搜索引擎寻找竞争环境信息、客户信息、供求信息的行为。其具有及时性、共享性、准确性、交互性、经济性、可控制性和无时空限制的特点。根据市场调研的结果，企业才能提出有针对性的解决问题的建议，作为营销决策的依据。

2. 网络市场调研的优点

（1）网络调研信息收集的广泛性

互联网是没有时空、地域限制的。这与受区域制约的传统调研方式有很大不同。如果我们利用传统方式在全国范围内进行市场调研，需要各个区域代理的配合。

（2）网络调研信息的及时性和共享性

在数字化飞速发展的今天，网络调研较好地解决了传统调研方法所得的调研结果都存在时效性这一难题。只要轻轻一点，世界任何一个角落的用户都可以加入其中，从用户输入信息到公司接收，只不过几秒钟的时间。利用计算机软件整理资料，马上可以得出调研的结果。而被调查者只要单击“结果”键，就可以知道现在为止所有被调查者的观点所占的比例，使用户了解公司此次的调研活动，加强参与感，提高满意度，实现了信息的全面共享。

（3）网络调研的便捷性和经济性

在网络上进行市场调研，无论是调查者还是被调查者，只需拥有一台能够上网的计算机或手机就可以进行。若是采用问卷调研的方法，调研者只要在企业站点上发出电子调查问卷，提供相关的信息，然后利用计算机对访问者反馈回来的信息进行整理和分析。这不仅十分便捷，而且会大大地减少企业市场调研的人力和物力耗费，缩减调研成本。

（4）调研结果有较强的客观性

实施网让调研，被调查者是在完全自愿的原则下参与调查的，而不是传统调查中的“强迫式”。因此，填写者一般都对调查内容有一定兴趣，回答问题相对认真些，所以问卷填写可靠性高。同时，网上调查还可以避免传统调查中由于人为主观因素所导致的调查结论的偏差，如访问员缺乏技巧、诱导回答问题等，可以相对保证调查结果的客观性。

3. 网络市场调研的步骤

（1）确定调研的问题和目标

这是网络市场调研中最重要的一步，只有清楚地定义网络市场调研的问题，确立调研目标，才能正确地设计和实施调研。在确定调研目标的同时还要确定调研对象，网络调研对象主要包括：企业产品的消费者、企业的竞争者、上网公众、企业所在行业的管理者和行业研究机构。

（2）设计调研方案

网络调研分为网络直接调研和网络间接调研。网络直接调研是指利用互联网技术，通过网上问卷等形式调查消费者行为及其意向的一种市场调研类型。按调研的思路不同，通过网上问卷法、专题讨论法、网络观察法来实现。网络间接调研主要是利用互联网收集与企业营销相关的市场、竞争者、消费者以及宏观环境等方面的信息。网络间接调研可以利用搜索引擎查找资料、访问网站收集信息以及利用网络数据库信息等方式。

（3）收集信息

在确定调查方案后，市场调研人员即可通过电子邮件向互联网上的个人主页、新闻组或者邮箱发出问卷，之后就进入收集信息阶段。这个阶段相对比较简单，但可能需要较长的时间。

（4）信息整理和分析

信息的整理和分析是问卷调查中非常重要的一个环节。数据分析就是针对具体目的，如价格定位、购买行为模式、广告效果、市场供需情况、市场占有率等，选择具体角度，将数据进行加工、统计汇总后表示出来，需要使用一些国际上较为通用的分析软件，如 SPSS、SAS 和电子表格软件等。

（5）撰写调研报告

这是整个调研活动的最后一个重要阶段。调研报告不能只是数据和资料的简单堆积，调研人员需要把获得的数据与调研主题相结合，并与市场营销决策相关，撰写时应符合相应的格式规范，文笔流畅。

6.2.2 网络营销品牌策略

互联网是一个虚拟的世界，所以品牌就显得尤为重要，因为网络上交易的双方并不见面，这样就要求企业保证自己的信誉，能够让买家放心地购买产品，而品牌的塑造无疑是让买家放心的最好办法。我们可以从以下几方面考虑网络营销的品牌策略。

1. 品牌的建立策略

网络导致了市场竞争模式的变化，企业建立品牌的过程中应该更多地关注消费者的需求，以此作为发现、接近消费者以及向他们提供最佳品牌体验的依据。在品牌的建立过程中，企业还必须重视并创新性地应用互联网技术及营销手段，以不断创新和强化给消费者以与时俱进的品牌印象。

2. 品牌的经营管理策略

网络品牌的经营和管理是非常有必要的，网民通常通过品牌去识别网站。好的品牌需要长期不断地与网民积极沟通、建立互动，用心经营管理品牌，只有这样才能在瞬息万变的网络世界长盛不衰。

3. 品牌保护策略

随着越来越多的企业在互联网上建立网站，网络品牌的侵权、盗用等情况屡见不鲜。商标被抢注、域名被抢注，更有一些人或公司抢先将现实中的品牌拿到互联网上注册，同时限制现实中该品牌的持有人在网络上使用该品牌，这样直接令企业蒙受巨大的经济损失。因此，在虚拟的网络环境下，企业更应该珍惜自己的品牌，努力保护自身品牌不受侵害。

6.2.3 网络定价策略

适当的价格策略是企业盈利和竞争的重要手段。网络固有的全球性、信息公开和低交易成本等特点使消费者对产品和价格有更充分的了解，它的最终结果是使价格变化不定、存在差异的产品最终的价格水平趋于一致，这对执行差别化定价策略的公司会产生重要的影响。在具体的定价过程中，企业可以采用以下定价策略。

1. 低价定价策略

（1）直接低价定价策略

直接低价定价策略是定价时企业大多采用成本加一定利润的方式，有的甚至是零利润，因此这种定价在公开价格时就比同类产品要低。它一般是制造业企业在网上进行直销时采用的定价方式。

（2）折扣定价策略

折扣定价策略是以在原价基础上进行折扣来定价的。这种定价方式可以让顾客直接了解产品的降价幅度以便促进顾客的购买。这类价格策略主要在一些网上商店可以看到，它们对购买来的产品按照市面上的价格进行折扣定价。

（3）促销定价策略

促销定价策略是指为了达到促销目的，对产品暂定低价，或暂以不同的方式向顾客让利的策略。促销定价除了前面提到的折扣定价策略外，比较常用的还有有奖销售和附带赠品销售。

2. 定制生产定价策略

定制化生产定价策略是在企业能实行定制生产的基础上，利用网络技术辅助设计软件，帮助消费者选择匹配或者自行设计能满足自己需求的个性化产品，同时由消费者承担自己愿意付出的价格成本。

3. 使用定价策略

所谓使用定价，就是顾客通过互联网注册后可以直接使用某公司的产品，顾客只需要根据使用次数进行付费，而不需要将产品完全购买。一方面减少了企业为完全出售产品而进行的不必要的大量的生产和包装浪费；另一方面，可以吸引那些过去有顾虑的顾客使用产品，扩大市场份额。顾客每次只是根据使用次数付款，这样不仅节省了购买产品、安装产品、处置产品的麻烦，还可以节省不必要的开销。

4. 拍卖竞价策略

网上拍卖是目前发展比较快的领域，有的经济学家认为市场要想形成最合理价格，拍卖竞价是最合理的方式。网上拍卖由消费者通过互联网轮流公开竞价，在规定时间内出价高者赢得拍卖物品。网上拍卖竞价方式主要有两种：竞价拍卖和集体议价。

6.2.4 网络渠道策略

美国市场营销学权威菲利普·科特勒说过："营销渠道是指某种货物或劳务从生产者向消费者移动时，取得这种货物或劳务所有权或帮助转移其所有权的所有企业或个人。简单地说，营销渠道就是商品和服务从生产者向消费者转移过程的具体通道或路径。"

与传统营销渠道一样,以互联网作为支撑的网络营销渠道也应具备传统营销渠道的功能。一个完善的网上销售渠道应有三大功能：订货功能、结算功能和配送功能。但互联网的交互性和普遍存在性又使得渠道中相关角色的作用将发生变化。

1. 去中介与中介重构

中介（Intermediation）是联系生产商和消费者的第三方，如批发商、分销商、零售商。中介层越多，从生产商到消费者间的价格差就会越大。在传统营销渠道中，中介（中间商）是其重要的组成部分。利用中介能够在提供产品和进入目标市场方面发挥最高的效率。营销中介凭借其业务往来关系、经验、专业化和规模经营，提供给公司的利润通常高于自营商店所能获取的利润。

互联网的发展和商业应用，使得传统营销中的中介凭借地域获取的优势被互联网的虚拟性所取代；互联网的高效率的信息交换，改变了过去传统营销渠道的诸多环节，将错综复杂的关系简化为单一关系。互联网的发展改变了营销渠道的结构。

去中介（Disintermediation）就是要在给定的供应链中移除某些起中介作用的组织或业务处理层，一方面降低渠道成本，另一方面提高渠道效率。在此背景下，传统中介的角色重新定位成为它们生存的必要条件，因此就出现了所谓中介重构。中介重构（Reintermediation）是指重新确定供应链中的中介角色，使其提供增值服务。例如，帮助客户选择卖主、帮助卖主将货物配送给客户。去中介和中介重构形成了不同的网络营销渠道策略，如网上直销、网上间接营销。去中介与中介重构的供应链如图 6.1 所示。

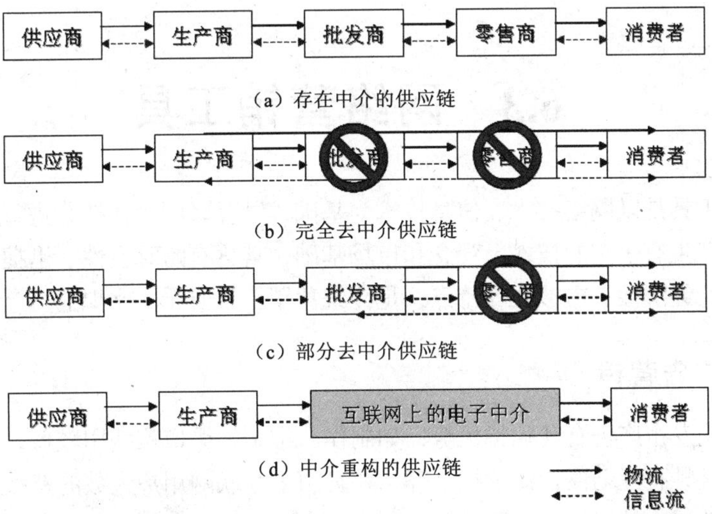

图 6.1　去中介与中介重构的供应链

2. 网络渠道优势

利用互联网的交互特性，网上营销渠道从过去的单向信息沟通变成双向直接信息沟通，增强了生产者与消费者的直接联系。网上营销渠道可以提供更加便捷的相关服务。生产者可以通过互联网提供支付服务，客户可以直接在网上订货和付款。生产者可以通过网上营销渠道为客户提供售后服务和技术支持。

网上营销渠道的高效性，可以大大减少过去传统分销渠道中的流通环节，有效降低成本。

对于网上直接营销渠道，生产者可以根据客户的订单按需生产，实现零库存管理；可以减少过去依靠推销员上门推销的昂贵的销售费用，最大限度控制营销成本。对于网上间接营销渠道，生产者通过信息化的网络营销中间商，可以进一步扩大规模实现更大的规模经济，提高专业化水平；通过与生产者的网络连接，网络营销中间商可以提高信息透明度，最大限度控制库存，实现高效物流运转，降低物流运转成本。

3. 渠道建设与选择

不同的企业有不同的渠道选择策略（见图6.2），一般而言，规模型且具有较大范围的品牌知名度的企业，可采用网上直销渠道；对于规模较小且品牌知名度不大的企业，一般适合选择电子中间商；处于两者之间的企业可采用网上直销与电子中间商并存的模式，并视企业发展逐渐向一个方向调整。当然，网上渠道只是一类渠道，它不可能完全替代传统的营销渠道。

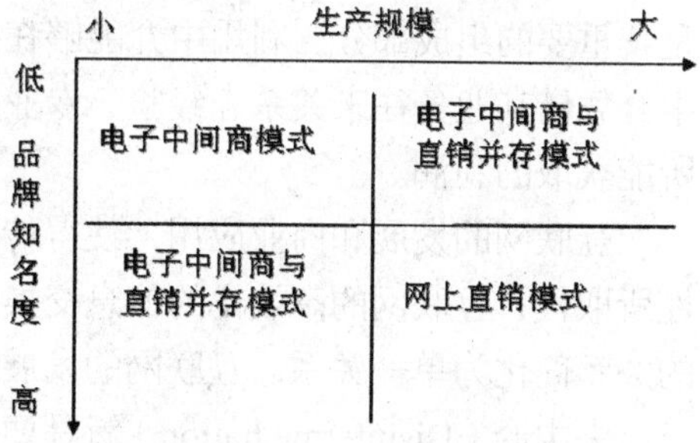

图 6.2　企业的渠道选择

传统企业在选择网络营销渠道时也会面临渠道冲突的风险，如批发商直销与原有零售渠道之间，生产商直销与传统的批发商、生产商之间，企业内部部门之间因各自业务对象（在线业务与离线业务）不同产生冲突，如资源分配问题、产品定价问题等都是企业需要思考的问题，并且要寻求相应的策略去解决。

6.3　网络营销工具

网络营销工具是以网络技术、信息技术为基础，以互联网为依托，进行营销活动的方法和手段。它的产生有一定的技术、观念和市场基础，其具有跨时空性、迅捷性、互动性、智能性、多样性、经济性、虚拟性等特点，是传统营销工具所无法比拟的。

6.3.1　网络广告营销

由于互联网发布广告有其独特优势，如制作、维护、渠道等费用较低，广告覆盖面广，广告格式丰富且具有互动性，便于统计等，并且由于互联网用户人数的持续增长、人们对互联网的信息依赖程度越来越高，互联网已经成为企业投放广告的重要场所。

我国的网络广告市场也呈现快速发展趋势，艾瑞咨询发布的《2016年中国网络广告行业年度监测报告》数据显示，2015年中国网络广告市场规模为2 093.7亿元，同比增长36.0%，达到新的量级，如图6.3所示。

1. 网络广告形式

网络广告的主要形式有以下几种。

（1）旗帜广告或横幅广告

横幅广告（Banner）又称为旗帜广告或网幅广告，是网络广告最常见的形式之一。它以静态横幅、动态横幅形式呈现，利用 GIF、JPG、JPEG、Flash 等格式建立文件。横幅广告通常出现在屏幕顶部或底部，经常用于提示性信息。单击横幅广告则可进入广告主的网站或特定页面。横幅广告类型主要有全幅式、半幅式、直幅式、微型按钮、按钮、摩天大楼式。下面介绍静态、动态和交互式横幅广告。

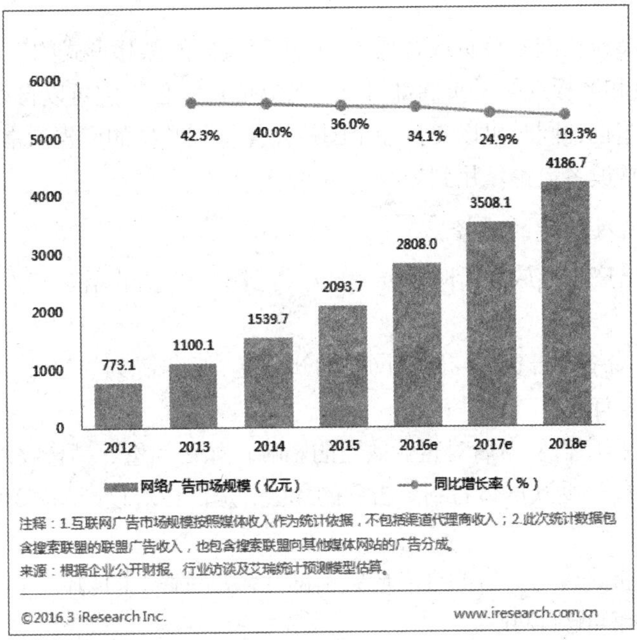

图 6.3　2012—2018 年中国网络广告市场规模及预测

静态的网幅广告是在网页的固定位置显示图片，它制作简单，这也是早年网络广告常用的一种方式。动态网幅广告由 2～20 帧画面组成，通过动画的运用对浏览者加深印象，它是 21 世纪最重要的网络广告形式。除此之外，交互式网幅广告通过游戏、插播、回答问题等形式增加与网民的交互，在形象展示方面给用户留下了深刻印象。

（2）链接式广告

链接式广告所占的空间较少，在网页上的位置也比较自由，它的主要功能是提供通向厂商指定网页的链接服务，也称为商业服务链接广告。链接式广告的形式多样，一般幅面很小，它可以是一个小图片、小动画，也可以是一个提示性的标题或文本中的热字。

（3）按钮广告

按钮广告是一种小面积的广告形式。这种广告的特点是：面积小，购买成本低，让小预算的广告主有能力购买；能够更好地利用网页中较小面积的零散空白位，它可出现在主页任何位置。这种图标可以是一个企业的标志，也可以是一般的形象图标。它可以显示公司品牌、宣传活动，单击按钮可链接广告主。

（4）弹出式广告

弹出式广告是用户打开一个页面或关闭一个页面后弹出的一个活动浏览器窗口。广告制作商也可以在当前浏览的页面和将要访问的页面之间放置一个广告页面（插播式广告），当用户从一个页面切换至另一个页面时显示出来，在保证用户有足够的时间浏览广告信息后再激活用户所要浏览的目标页面。

（5）富媒体广告

富媒体（Rich Media）广告是使用浏览器插件或其他脚本语言、Java 语言等编写的具有复杂视觉效果和交互功能的网络广告。这些效果的使用是否有效，一方面取决于站点的服务器端设置，另一方面取决于访问者的浏览器是否能查看。

（6）漂浮广告

漂浮广告是指漂浮在网站首页或各板块、帖子等页面的漂移形式的广告。它可以是图片，可以是 Flash。首页和各板块帖子页面都可以是独立的广告位。它可以自动适应屏幕分辨率，不被任何网页元素遮挡，同时可以支持多个图片漂浮。该类型的广告通常是为了达到宣传网站的效果，所以经常被各大论坛用到。

2. 网络广告投放场所的选择

企业在选择网络广告投放场所时需要考虑广告费用、广告收益、广告效果、媒体形象和服务等因素。

① 广告费用：网络广告费用与所选网站的知名度、广告陈列的位置、广告所占区域的大小、广告表现形式等有关。

② 广告收益：指广告发布后对企业效益的影响，如访问量、销售收入是否增加等。

③ 广告效果：广告受众群体看到广告后的体会，是否会对该产品感兴趣，是否愿意去购买等。

④ 媒体形象：指是否与广告的推广形象相符合，如品牌上的吻合、内容上的吻合，企业应选择与企业产品相匹配的网站。

⑤ 媒体的服务：网络广告相比传统广告具有容易统计和跟踪的特点，因此这也是企业选择广告平台时的考虑因素。

6.3.2 电子邮件与 RSS 营销

1. 电子邮件营销

电子邮件广告具有针对性强、费用低廉的特点，且广告内容不受限制，因此成为使用最广泛的广告形式，但应注意，未经客户同意发送的广告邮件很容易引起客户的反感。企业应该在真正了解客户需求的基础上，适时适量发送邮件广告。同时，电子邮件营销要注意以下问题：一是确定电子邮件中的图片未被阻挡；二是重视邮件预览窗口；三是邮件内容要主题集中；四是保证邮件内容链接直达目标页面。

2. RSS 营销

聚合内容（Really Simple Syndication，RSS）网络营销是指利用 RSS 互联网工具传递营销信息的网络营销模式。它的作用主要表现在信息传递。RSS 可以为其他网站提供信息调用，同时借助于 RSS 阅读器也可以让用户方便地获取最新信息，向用户传递有价值的信息，从而达到网络营销的目的。

当企业网站有新内容发布时，用户的 RSS 阅读器就会接收并显示链接，从而达到信息传递的目的。因此，不断更新网站内容是 RSS 营销的关键。通过对订阅者进行跟踪分析，来收集用户的单击行为，分析他们的爱好、阅读习惯等信息，为制定网络营销策略提供数据基础。图 6.4 所示为 Epicor RSS 订阅服务。

图 6.4　Epicor RSS 订阅服务

6.3.3　搜索引擎营销

1. 搜索引擎的含义

搜索引擎是指根据一定的策略，运用特定的计算机程序搜集互联网上的信息，在对信息进行组织和处理后，将信息显示给用户的为用户提供检索服务的系统。根据中国互联网络信息中心发布的第 38 次《中国互联网络发展状况统计报告》显示，截至 2016 年 6 月，我国搜索引擎用户规模达 5.93 亿，使用率为 83.5%，用户规模较 2015 年底增加 2 635 万，增长率为 4.7%；手机搜索用户数达 5.24 亿，使用率为 79.8%，用户规模较 2015 年底增加 4 625 万，增长率为 9.7%。在整体网民、手机网民中，搜索引擎都是第二大互联网应用，如图 6.5 所示。

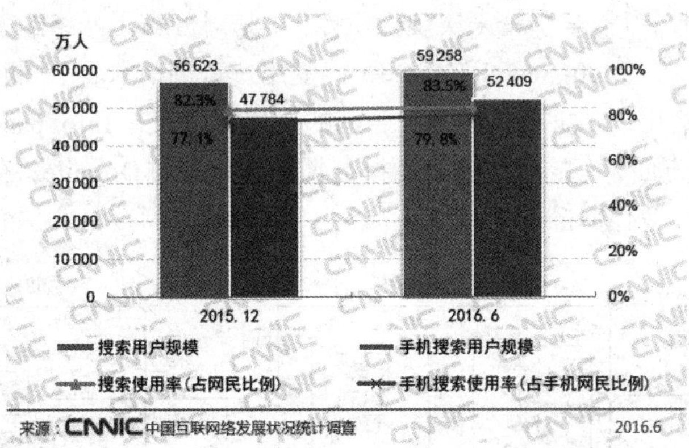

图 6.5　2015.12—2016.6 搜索/手机搜索用户规模及使用率

2. 搜索引擎的分类

（1）全文搜索引擎

搜索引擎的自动信息搜集功能分两种。一种是定期搜索，即每隔一段时间（如 Google 一般是 28 天），搜索引擎主动派出“蜘蛛”程序，对互联网网站进行检索，一旦发现新的网站，它会自动提取网站的信息和网址加入自己的数据库。另一种是网站提交，即网站拥有者主动向搜索引擎提交网址，搜索引擎在一定时间内（两天到数月不等）定向对网站派出“蜘蛛”程序，扫描网站并将有关信息存入数据库，以备用户查询，但主动提交网址并不能保证网站一定可以被搜索引擎数据库收录，因此可以多设置一些外部链接，让搜索引擎有更多机会找到并收录网站。

全文搜索引擎的典型代表是 Google 和百度。它们从互联网提取各个网站的信息，建立相应数据库，并检索与用户查询条件相匹配的记录，按一定的顺序将结果反馈给用户。

（2）目录搜索

目录搜索引擎是以人工方式或半自动方式搜集信息，由编辑员查看信息之后，人工形成信息摘要，并将信息置于事先确定的分类框架中。信息大多面向网站，提供目录浏览服务和直接检索服务。目录索引虽然有搜索功能，但严格意义上不能称为真正的搜索引擎，只是按目录分类的网站链接列表而已。用户完全可以按照分类目录找到所需要的信息，不依靠关键词（Keywords）进行查询。目录索引中最具代表性的是新浪分类目录搜索，如图 6.6 所示。

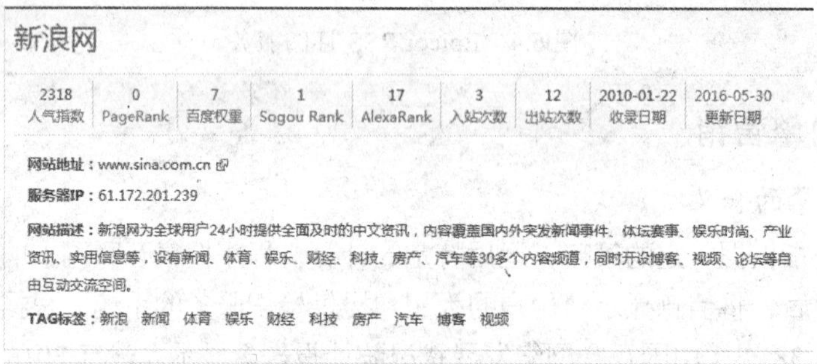

图 6.6　新浪网目录搜索

（3）元搜索引擎

元搜索引擎就是通过一个统一的用户界面帮助用户在多个搜索引擎中选择和利用合适的（甚至是同时利用若干个）搜索引擎来实现检索操作，是对分布于网络的多种检索工具的全局控制机制。元搜索引擎（Meta Search Engine）接受用户查询请求后，同时在多个搜索引擎上搜索，并将结果返回给用户。如图 6.7 所示。著名的元搜索引擎有 InfoSpace、Dogpile、Vivisimo 等。在搜索结果排列方面，有的直接按来源排列搜索结果，如 Dogpile；有的则按自定的规则将结果重新排列组合，如 Vivisimo。

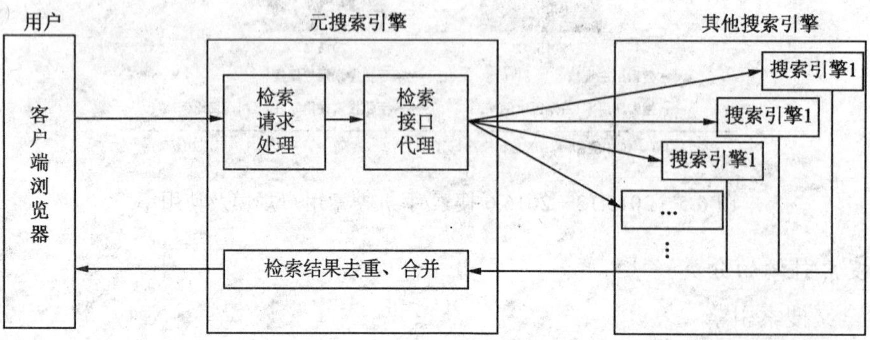

图 6.7　元搜索引擎

3. 搜索引擎营销

（1）搜索引擎营销含义

搜索引擎营销（SEM）就是基于搜索引擎平台的网络营销，利用人们对搜索引擎的依赖和使用习惯，在人们检索信息的时候尽可能将营销信息传递给目标客户。搜索引擎营销追求最高的性价比，以最小的投入，获得最大的来自搜索引擎的访问量，并产生商业价值。搜索引擎营销的最主要工作是扩大搜索引擎在营销业务中的比重,通过对网站进行搜索引擎优化，更多地挖掘企业的潜在客户，帮助企业实现更高的转化率。

（2）搜索引擎优化

搜索引擎优化（Search Engine Optimization，SEO）是一种利用搜索引擎的搜索规则来提高目的网站在有关搜索引擎内的排名的方式。

研究发现，搜索引擎的用户往往只会留意搜索结果最前面的几个条目，所以不少网站都希望通过各种形式来影响搜索引擎的排序。所谓“针对搜索引擎做优化处理”，是为了要让网站更容易被搜索引擎接受。搜索引擎优化需要长期维护。

6.3.4 Web 2.0 营销

Web 2.0 营销是指对微博与博客营销、SNS 营销、QQ 营销等 Web 2.0 技术的一个综合应用。Web 2.0 注重用户的参与和与用户的交互，让用户不仅是网站的浏览者，还是网站内容的建设者。

Web 2.0 营销注重产品和服务的可用性及用户体验，要求营销工作人员提供区别于传统服务的创新态度，更加注重表达个性化的体验，设计个性化的操作及简洁友好的界面，不断激发用户产生强烈的互联意愿。

1. 博客营销与微博营销

（1）博客营销

博客营销又称 Blog 营销，是 Web 2.0 的典型产物。它是利用博客的方式，通过向用户传递有价值的信息而最终实现营销信息的传播。博客营销的优势表现在：能够削减网站推广费用；好的博文能增加企业网站的链接数量，为用户找到商家或产品提供了机会；博客营销做得好也能降低被竞争者超越的潜在危险；可以直接带来潜在用户。

（2）微博营销

微博营销是指通过微博平台为商家、个人等创造价值而采用的一种营销方式，也是指商家或个人通过微博平台发现并满足用户的各类需求的商业行为。微博营销以微博作为营销平台，每一个听众或粉丝都可能是潜在的营销对象，企业利用自己的微型博客向网友传播企业信息、产品信息，树立良好的企业形象和产品形象。每天更新内容就可以跟大家交流互动，或者发布大家感兴趣的话题，这样来达到营销的目的。

2. 微信营销

微信营销是网络时代企业或个人营销模式的一种，是伴随着微信的兴起而广泛采用的一种网络营销方式。微信不存在距离的限制，用户注册微信后，可与周围同样注册的“朋友”形成一种联系，订阅自己所需的信息，商家通过提供用户需要的信息，推广自己的产品，从而实现点对点的营销。

微信营销主要体现在以安卓系统、苹果系统的手机或者平板电脑中的移动客户端进行的区域定位营销，商家通过微信公众平台展示商家微官网、微会员、微推送、微支付、微活动，已经形成了一种主流的线上线下微信互动营销方式。它有以下几个特点。

① 点对点精准营销。微信拥有庞大的用户群，借助移动终端、天然的社交和位置定位等优势，每个信息都是可以推送的，能够让每个个体都有机会接收到信息，继而帮助商家实现点对点精准化营销。

② 位置签名。商家可以利用“用户签名档”这个免费的广告位为自己做宣传，附近的微信用户就能看到商家的信息，如饿的神、K5 便利店等就采用了微信签名档的营销方式。

③ 二维码。用户可以通过扫描识别二维码身份来添加朋友、关注企业账号；企业则可以设定自己品牌的二维码，用折扣和优惠来吸引用户关注，开拓 O2O 的营销模式。

④ 公众平台。在微信公众平台上，每个人都可以用一个 QQ 号码打造自己的微信公众账号，并在微信平台上实现和特定群体的文字、图片、语音的全方位沟通和互动。普通公众账号可以群发文字、图片、语音 3 个类别的内容。认证的账号则有更高的权限，不仅能推送单条图文信息，还能推送专题信息和内容消息区分。

实验训练

1. 根据淘宝开店项目主题，设计网络调查问卷，熟练掌握网络问卷的设计原则，并对问卷结果进行数据分析，得出相应结论。

2. 掌握网络广告的在线制作及发布，并在新浪博客中发表博文，在博文中插入制作好的两个广告。

3. 了解基本的站点推广方式，能运用基本的工具对自己的店铺进行推广。

（1）选择微信营销、QQ 推广、微博营销、电子邮件营销方式中的一种对自己的店铺做推广。

（2）“圣诞”将至，根据小组店铺主题，为自己的店铺设计一份促销策划方案（分小组完成 PPT 展示）。

练习题

1. 凡客诚品全面营销战略有哪些？
2. 请列举近几年网络消费者的群体特点。
3. 举例说明朋友圈推广产品的典型案例。
4. 网络市场调研的基本方法有哪些？
5. 企业网站的作用有哪些？
6. 除了文中提到的网络营销工具，你还能列举出生活中的哪些营销工具？
7. 请分析百度搜索引擎与谷歌搜索引擎的不同。
8. 网络营销产品的分类与特点有哪些？
9. 网络营销渠道在实现产品转移的过程中有哪些功能？
10. 网络广告的类型有哪几种？

第7章　电子商务安全

【学习目标】

本章主要介绍有关电子商务安全的基础知识，使读者初步了解当前电子商务应用中的安全问题，了解黑客常用的攻击手段；理解信息加密技术的基本原理及应用；掌握数字签名技术与应用；掌握数字证书的基本原理及使用方法；掌握计算机病毒的防范方法；能够进行基本的网络安全设置。

【导入案例】

多家快递官网遭黑1 400万用户信息泄露

继酒店业、电商网站等因网站漏洞导致个人信息遭泄露后，快递企业网站再曝漏洞。2014年8月11日，有消息称，多家快递网站因存在漏洞遭黑客入侵，有1 400万条个人信息在网络上被层层转卖。在业内看来，我国个人信息买卖已形成一个完整的利益链条，同时快递等行业部分企业也存在信息安全监管缺失。

自2014年3月起，有快递企业发现大量该公司快递单信息在网上被叫卖。随后警方调查发现，这些信息以图片格式存在，上面除了有快递编码外，还详细记录着收货和发货双方的姓名、电话号码、住址等个人隐私信息。

根据警方调查，上述个人信息是由黑客恶意通过快递公司网站漏洞获取。据犯罪嫌疑人交代，其通过网站漏洞登录网站后台，然后再通过上传（后门）工具就能获取该网站数据库的访问权限，进而得到这些个人信息。犯罪嫌疑人表示，如果某个快递公司网站存在漏洞，20秒就可以拿到这些数据。警方共从犯罪嫌疑人计算机中查获了1 400万条个人信息。

近年来，个人信息安全事件频发，酒店业、电商网站相继爆发大规模个人信息泄露事件。事件背后则是一条完整的利益链条，这些个人隐私最终成为不良商家牟利的工具。在上述事件中，有人从该犯罪嫌疑人处购买1 400万条个人信息仅花费1 000余元。

对于频频曝出的"泄露"事件，相关部门也在加强管控。根据2014年初国家邮政局颁布的《寄递服务用户个人信息安全管理规定》规定，邮政企业、快递企业应当建立健全寄递用户信息安全保障制度和措施保障消费者个人信息安全。

通过上述案例可以看出随着互联网和电子商务的快速发展，利用网络犯罪的行为会大量出现，为了保证电子商务的顺利发展，法律保障是必不可少的。目前我国的网络立法明显滞后，如何保障网络虚拟财物还是个空白。除了下载补丁，升级杀毒软件外，目前还没有一部完善的法律来约束病毒制造和传播，更无法来保护网络虚拟钱币的安全。

（资料来源：http://news.mydrivers.com/1/316/316331.htm）

【思考】

当前网络环境下，用户怎么保护好自己个人隐私？

7.1 电子商务安全概述

电子商务为全球客户提供丰富的商务信息、快捷的交易服务和低廉的交易成本的同时，也给参与电子商务的主体带来了许多安全问题。电子商务所依赖的互联网具有虚拟性、动态性、高度开放性等特点，使电子商务面临众多的威胁与安全隐患，严重制约其进一步发展和应用。目前，电子商务的安全问题已经是制约电子商务广泛应用的主要瓶颈之一。

7.1.1 电子商务安全现状分析

电子商务是通过信息技术将企业、用户、供应商及其他商贸活动涉及的相关机构结合起来的一种信息技术的应用，是完成信息流、物流和资金流转移的一种行之有效的方法。但由于计算机信息有共享和易于扩散等特性，它在处理、存储、传输和使用上有着严重的脆弱性，很容易被干扰、滥用、遗漏和丢失，甚至被泄露、窃取、篡改、冒充和破坏，还可能受到计算机病毒感染。几乎所有的网站从建站开始到发展过程中，都似乎朝向便利性、实用性目标，往往忽略网络安全环节，给网络发展埋下了深深的隐患。据公安部的资料，利用计算机网络进行的各类违法行为在中国正以每年30%的速度递增。黑客的攻击方法已超过计算机病毒的种类，总数达近千种。目前已发现的黑客攻击案约占安全事件总数的15%，多数事件由于没有造成严重危害或商家不愿透露而未被曝光。有媒体报道，中国95%的与互联网相连的网络管理中心遭到过境内外黑客的攻击或侵入，其中，银行、金融和证券机构是黑客攻击的重点，金融领域的黑客犯罪案件涉案金额已高达数亿元。与以往相比电子商务安全呈现出以下特点。

1. 木马病毒爆炸式增长，变种数量快速增加

据统计，仅2009年上半年瑞星“云安全”系统拦截到的挂载木马网页数量就累计达2.9亿个，共有11.2亿人次访问挂载木马，2010年从元旦开始3天就新增计算机病毒、木马近50万。病毒的数量增速变快，更加智能，病毒变种更新速度快是近些年病毒的特征。总体而言，目前的新木马不多，更多的是它的变种，因为目前反病毒软件的升级速度越来越快，病毒存活时间越来越短，因此，今天的病毒投放者不再投放单一的病毒，而是通过病毒下载器来进行病毒投放，病毒下载器可以自动从指定的网址上下载新病毒，并进行自动更新，计算机用户永远也无法清除所有的病毒。同时病毒制造、传播者利用病毒木马技术进行网络盗窃、诈骗活动，通过网络贩卖病毒、木马，教授病毒编制技术和网络攻击技术等形式的网络犯罪活动明显增多，电子商务网络犯罪也逐渐开始呈公开化、大众化的趋势。

2. 网络病毒传播方式的变化

过去，传播病毒通过网络进行。目前，通过移动存储介质传播的案例显著增加，存储介

质已经成为电子商务网络病毒感染率上升的主要原因。由于U盘和移动存储介质广泛使用，病毒、木马通过“autorun.inf”文件自动调用执行U盘中的病毒、木马等程序，然后感染用户的计算机系统，进而感染其他U盘。近些年通过网络浏览或下载该病毒的比例在下降。不过，从网络监测和用户寻求帮助的情况来看，大量的网络犯罪通过“挂马”方式来实现。“挂马”是指在网页中嵌入恶意代码，当存在安全漏洞的用户访问这些网页时，木马会侵入用户系统，然后盗取用户敏感信息或者进行攻击、破坏。通过浏览网页方式进行攻击的方法具有较强的隐蔽性，用户更难于发现，潜在的危害性也更大。

7.1.2 电子商务安全需求

1. 内部网的严密性

对于一个电子商务系统来说，严密性主要是指保证一些敏感的商业资讯不被泄露。资讯加密主要就是解决这方面的问题。事实上，现存的任何一种加密方法在理论上都是可以破解的，只是时间长短的问题。尤其是硬件设备的快速发展，给密码破译带来越来越多的便利。

因此，在一个电子商务系统中，要对客户信息、商家信息加密防止泄露。一个电子商务系统的内部网严密性尤为重要，它只能被公司内部访问、修改，若是被入侵造成商业信息泄露将很危险。例如，美团网的用户密码泄露，入侵者可能会用这个账号下虚假订单，给商家造成损失；又如支付宝密码泄露，那么用户将直接损失金钱；还有如商家的大宗交易信息泄露被对手知道后可能会造成大规模损失。这些信息泄露的风险都在威胁着电子商务安全，阻碍交易活动的开展。

在电子商务系统的内部网可以对特殊网段加密，进行身份验证，在与互联网相接处设立防火墙禁止外网访问。网络防火墙技术作为内部网络与外部网络之间的第一道安全屏障，是最先受到人们重视的网络安全技术，它可以阻止对信息资源的非法访问，也可以使用防火墙阻止专利信息从企业的网络上被非法输出，是最适合于相对独立、与外部网络互连途径有限、网络服务种类相对集中的单一网络。防火墙有两个基本准则：一是未被允许的就是禁止的；二是未被禁止的就是允许的。基于该准则，防火墙应转发所有信息流，然后逐项屏蔽可能有害的服务。这种方法构成了一种更为灵活的应用环境，可为用户提供更多的服务。

2. 完整性

完整性包括信息的完整性、数据和交易的完整性。

电子商务简化了贸易过程，减少了人为的干预，同时也带来维护贸易各方商业信息的完整、统一的问题。由于数据输入时的意外差错或欺诈行为，可能导致贸易各方信息的差异。此外，数据传输过程中信息的丢失、信息重复或信息传送的次序差异也会导致贸易各方信息的不同。贸易各方信息的完整性将影响到贸易各方的交易和经营策略，保持贸易各方信息的完整性是电子商务应用的基础。因此，要预防对信息的随意生成、修改和删除，同时要防止数据传送过程中信息的丢失和重复并保证信息传送次序的统一。完整性一般可通过提取信息的数据摘要方式来获得。

3. 保密性

电子商务作为贸易的一种手段，其信息直接代表着个人、企业或国家的商业机密。传统的纸面贸易都是通过邮寄封装的信件或通过可靠的通信渠道发送商业报文来达到保守机密的目的。电子商务是建立在一个较为开放的网络环境上的（尤其是互联网是更为开放的网络），维护商业机密是电子商务全面推广应用的重要保障。因此，要预防非法的信息存取和信息在传输过程中被非法窃取。机密性一般通过加密技术对传输的信息进行加密处理来实现。加密技术解决了传送信息的保密问题，可分为对称加密和非对称加密。对称加密是一种传统的信息认证方法，通过信息交换的双方共同约定一个口令或一组密码，建立一个通信双方共享的密钥。非对称加密又称公开密钥加密，它使用一把公开发布的公开密钥和一把只能由生成密钥对的贸易方掌握的私用密钥来分别完成加密和解密操作。

加密技术对用户的密码、口令、数字证书等重要信息加密，防止被盗取，而不需要对卖家的产品信息，买家的留言、评论等信息加密，从交易环节开始确保双方安全交易。

4. 不可修改性

对于某些信息商家和消费者都不能修改，如规定运费、商品信息，还有用户提交的订单等信息不可修改。

5. 身份确定性

由于网络电子商务交易系统的特殊性，企业或个人的交易通常都是在虚拟的网络环境中进行，所以对个人或企业实体进行身份确认成了电子商务中十分重要的一环。对人或实体的身份进行鉴别，为身份的真实性提供保证，即交易双方能够在相互不见面的情况下确认对方的身份。这意味着当某人或实体声称具有某个特定的身份时，鉴别服务将提供一种方法来验证其声明的正确性，一般都通过证书机构 CA 和数字证书来实现。

6. 交易的无争议和不可抵赖性

无争议性是指交易的双方达成了协议，买方愿意以多少钱的价格购买卖方的产品，而卖方也同意这样的条件，在此条件下双方可以做成交易，如货到付款或者先付款等，确定交易没争议。

电子商务是关系到贸易双方的商业交易，如何确定要进行交易的贸易方正是所期望的贸易伙伴这一问题则是保证电子商务顺利进行的关键。在传统的纸面贸易中，贸易双方通过交易合同、契约或贸易单据等书面文件上的手写签名或印章来鉴别贸易伙伴身份，确定合同、契约、单据的可靠性，并预防抵赖行为的发生，这也就是人们常说的“白纸黑字”。在无纸化的电子商务方式下，通过手写签名和印章进行贸易方的鉴别已是不可能的。因此，要在交易信息的传输过程中，为参与交易的个人、企业或国家提供可靠的标识。不可抵赖性可通过对发送的消息进行数字签名来获取。

7. 有效性

电子商务以电子形式取代了纸张，那么如何保证这种电子形式的贸易信息的有效性则是开展电子商务的前提。电子商务作为贸易的一种形式，其信息的有效性将直接关系到个人、企业或国家的经济利益和声誉。因此，要对网络故障、操作错误、应用程序错误、硬件故障、系统软件错误及计算机病毒所产生的潜在威胁加以控制和预防，以保证贸易数据在确定的时刻、确定的地点是有效的。

8. 授权的合法性

交易的双方要遵循相关的法律法规，有合法的销售和支付的授权。

7.2 信息加密技术

7.2.1 密码学概述

密码学（Cryptology）是一门古老的科学。自古以来，密码主要用于军事、政治、外交等重要部门，因而密码学的研究工作本身也是秘密进行的。密码学的知识和经验主要掌握在军事、政治、外交等保密机关，不便公开发表，这是过去为什么密码学的书籍资料一向很少的原因。然而随着计算机科学技术、通信技术、微电子技术的发展，使得计算机和通信网路的应用进入了人们的日常生活和工作中，出现了电子政务、电子商务、电子金融等必须确保信息安全的系统，使得民间和商业界对信息安全保密的需求大大增加。总而言之，在密码学形成和发展的历程中，科学技术的发展和战争的刺激起着积极的推动作用。

1. 密码学历史

回顾密码学的历史，它源于应用的无穷需求，而这也是推动技术文明和进步的直接动力。在古代，古埃及人、希伯来人、亚述人都在实践中逐步发明了密码系统。从某种意义上可以说，战争是科学技术进步的催化剂。人类自从有了战争，就面临着通信安全的需求。这其中比较著名的是大约起源于公元前440年出现在古希腊战争中的隐写术。当时为了安全传送军事情报，奴隶主剃光奴隶的头发，将情报写在奴隶的光头上，待头发长长后将奴隶送到另一个部落，再次剃光头发，原有的信息复现出来，从而实现这两个部落之间的秘密通信。严格来说，这只是对信息的隐藏，而不是真正意义上的加密。自从有了文字以来，人们为了某种需要总是想方设法隐藏某些信息，以起到保证信息安全的目的。这些古代加密方法体现了后来发展起来的密码学的若干要素，但只能限制在一定范围内使用。

古典密码的加密方法一般是文字置换，使用手工或机械变换的方式实现。古典密码系统已经初步体现出近代密码系统的雏形，加密方法逐渐复杂化，其变化较小。虽然从近代密码学的观点来看，许多古典密码是不安全的，即是极易破译的，但我们不应当忘掉古典密码在历史上发挥的巨大作用。古典密码的代表密码体制主要有：单表代替密码、多表代替密码及转轮密码。Caser 密码就是一种典型的单表加密体制；多表代替密码有 Vigenere 密码、Hill 密码；著名的 Enigma 密码就是第二次世界大战中使用的转轮密码。

密码技术形成一门新的学科是在20世纪70年代，这是受计算机科学蓬勃发展和推动的结果。密码学的理论基础之一是 1949 年 Claude Shannon 发表的《保密系统的通信理论》（*Communication Theory of Secrecy Systems*），这篇文章发表了30年后才显示出它的价值。1977年 W. Diffie 和 M. Hellman 发表了《密码学的新方向》（*New Directions in Cryptography*）一文，提出了适应网络上保密通信的公钥密码思想，开辟了公开密钥密码学的新领域，掀起了公钥密码研究的序幕。各种公钥密码体制被提出，特别是1977年RSA公钥密码体制的出现，在密码学史上是一个里程碑。同年，美国国家标准局正式公布实施了美国的数据加密标准 DES（Data Encryption Standard），这也成为了近代密码学的开端。2001年美国联邦政府颁布高级加密标准 AES。随着其他技术的发展，一些具有潜在密码应用价值的技术也逐渐得到了密码学家极大的重视并加以应用，出现了一些新的密码技术，如混沌密码、量子密码等，这些新的密码技术正在逐步地走向实用化。

2. 密码体制

研究各种加密方案的科学为密码编码学（Cryptography），而研究密码破译的科学为密码分析学（Cryptanalysis）。密码学（Cryptology）作为数学的一个分支，是密码编码学和密码分析学的统称。

在密码学中，密码技术的基本思想是伪装信息，使未获授权者不能获得其中的真实含义。所谓伪装就是对信息进行一系列可逆的数学变换。输入的原始信息称为明文（Plaintext），而明文经过加密变换的结果则称为密文（Ciphertext），整个过程称为加密（Encryption）。相对应地，当合法收信者接收到密文后将密文恢复为明文的过程称为解密（Decryption）。

概括起来，一个密码系统，通常简称为密码体制（Cryptosystem），有 5 个基本组成部分，如图 7.1 所示。

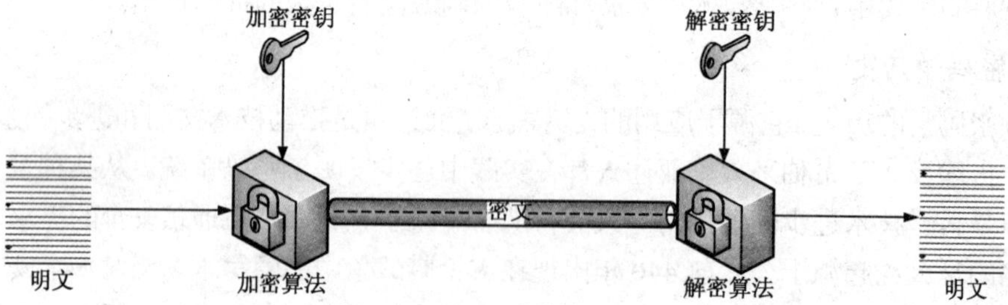

图 7.1　密码系统模型

① 明文：输入的原始信息，通常用 m 表示。全体明文的集合称为明文空间，通常用 M 表示。

② 密文：明文经加密变换后的结果，通常用 c 表示。全体密文的集合称为密文空间，通常用 C 表示。

③ 密钥：参与信息变换的参数，通常用 k 表示。全体密钥的集合称为密钥空间，通常用 K 表示。

④ 加密算法：将明文变换为密文的变换函数，即发送者加密消息时所采用的一组规则，通常用 E 表示。

⑤ 解密算法：将密文变换为明文的变换函数，即接收者解密消息时所采用的一组规则，通常用 D 表示。

对于明文空间 M 中的每个明文 m，加密算法 E 在加密密钥 k_e 的控制下将明文 m 加密成密文 c，$c=E_{k_e}(m)$；而解密算法 D 在解密密钥 k_d 的控制下将密文 c 变换为明文 m，$m=D_{k_d}(c)$。对于有实用意义的密码体制而言，要求 $m=D_{k_d}(E_{k_e}(m))$，即用加密算法得到的密文用一定的解密算法总是能够恢复成为原始的明文。

当加密密钥 k_e 与解密密钥 k_d 是同一把密钥，或者能够相互较容易地推导出来时，该密码体制被称为对称密码体制；当加密密钥 k_e 与解密密钥 k_d 不是同一把密钥，且解密密钥不能根据加密密钥计算出来（至少在假定合理的长时间内）时，该密码体制被称为非对称密码体制。

7.2.2　密码算法安全性及分类

在密码学中通常假定加密和解密算法是公开的，密码系统的安全性只系于密钥。这就要求加密算法本身要非常安全。如果即使提供了无穷的计算资源，依然无法被攻破，则称这种密码体制是无条件安全的。除了一次一密之外，无条件安全是不存在的。密码系统用户所要做的就是尽量满足以下条件。

① 破译密码的成本超过密文信息的价值。

② 破译密码的时间超过密文信息有用的生命周期。

如果满足上述两个条件之一，则密码系统可认为是实际上安全的。

加密技术除了隐写术以外可以分为两大类：经典加密法和现代加密法。经典加密法一般是以单个字母为作用对象的加密法，具有长久的历史；而现代加密法则是以明文的二元表示作为作用对象，具备更多的实际应用。现将常用密码算法按照经典加密法与现代加密法归纳，如图 7.2 所示。

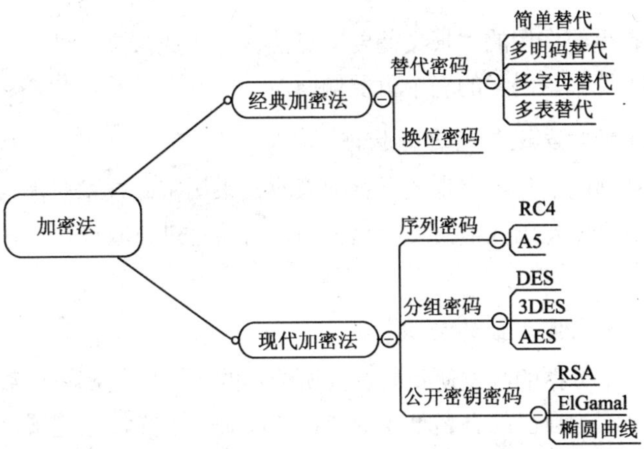

图 7.2　加密法分类图

根据加密解密所用到的密钥不同，密码体制可分为两大类。

（1）对称密码体制

对称密码体制中，使用的密钥完全保密，且要求加密密钥和解密密钥相同，或由其中的一个很容易地推出另一个。对称密码体制包括分组密码体制和序列密码。典型的对称算法体制有 DES、3DES、AES、A5、SEAL。

对称密码算法按其对明文的处理方式，可分为序列密码算法和分组密码算法。

（2）非对称密码体制

非对称密码体制中使用的密钥有两个：一个是对外公开的公钥；另一个是必须保密的私钥，只有拥有者才知道。不能从公钥推出私钥，或者说从公钥推出私钥在计算上是困难的或者不可能的。典型的非对称密钥密码体制有 RSA、ECC、Rabin、ElGamal 和 NYRU。

在非对称密码算法中，加密和解密使用不同的密钥，一般来说，用对方的公钥进行加密，用自己的私钥进行解密。非对称密码体制的优点为：密钥分发相对容易，密钥管理简单，可以有效地实现数字签名。

7.2.3　密码技术的应用

密码技术不仅用于网上传送数据的加、解密，也用于认证、数字签名，完整性以及 SSL、

SET 等安全通信标准和 IPSec 安全协议中，其具体应用如下。

1. 用来加密保护信息

利用密码变换将明文变换成只有合法者才能恢复的密文，这是密码的最基本功能。信息的加密保护包括传输信息和存储信息两方面，后者解决起来难度更大。

2. 采用数字证书来进行身份鉴别

数字证书就是网络通信中标志通信各方身份信息的一系列数据，是网络正常运行所必需的。现在一般采用交互式询问回答，在询问和回答过程中采用密码加密，特别是采用密码技术的带 CPU 的智能卡，安全性好。在电子商务系统中，所有参与活动的实体都需要用数字证书来表明自己的身份，数字证书从某种角度上说就是“电子身份证”。

3. 数字指纹

在数字签名中有重要作用的“报文摘要”算法，即生成报文“数字指纹”的方法，近年来备受关注，构成了现代密码学的一个重要侧面。

4. 采用密码技术对发送信息进行验证

为防止传输和存储的消息被有意或无意地篡改，采用密码技术对消息进行运算生成消息的验证码，附在消息之后发出或与信息一起存储，对信息进行验证，它在票房防伪中有重要作用。

5. 利用数字签名来完成最终协议

在信息时代，电子数据的收发使我们过去所依赖的个人特征都将被数字代替，数字签名的作用有两点：一是因为自己的签名难以否认，从而确定了文件已签署这一事实；二是因为签名不易仿冒，从而确定了文件是真的这一事实。

7.2.4 对称加密算法

常用的对称加密算法可以分为替代密码和换位密码两大类。替代密码（Substitution Cipher）是发送者将明文中的每一个字符用另外一个字符来替换，生成密文发送，接收者对密文进行逆替换恢复出明文。换位密码是使明文中的字母不变而位置改变的密码，也称为置换密码，如把明文中的字母的顺序倒过来写，然后以固定长度的字母组发送或记录。

1. 替代密码

在对称密码学中，替代密码有 4 种类型。

① 简单替代密码（Simple Substitution Cipher）。

② 多明码替代密码（Homophonic Substitution Cipher）。

③ 多字母替代密码（Polygram Substitution Cipher）。

④ 多表替代密码（Polyalphabetic Substitution Cipher）。

（1）简单替代密码

简单替代密码又称为单字母密码（Monoalphabetic Cipher），是指一个明文字符用相应的唯一一个密文字符替代的密码。例如，打乱字母的排列次序构成与明文对应的密码表，或者采用密钥词组来推导密码表。

移位密码是简单替代密码中的一种，其替换规则是明文字母被字母表中排在该字母后面的第 K 个字母所替代，即明文字母表向左循环移动 K 位，Z 字母的后面是 A。当 K=3 时，就是最早的替代密码——恺撒密码（Caesar Cipher）。

移位密码算法可以表示如下。

设明文字母为 m，则加密算法 $c=E(m)=(m+k) \bmod 26$，解密算法 $m=D(c)=(c-k) \bmod 26$，其中 M={A，B，C，…，Z}，C={A，B，C，…，Z}，K={0，1，2，…，25}。

例 1：已知移位密码的密钥 K 为 5，明文 M 为 CLASSROOM，求密文 C。

解 1：首先建立英文字母和模 26 的余（0～25）之间的对应关系，如图 7.3 所示。

明文	A	B	C	D	E	F	G	H	I	J	K	L	M	N	O	P	Q	R	S	T	U	V	W	X	Y	Z
密文	0	1	2	3	4	5	6	7	8	9	10	11	12	13	14	15	16	17	18	19	20	21	22	23	24	25

图 7.3　字母数值表

利用图 7.3 可查到 CLASSROOM 对应的整数为 2，11，0，18，18，17，14，14，12。

利用公式 $c=E(m)=(m+5) \bmod 26$ 可计算出值为 7，16，5，23，23，22，19，19，17。

再利用图 7.3 查到算式值对应的字母分别为 H，Q，F，X，X，W，T，T，R。

因此，明文 CLASSROOM 对应的密文为 HQFXXWTTR。

解 2：利用循环移位密码的概念使字母表向左循环移位 5 位，生成的密码表如图 7.4 所示。

明文	A	B	C	D	E	F	G	H	I	J	K	L	M	N	O	P	Q	R	S	T	U	V	W	X	Y	Z
密文	F	G	H	I	J	K	L	M	N	O	P	Q	R	S	T	U	V	W	X	Y	Z	A	B	C	D	E

图 7.4　循环移位密码表

由图 7.4 可查到明文 CLASSROOM 对应的密文为 HQFXXWTTR。

移位密码仅有 25 个可能的密钥，用强行攻击密码分析直接对所有 25 个可能的密钥进行尝试即能破解，因此非常不安全。如果允许字母能够任意替代则可以使密钥空间变大，消除强行攻击密码分析的可能性。如采用密钥词组单字母密码（Keyword Cipher）。

在密钥词组的单字母密码替代算法中，密文字母序列为先按序写下密钥词组，去除该序列中已出现的字母，再依次写下字母表中剩余的字母构成密码表。

例 2：已知密钥词组的单字母密码替代算法的密钥 K 为 CLASSROOM，明文 M 为 BOOKSTOR，求密文 C。

解：按照密钥词组的单字母替代算法生成密码表如图 7.5 所示。

明文	A	B	C	D	E	F	G	H	I	J	K	L	M	N	O	P	Q	R	S	T	U	V	W	X	Y	Z
密文	C	L	A	S	R	O	M	B	D	E	F	G	H	I	J	K	N	P	Q	T	U	V	W	X	Y	Z

图 7.5　密钥词组单字母替代密码表

查密码表得明文 BOOKSTOR 对应的密文为 LJJFQTJP。

密钥词组的单字母密码虽然比移位密码更安全一些，但由于它和移位密码一样都是明文字母与密文字母一对一对应，因此，利用语言的规律性，采用频率分析的方法仍能对密文进行破解。为了对抗频率分析，可以对单个字母提供多种替代，即一个明文字母可以对应多个密文字母，如果分配给每个字母的替代字母数正比于该字母的相对频率，则单字母频率信息会完全被淹没，如后面要介绍的几种密码算法。

（2）多明码替代密码

多明码替代密码是指单个的明文字符可以用几个密文字符替代，如多文字加密法（Mutiliteral Cipher）。

多文字加密法的密钥是一个 5×5 的矩阵，字母表的 26 个字母按行填写到矩阵中（字母“I”和“J”占用同一个单元），再用 5 个字母的关键词来标识行号和列号。例如，以关键词 ABOUT 为例构造的密码表如图 7.6 所示。

	A	B	O	U	T
A	A	B	C	D	E
B	F	G	H	I/J	K
O	L	M	N	O	P
U	Q	R	S	T	U
T	V	W	X	Y	Z

图 7.6　多文字加密法密码表

每个明文字母对应的行号和列号就是密文字母，如明文 HOT 对应的密文为 BOOUUU。解密过程是反向查找矩阵。

（3）多字母替代密码

多字母替代密码是指字符块被成组加密。最著名的多字母加密密码是 Playfair，它将明文中的双字母组合作为一个单元对待，并将这些单元转换为密文双字母组合。

Playfair 算法使用关键词构造一个 5×5 的矩阵，其构造规则是按行依次写下关键词的字母（去除重复字母），然后按照字母表的顺序依次写下其余的字母，其中 I 和 J 算作同一个字母。Playfair 加密过程如下。

首先，将明文按两个字母分组，假定一组中的明文字母分别为 m_1 和 m_2，若 m_1 与 m_2 相同，则在重复的字母中间插入一个事先约定好的字母，若明文字母为奇数则在明文的末端添加一个事先约定好的字母。例如约定插入字母和补充字母均为 X，则对明文 CONNECTION 的分组为 CONXNECTIONX。

其次，按照如下规则对明文组进行加密。

① 当 m_1、m_2 在同一行时，对应的密文 c_1、c_2 分别是紧靠 m_1、m_2 右边的字母。其中行的最后一个字母的密文是行的第一个字母；（解密时相反。）

② 当 m_1、m_2 在同一列时，对应的密文 c_1、c_2 分别是紧靠 m_1、m_2 下方的字母。其中列的最后一个字母的密文是列的第一个字母；（解密时相反。）

③ 当 m_1、m_2 不在同一行也不在同一列时，对应的密文 c_1、c_2 分别是与 m_1 同行且与 m_2 同列的字母及与 m_2 同行且与 m_1 同列的字母。（解密时相同。）

最后，将成生的密文组按次序排列即为最终的密文字母序列。

例 3：已知 Playfair 密码的关键词 K 为 INTERFACE，明文 M 为 SERVER，求密文 C。

解：以关键词 INTERFACE 构造的密码表如图 7.7 所示。

I/J	N	T	E	R
F	A	C	B	D
G	H	K	L	M
O	P	Q	S	U
V	W	X	Y	Z

图 7.7　Playfair 密码表

将 SERVER 分组为 SE RV ER，按照 Playfair 加密规则对明文分组进行加密：

➢ SE 在同一列，因此对应的密文是紧靠 SE 下方的字母 YB；

➢ RV 不在同一行也不在同一列，因此对应的密文是与 R 同行且与 V 同列的字母 I（由于 J 的概率比较低，所以一般加密均用 I 表示）和与 V 同行且与 R 同列的字母 Z；

➢ ER 在同一行，因此对应的密文是紧靠 ER 右边的 R 和 I。

所以明文 SERVER 的密文是 YBIZRI。

（4）多表替代密码

多表替代密码是由多个简单替代密码组成的密码算法。Vigenere 密码是一种典型的多表替代密码，其密码表是以字母表移位为基础把 26 个英文字母进行循环移位，排列在一起，形成 26×26 的方阵，如图 7.8 所示。

	A	B	C	D	E	F	G	H	I	J	K	L	M	N	O	P	Q	R	S	T	U	V	W	X	Y	Z
A	A	B	C	D	E	F	G	H	I	J	K	L	M	N	O	P	Q	R	S	T	U	V	W	X	Y	Z
B	B	C	D	E	F	G	H	I	J	K	L	M	N	O	P	Q	R	S	T	U	V	W	X	Y	Z	A
C	C	D	E	F	G	H	I	J	K	L	M	N	O	P	Q	R	S	T	U	V	W	X	Y	Z	A	B
D	D	E	F	G	H	I	J	K	L	M	N	O	P	Q	R	S	T	U	V	W	X	Y	Z	A	B	C
E	E	F	G	H	I	J	K	L	M	N	O	P	Q	R	S	T	U	V	W	X	Y	Z	A	B	C	D
F	F	G	H	I	J	K	L	M	N	O	P	Q	R	S	T	U	V	W	X	Y	Z	A	B	C	D	E
G	G	H	I	J	K	L	M	N	O	P	Q	R	S	T	U	V	W	X	Y	Z	A	B	C	D	E	F
H	H	I	J	K	L	M	N	O	P	Q	R	S	T	U	V	W	X	Y	Z	A	B	C	D	E	F	G
I	I	J	K	L	M	N	O	P	Q	R	S	T	U	V	W	X	Y	Z	A	B	C	D	E	F	G	H
J	J	K	L	M	N	O	P	Q	R	S	T	U	V	W	X	Y	Z	A	B	C	D	E	F	G	H	I
K	K	L	M	N	O	P	Q	R	S	T	U	V	W	X	Y	Z	A	B	C	D	E	F	G	H	I	J
L	L	M	N	O	P	Q	R	S	T	U	V	W	X	Y	Z	A	B	C	D	E	F	G	H	I	J	K
M	M	N	O	P	Q	R	S	T	U	V	W	X	Y	Z	A	B	C	D	E	F	G	H	I	J	K	L
N	N	O	P	Q	R	S	T	U	V	W	X	Y	Z	A	B	C	D	E	F	G	H	I	J	K	L	M
O	O	P	Q	R	S	T	U	V	W	X	Y	Z	A	B	C	D	E	F	G	H	I	J	K	L	M	N
P	P	Q	R	S	T	U	V	W	X	Y	Z	A	B	C	D	E	F	G	H	I	J	K	L	M	N	O
Q	Q	R	S	T	U	V	W	X	Y	Z	A	B	C	D	E	F	G	H	I	J	K	L	M	N	O	P
R	R	S	T	U	V	W	X	Y	Z	A	B	C	D	E	F	G	H	I	J	K	L	M	N	O	P	Q
S	S	T	U	V	W	X	Y	Z	A	B	C	D	E	F	G	H	I	J	K	L	M	N	O	P	Q	R
T	T	U	V	W	X	Y	Z	A	B	C	D	E	F	G	H	I	J	K	L	M	N	O	P	Q	R	S
U	U	V	W	X	Y	Z	A	B	C	D	E	F	G	H	I	J	K	L	M	N	O	P	Q	R	S	T
V	V	W	X	Y	Z	A	B	C	D	E	F	G	H	I	J	K	L	M	N	O	P	Q	R	S	T	U
W	W	X	Y	Z	A	B	C	D	E	F	G	H	I	J	K	L	M	N	O	P	Q	R	S	T	U	V
X	X	Y	Z	A	B	C	D	E	F	G	H	I	J	K	L	M	N	O	P	Q	R	S	T	U	V	W
Y	Y	Z	A	B	C	D	E	F	G	H	I	J	K	L	M	N	O	P	Q	R	S	T	U	V	W	X
Z	Z	A	B	C	D	E	F	G	H	I	J	K	L	M	N	O	P	Q	R	S	T	U	V	W	X	Y

图 7.8　Vigenere 密码表

Vigenere 密码算法表示如下。

设密钥 $K=k_0, k_1, k_2, \cdots, k_d$，明文 $M=m_0, m_1, m_2, \cdots, m_n$。

加密变换：$c_i=(m_i+k_i) \bmod 26$，$i=0, 1, 2, \cdots, n$。

解密变换：$m_i=(c_i-k_i) \bmod 26$，$i=0, 1, 2, \cdots, n$。

例 4：已知 Vigenere 密码算法中密钥 K 为 SCREEN，明文 M 为 COMPUTER，求密文 C。

解 1：根据字母数值表（图 7.3）查得明文串的数值表示是（2，14，12，15，20，19，4，17），密钥串的数值表示是（18，2，17，4，4，13），根据 Vigenere 密码算法对明文和密钥串进行逐字符模 26 相加。

$c_0=(m_0+k_0) \bmod 26=(2+18) \bmod 26=20$，对应字母表中的字母 U

$c_1=(m_1+k_1) \bmod 26=(14+2) \bmod 26=16$，对应字母表中的字母 Q

$c_2=(m_2+k_2) \bmod 26=(12+17) \bmod 26=3$，对应字母表中的字母 D

c_3=（m_3+k_3）mod 26=（15+4）mod 26=19，对应字母表中的字母 T

c_4=（m_4+k_4）mod 26=（20+4）mod 26=24，对应字母表中的字母 Y

c_5=（m_5+k_5）mod 26=（19+13）mod 26=6，对应字母表中的字母 G

c_7=（m_7+k_0）mod 26=（4+18）mod 26=22，对应字母表中的字母 W

c_7=（m_7+k_1）mod 26=（17+2）mod 26=19，对应字母表中的字母 T

因此明文 COMPUTER 加密的密文为 UQDTYGWT。

解 2：将明文与密钥字符串一一对应，密钥不足则重复字符串，如图 7.9 所示。

明文	C	O	M	P	U	T	E	R
密文	S	C	R	E	E	N	S	C

图 7.9　明文与密钥对应表

构造所需密码表，如图 7.10 所示。[注：对于实际计算使用的密码表并不需要将 26×26 密码表字符全部列出，由于每一行均为移位密码的单表构成，因为每一行的首字母与密码表的行标是一致的，所以只要知道密钥字母（行标字母）就可以很方便地列出此行的密码字符串。因此，本题只需列出密钥字母标识的行即可。]

	A	B	C	D	E	F	G	H	I	J	K	L	M	N	O	P	Q	R	S	T	U	V	W	X	Y	Z
S	S	T	U	V	W	X	Y	Z	A	B	C	D	E	F	G	H	I	J	K	L	M	N	O	P	Q	R
C	C	D	E	F	G	H	I	J	K	L	M	N	O	P	Q	R	S	T	U	V	W	X	Y	Z	A	B
R	R	S	T	U	V	W	X	Y	Z	A	B	C	D	E	F	G	H	I	J	K	L	M	N	O	P	Q
E	E	F	G	H	I	J	K	L	M	N	O	P	Q	R	S	T	U	V	W	X	Y	Z	A	B	C	D
N	N	O	P	Q	R	S	T	U	V	W	X	Y	Z	A	B	C	D	E	F	G	H	I	J	K	L	M

图 7.10　Vigenere 密码表

按照明文字母为列，密钥字母为行，查找密码表对应的字母即为密文字母。如明文 *C* 对应的密文为 *C* 行 *S* 列的字母 U，明文 *O* 对应的密文为 *O* 行 *C* 列的 Q……最终查到明文 COMPUTER 对应的密文为 UQDTYGWT。

2. 换位密码

使明文中的字母不变而位置改变的密码称为换位密码，也称为置换密码，如把明文中的字母的顺序倒过来写，然后以固定长度的字母组发送或记录。列换位法是最常用的换位密码，其算法是以一个矩阵按行逐行写出明字母，再按列读出字母序列即为密文串。

例 5：已知列换位法密钥 *K* 为 SINGLE，明文 *M* 为 ABOUTFUNCTIONDISCOVERVERY，求密文 *C*。

解：根据密钥中字母在字母表中出现的次序可确定列号为 635241，将明文按行写，不足部分以不常用的字母进行填充，本例题以 ABC……进行填充，如图 7.11 所示。

S	I	N	G	L	E
6	3	5	2	4	1
A	B	O	U	T	F
U	N	C	T	I	O
N	D	I	S	C	O
V	E	R	V	E	R
Y	A	B	C	D	E

图 7.11　列换位法矩阵

按照列次序读出得到密文序列为 FOOREUTSVCBNDEATICEDOCIRBAUNVY。

纯换位密码易于识别，因为它具有与原文字母相同的频率，但通过多次换位可以使密码的安全性有较大的改观。

7.2.5 公钥密码体制

公钥密码体制又称为非对称密码体制，与其以前的密码学完全不同。首先，公钥密码算法基于数学函数而不是之前的代替和置换。其次，公钥密码学是非对称的，它使用两个独立的密钥。公钥密码学在消息的保密性、密钥分配和认证领域上都有着极其重要的意义。

1．公开密钥密码体制

利用传统密码进行保密通信，通信的双方必须事先预约相同的密钥才能进行。而私人和商业之间想通过通信工具洽谈生意又要保持商业秘密，有时很难做到事先预约密钥。另外，对于大型计算机网络，设有 n 个用户，用户之间进行保密通信就需要 $C(n,2)=n(n-1)/2$ 个密钥。当 n 较大时这一数目是很大的。从安全角度考虑，密钥应当经常更换。在网络上产生、存储、分配、管理如此大量的密钥，其复杂性和危险性都是很大的。密钥管理上的困难是传统密码应用的主要障碍，这种困难在计算机网络环境下显得更为突出。另外，传统密码不易实现数字签名，也不适合于陌生人间的保密通信。

公开密钥密码的基本思想是将传统密码的密钥 K 一分为二，分为加密密钥 K_e 和解密密钥 K_d，用加密密钥 K_e 控制加密，用解密密钥 K_d 控制解密，而且根据计算复杂性确保由加密密钥 K_e 在计算上不能推出解密密钥 K_d。这样，即使是将 K_e 公开也不会暴露 K_d，从而不会损害密码的安全。于是可对 K_d 保密，而对 K_e 进行公开，从而在根本上解决了传统密码在密钥分配上所遇到的问题。为了区分常规加密和公开密钥加密两个体制，一般将常规加密中使用的密钥称为秘密密钥（Secret Key），用 K_m 表示，m 是某个修饰符，如 K_s 表示会话密钥。公开密钥加密中使用的能够公开的加密密钥 K_e 被称为公开密钥（Public Key），用 K_U 表示，加密中使用的保密的解密密钥 K_d 被称为私有密钥（Private Key），用 K_R 表示。

根据公开密钥密码的基本思想，可知一个公开密钥密码应当满足以下 3 个条件。

① 解密算法 D 与加密算法 E 互逆，即对于所有明文 M 都有 $D_{K_R}(E_{K_U}(M))=M$。

② 在计算上不能由 K_U 推出 K_R。

③算法 E 和 D 都是高效的。

满足了以上 3 个条件，便可构成一个公开密钥密码，这个密码可以确保数据的秘密性。如果还要求确保数据的真实性，则还应满足第四个条件：对于所有明文 M 都有 $E_{K_U}(D_{K_R}(M))=M$。

如果同时满足以上四个条件，则公开密钥密码可以同时确保数据的秘密性和真实性。此时，对于所有的明文 M 都有 $D_{K_R}(E_{K_U}(M))=E_{K_U}(D_{K_R}(M))=M$。

公开密钥密码从根本上克服了传统密码在密钥分配上的困难，利用公开密钥密码进行保密通信需要成立一个密钥管理机构（KMC），每个用户都将自己的姓名、地址和公开的加密密钥等信息在 KMC 登记注册，将公钥记入共享的公开密钥数据库（PKDB）。KMC 负责密钥的管理，并且对用户来说是可信赖的。这样，用户利用公开密钥密码进行保密通信就像查电话号码簿打电话一样方便，无须按约定持有相同的密钥，因此特别适合计算机网络应用。

大体上说，可以将公开密钥密码系统的应用分为 3 类。

（1）机密性地实现

发送方用接收方的公开密钥加密报文，接收方用自己相应的私钥来解密，如图 7.12 所示。

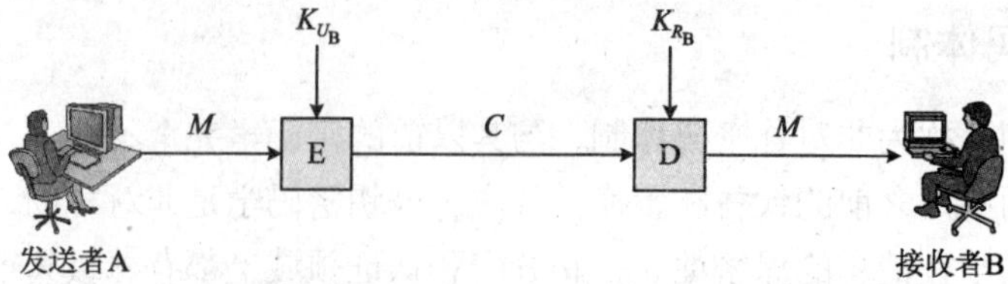

图 7.12　公开密钥算法加密过程

发送者 A 发送的信息用接收者 B 的公钥 K_{U_B} 进行加密，只有拥有与公钥匹配的私钥 K_{R_B} 的接收者 B 才能对加密的信息进行解密，而其他攻击者由于并不知道 K_{R_B}，因此不能对加密信息进行有效解密。此加密过程保证了信息传输的机密性。

（2）数字签名

数字签名简单说就是证明发送者身份的信息安全技术。在公开密钥加密算法中，发送方用自己的私钥“签署”报文（即用自己的私钥加密），接收方用发送方配对的公开密钥来解密以实现认证，如图 7.13 所示。

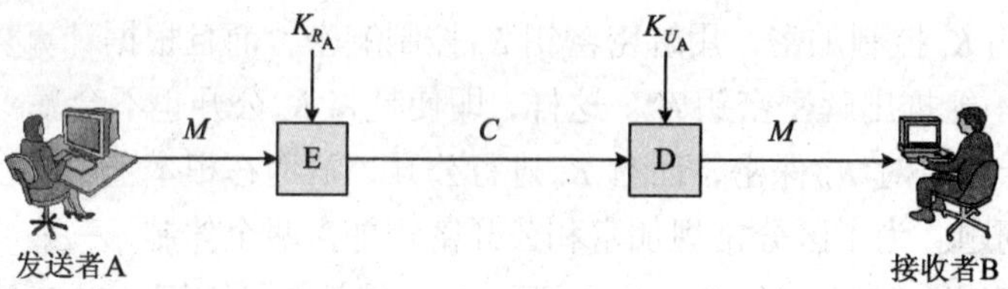

图 7.13　公开密钥算法数字签名过程

发送者 A 用自己的私钥 K_{R_A} 对信息进行加密（即签名），接收者用与 K_{R_A} 匹配的公钥 K_{U_A} 进行解密（即验证）。因为只有 K_{U_A} 才能对 K_{R_A} 进行解密，而发送者 A 是 K_{R_A} 的唯一拥有者，因此可以断定 A 是信息的唯一发送者。此过程保证了信息的不可否认性。

（3）密钥交换

发送方和接收方基于公钥密码系统交换会话密钥。这种应用也被称为混合密码系统，可以通过用常规密码体制加密需要保密传输的消息本身，然后用公钥密码体制加密常规密码体制中使用的会话密钥，将二者结合使用，充分利用对称密码体制在处理速度上的优势和非对称密码体制在密钥分发和管理方面的优势，从而使效率大大提高，如图 7.14 所示。

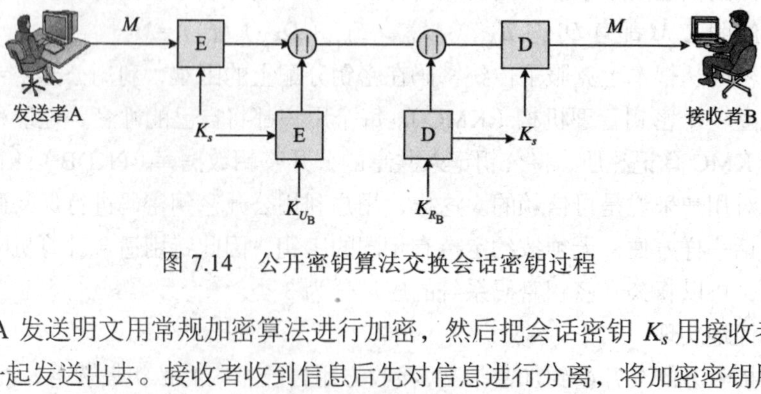

图 7.14　公开密钥算法交换会话密钥过程

发送者 A 发送明文用常规加密算法进行加密，然后把会话密钥 K_s 用接收者的公钥 K_{U_B} 加密与密文一起发送出去。接收者收到信息后先对信息进行分离，将加密密钥用自己的私钥 K_{R_B} 进行解密得到会话密钥 K_s，然后再用 K_s 对密文进行解密恢复出明文。

2. RSA

RSA 公钥算法是由美国麻省理工学院（MIT）的 Rivest、Shamir 和 Adleman 在 1977 年提出的。由于 RSA 密码既可用于加密，又可用于数字签名，安全、易懂，因此 RSA 方案是唯一被广泛接受并实现的通用公开密钥密码算法，许多国家标准化组织，如 ISO、ITU 和 SWIFT 等都已接受 RSA 作为标准。互联网的 E-mail 保密系统 GPG 以及国际 Visa 和 Master Card 组织的电子商务协议（SET 协议）中都将 RSA 密码作为传送会话密钥和数字签名的标准。RSA 公钥算法的数学基础是初等数论的 Euler 定理，其安全性建立在大整数因子分解的困难性之上。

RSA 密码体制算法描述如下。

（1）密钥的生成

首先，选择两个互异的大素数 p 和 q（保密），计算 $n=pq$（公开），$\varphi(n)=(p-1)(q-1)$（保密），选择一个随机整数 e（$0<e<\varphi(n)$），满足 $\gcd(e, \varphi(n))=1$（公开）。计算 $d=e^{-1}\bmod \varphi(n)$（保密）。确定公钥 $K_e=\{e,n\}$，私钥 $K_d=\{d, p,q\}$即$\{d,n\}$。

（2）加密

$C=M^e \bmod n$

（3）解密

$M=C^d \bmod n$

例 6：对于 $p=17$，$q=11$，$e=7$，$M=88$，使用 RSA 算法计算密文 C。

① 选择素数 $p=17$，$q=11$。

② 计算 $n=pq=17\times 11=187$。

③ 计算$\varphi(n)=(p-1)(q-1)=17\times 10=170$。

④ 选择 $e=7$，满足 $0<e<170$，且 $\gcd(7, 170)=1$。

⑤ 计算 d，因为 $d=e^{-1}\bmod\varphi(n)$，即 $ed\equiv 1\bmod \varphi(n)$，选择 $d=23$。因为 $23\times 7=1\times 170+1$。

⑥ 公钥 $K_e=\{e, n\}=\{7, 187\}$，私钥 $K_d=\{d, n\}=\{23, 187\}$。

⑦ 计算密文 $C=M^e \bmod n = 88^7 \bmod 187=11$。（解密：$M=11^{23} \bmod 187=88$。）

小整数的因子分解是容易的，然而大整数的因子分解却是十分困难的。关于大整数的因子分解的时间复杂度下限目前尚没有一般的结果。当 n 很大时，大整数因子分解是计算上困难的，目前还没有一般性的有效解决算法。密码分析者攻击 RSA 体制的关键点在于如何分解 n。若使 RSA 安全，p 和 q 必为足够大的素数，使分析者没有办法在有效（多项式）时间内将 n 分解出来。建议选择 p 和 q 大约是 100 位的十进制素数，因此模数 n 的长度大约是 200 位十进制数，e 或 d 也各为 100 位左右，结果密钥$\{e,n\}$或$\{d,n\}$就大约是 300 位十进制数。

3. ElGamal 密码

ElGamal 密码是除了 RSA 密码之外最有代表性的公开密钥密码。ElGamal 密码建立在离散对数的困难性之上。由于离散对数问题具有较好的单向性，所以离散对数问题在公钥密码学中得到广泛应用。除了 ElGamal 密码外，Diffie-Hellman 密钥分配协议和美国数字签名标准算法 DSA 等也都是建立在离散对数问题之上的。

ElGamal 密码改进了 Diffie 和 Hellman 的基于离散对数的密钥分配协议，提出了基于离散对数的公开密钥密码和数字签名体制。由于 ElGamal 密码的安全性建立在 $GF(p)$ 离散对数的困难性之上，且目前尚无求解 $GF(p)$ 离散对数的有效算法，因而 p 足够大时 ElGamal 密码是安全的。由于 ElGamal 密码的安全性得到世界公认，因而得到了广泛的应用。

7.3 数字签名技术

7.3.1 数字签名的含义

数字签名是利用数字技术实现在网络传送文件时，附加个人标记，完成系统上手书签名盖章的作用，以表示确认、负责、经手等。

数字签名（也称数字签字）是实现认证的重要工具，在电子商务系统中是不可缺少的。保证传递文件的机密性应使用加密技术，保证其完整性应使用信息摘要技术，而保证认证性和不可否认性应使用数字签名技术。

7.3.2 数字签名的原理

学习数字签名原理前先了解一下散列函数。

散列函数又称为哈希函数、数字指纹等，是一个将任意长度的报文映射为定长的散列值的公共函数，以散列值作为认证码。发送者首先计算要发送的报文 M 的散列函数值 H（M），然后将其与报文一起发给 B，接收者对收到的报文 M' 计算新的散列函数值 H（M'）并与收到的 H（M）值进行比较，如果两者相同则证明信息在传送过程中没有遭到篡改。用散列函数进行认证过程如图 7.15 所示。

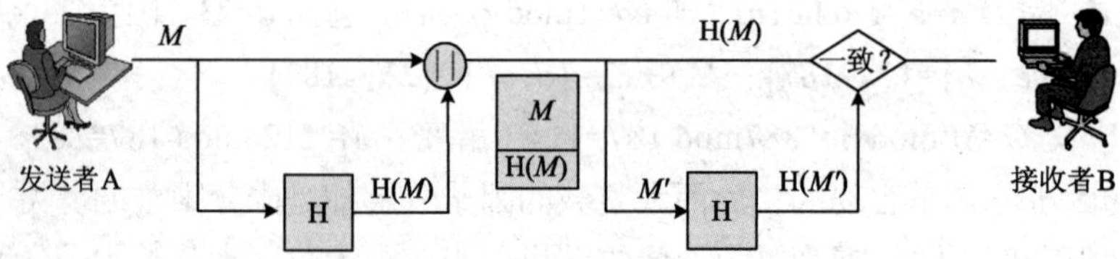

图 7.15　散列函数认证过程

数字签名原理详细过程（见图 7.16）如下。

① 发方 A 将原文消息 M 进行哈希（Hash）运算，得一哈希值即消息摘要 H（M）。

② 发方 A 用自己的私钥 K_1，采用非对称 RSA 算法，对消息摘要 H（M）进行加密 E（H（M）），即得数字签名 DS。

③ 发方 A 把数字签名作为消息 M 的附件和消息 M 一起发给收方 B。

④ 收方 B 把接收到的原始消息分成 M' 和 E（H（M））。

⑤ 收方 B 从 M' 中计算出散列值 H（M'）。

⑥ 收方 B 再用发方 A 的双钥密码体制的公钥 K_2 解密数字签名 DS 得消息摘要 H（M）。

⑦ 将两个消息摘要 H（M'）=H（M）进行比较，验证原文是否被修改。如果二者相等，说明数据没有被篡改，是保密传输的，签名是真实的；否则拒绝该签名。

这样就做到了敏感信息在数字签名的传输中不被篡改，未经认证和授权的人看不见原数据，起到了在数字签名传输中对敏感数据的保密作用。

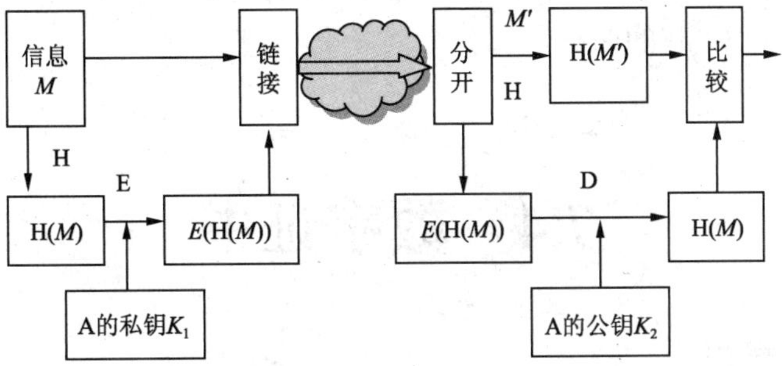

图 7.16　数字签名的原理

7.3.3　数字签名的要求

数字签名技术是公开密钥加密技术和报文分解函数相结合的产物。与加密不同，数字签名的目的是为了保证信息的完整性和真实性。数字签名必须保证以下 3 点。

① 接收者能够核实发送者对消息的签名。

② 发送者事后不能抵赖对消息的签名。

③ 接收者不能伪造对消息的签名。

7.3.4　数字签名的作用

数字签名可以解决下述安全鉴别问题。

① 接收方伪造。

② 发送者或收者否认。

③ 第三方冒充发送或接收文件。

④ 接收方篡改。

7.3.5　数字签名的种类

数字签名有 RSA 签名体制、ElGamal 签名体制、盲签名、双联签名、无可争辩签名等。

（1）RSA 签名体制

它是基于求解一个大整数分解为两个大素数问题的困难性。

（2）ElGamal 签名体制

它是基于求解有限域上的乘法群的离散对数问题的困难性。

（3）盲签名

一般数字签名中，总是要先知道文件内容而后才签署，这正是通常所需要的。但有时需要某人对一个文件签名，但又不让他知道文件内容，称为盲签名。

（4）双联签名

在一次电子商务活动过程中可能同时有两个联系的消息 M_1 和 M_2，要对它们同时进行数字签名。

（5）无可争辩签名

无可争辩签名是在没有签名者自己的合作下不可能验证签名的签名。无可争辩签名是为了防止所签文件被复制，有利于产权拥有者控制产品的散发。它适用于某些应用，如电子出版系统，以利于对知识产权的保护。

7.4 数字证书

7.4.1 数字证书概述

数字证书就是网络通信中标志通信各方身份信息的一系列数据，其作用类似于现实生活中的身份证。它是由一个权威机构发行的，人们可以在互联网上用它来识别对方的身份。

最简单的证书包含一个公开密钥、名称以及证书授权中心的数字签名。一般情况下证书中还包括密钥的有效时间、发证机关（证书授权中心）的名称、该证书的序列号等信息。

一个标准的 X.509 数字证书（见图 7.17）包含以下一些内容。

① 证书的版本信息。

② 证书的序列号，每个证书都有一个唯一的证书序列号。

③ 证书所使用的签名算法。

④ 证书的发行机构名称，命名规则一般采用 X.500 格式。

⑤ 证书的有效期，现在通用的证书一般采用 UTC 时间格式，它的计时范围为 1950—2049。

⑥ 证书所有人的名称，命名规则一般采用 X.500 格式。

⑦ 证书所有人的公开密钥。

⑧ 证书发行者对证书的签名。

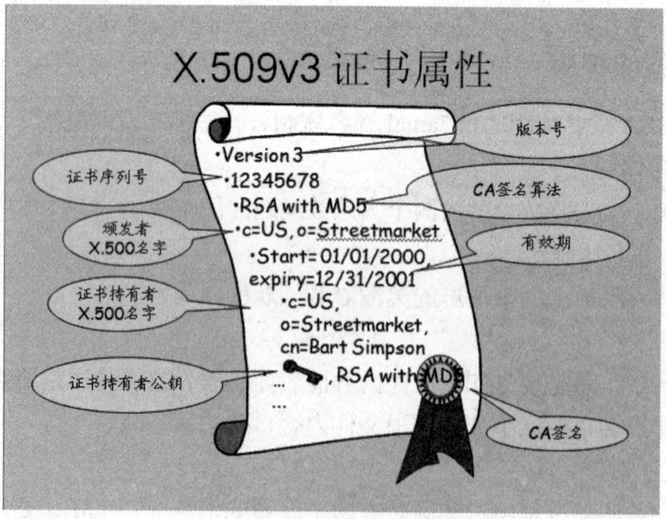

图 7.17　X.509 证书属性

使用数字证书，通过运用对称和非对称密码体制等密码技术可以建立起一套严密的身份认证系统，从而保证信息除发送方和接收方外不被其他人窃取；信息在传输过程中不被篡改；发送方能够通过数字证书来确认接收方的身份；发送方对于自己的信息不能抵赖。

7.4.2 数字证书作用

基于互联网的电子商务系统技术使在网上购物的顾客能够极其方便轻松地获得商家和企业的信息，但同时也增加了某些敏感或有价值的数据被滥用的风险。买方和卖方都必须保证在互联网上进行的一切金融交易运作都是真实可靠的，并且要使顾客、商家和企业等交易各方都具有绝对的信心，因而互联网电子商务系统必须保证具有十分可靠的安全保密技术。也就是说，它必须保证网络安全的四大要素，即信息传输的保密性、数据交换的完整性、发送信息的不可否认性、交易者身份的确定性。

1. 信息的保密性

交易中的商务信息均有保密的要求。例如，信用卡账号和用户名被人知悉，就可能被盗用，订货和付款的信息被竞争对手获悉，就可能丧失商机。因此，在电子商务的信息传播中一般均有加密的要求。

2. 交易者身份的确定性

网上交易的双方很可能素昧平生，相隔千里。要使交易成功首先要能确认对方的身份，商家要考虑客户是不是骗子，而客户也会担心网上的商店是一个玩弄欺诈的黑店，因此能方便而可靠地确认对方身份是交易的前提。对于为顾客或用户开展服务的银行、信用卡公司和销售商店，为了做到安全、保密、可靠地开展服务活动，都要进行身份认证的工作。对有关的销售商店来说，它们对顾客所用的信用卡的号码是不知道的，商店只能把信用卡的确认工作完全交给银行来完成。银行和信用卡公司可以采用各种保密与识别方法，确认顾客的身份是否合法，同时还要防止发生拒付款问题以及确认订货和订货收据信息等。

3. 不可否认性

由于商情的千变万化，交易一旦达成是不能被否认的，否则必然会损害一方的利益。例如，订购黄金，订货时金价较低，但收到订单后，金价上涨了；如收单方能否认收到订单的实际时间，甚至否认收到订单的事实，则订货方就会蒙受损失。因此，电子交易通信过程的各个环节都必须是不可否认的。

4. 不可修改性

交易的文件是不可被修改的，如上例所举的订购黄金。供货单位在收到订单后，发现金价大幅上涨了，如其能改动文件内容，将订购数 1 吨改为 1 克，则可大幅受益，那么订货单位可能就会因此而蒙受损失。因此电子交易文件也要能做到不可修改，以保障交易的严肃和公正。

人们在感叹电子商务的巨大潜力的同时，不得不冷静地思考，在人与人互不见面的计算机互联网上进行交易和作业时，怎么才能保证交易的公正性和安全性，保证交易双方身份的真实性。国际上已经有比较成熟的安全解决方案，那就是建立安全证书体系结构。数字安全证书提供了一种在网上验证身份的方式。安全证书体制主要采用了公开密钥体制，其他还包括对称密钥加密、数字签名、数字信封等技术。

我们可以使用数字证书，通过运用对称和非对称密码体制等密码技术建立起一套严密的身份认证系统，从而保证：信息除发送方和接收方外不被其他人窃取；信息在传输过程中不被篡改；发送方能够通过数字证书来确认接收方的身份；发送方对于自己的信息不能抵赖。

7.4.3 数字证书的生成

数字证书在一个身份和该身份的持有者所拥有的公/私钥对之间建立了一种联系，是由认证中心（CA）或者认证中心的下级认证中心颁发的，如图 7.18 所示。根证书是认证中心与用户建立信任关系的基础。在用户使用数字证书之前必须首先下载和安装。

认证中心是一家能向用户签发数字证书以确认用户身份的管理机构。为了防止数字凭证的伪造，认证中心的公共密钥必须是可靠的，认证中心必须公布其公共密钥或由更高级别的认证中心提供一个电子凭证来证明其公共密钥的有效性，后一种方法导致了多级别认证中心的出现。

数字证书颁发过程如下：用户产生了自己的密钥对，并将公共密钥及部分个人身份信息（称作 P10 请求）传送给一家认证中心，认证中心在核实身份后，将执行一些必要的步骤，以确信请求确实由用户发送而来，然后，认证中心将发给用户一个数字证书，该证书内附了用户和他的密钥等信息，同时还附有对认证中心公共密钥加以确认的数字证书。当用户想证明其公开密钥的合法性时，就可以提供这一数字证书。

证书的产生：认证中心把用户证书的基本信息做哈希算法，然后用自己的私钥对哈希值进行加密，如图 7.19 所示。

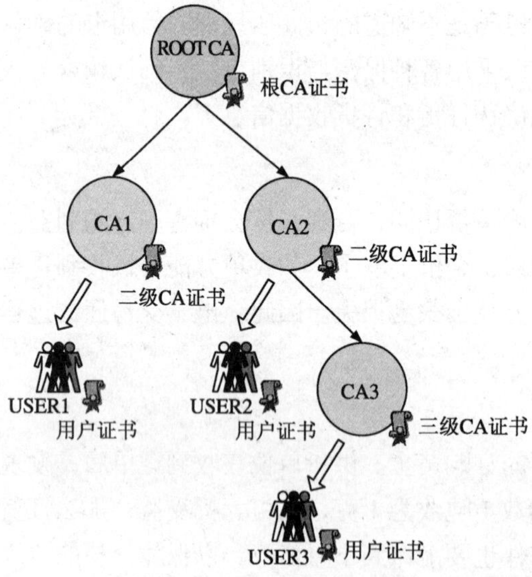

图 7.18 数字证书的生成

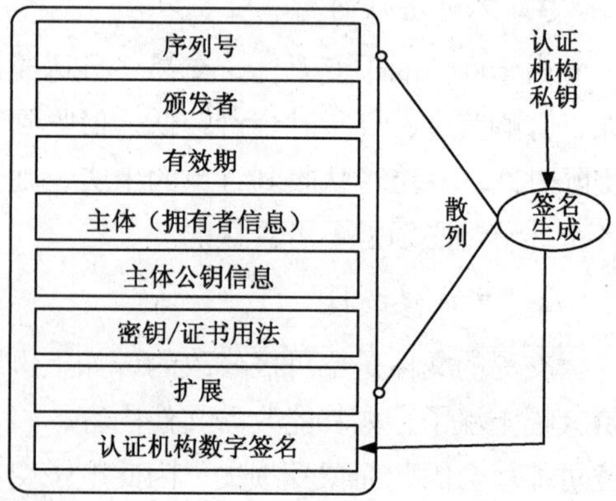

图 7.19 数字证书内容

7.4.4 数字证书的类型

1. 个人证书（客户证书）

客户证书证实客户身份和密钥所有权。

（1）个人身份证书

个人身份证书是用来表明和验证个人在网络上身份的证书，它确保了网上交易的操作的安全性和可靠性。个人身份证书可以存储在软盘或 IC 卡中。

（2）个人安全电子邮件证书

个人安全电子邮件证书可以确保邮件的真实性和保密性。

2. 企业证书

企业证书包括企业安全邮件证书和企业身份证书，主要用于单位安全电子事务处理。具体应用如：安全电子邮件传送、网上公文传送、网上签约、网上招标投标、网上办公系统等。

3. 服务器证书（站点证书）

服务器证书证实服务器的身份和公钥。它主要用于网站交易服务器的身份识别，使得连接到服务器的用户确信服务器的真实身份。目的是在客户和服务器之间进行交易、支付时确保双方身份的真实性、安全性、可信任性等。

4. 代码签名证书

代码签名证书又称代码数字证书，代表软件开发者的身份，用于对其开发的软件进行数字签名，证明软件的合法性。

5. 信用卡身份证书

信用卡身份证书包括消费者、商户和支付网关，均符合 SET 协议。

7.4.5 数字证书的使用

1. 获得一个用户证书

获得电子证书的步骤如下。

① 下载根证书。

② 申请账号认证。

③ 下载安装证书。

2. 获得通信过程中验证签名和公钥的过程

步骤 1：A 从目录获得由 X1 签名的 X2 的证书。因为 A 能安全地知道 X1 的公开密钥，A 从它的证书中能获得 X2 的公开密钥，并通过证书中 X1 的签名来证实它。

步骤 2：然后 A 能回到目录中得到由 X2 签名的 B 的证书。因为现在 A 已经拥有一个可信的 X2 的公开密钥备份，因此 A 能验证这个签名并安全地获得 B 的公开密钥。

7.5 计算机病毒及其防范

7.5.1 计算机病毒含义及分类

计算机病毒，是指编制或者在计算机程序中插入的破坏计算机功能或者破坏数据，影响计算机使用并且能够自我复制的一组计算机指令或者程序代码。按照不同分类标准，计算机病毒可以分为不同的种类。

1. 从其传播方式上

（1）引导型病毒，又称为开机型病毒

当用户开机时，通过 DOS 的引导程序引入内存中，它不以文件的形式存储在磁盘上，因此也没有文件名，十分隐蔽。由于它先于操作系统装入内存，因此它能够完全控制 DOS 的各类中断，具有强大的破坏能力。常见的“大麻”病毒、“巴基斯坦智囊”病毒及“米开朗基罗”病毒等均属这类。

（2）文件型病毒

这是一种针对性很强的病毒，一般来说，它只感染磁盘上的可执行文件（COM、EXE、SYS 等），它通常依附在这些文件的头部或尾部，一旦这些感染病毒的文件被执行，病毒程序就会被激活，同时感染其他文件。这类病毒数量最大，它们又可细分为外壳型、源码型和嵌入型等。

（3）混合型病毒

这类病毒兼有上述两种病毒的特点，它既感染引导区又感染文件，正是因为这种特性，使它具有了很强的传染性。如果只将病毒从被感染的文件中清除，当系统重新启动时，病毒将从硬盘引导进入内存，这之后文件又会被感染；如果只将隐藏在引导区中的病毒消除掉，当文件运行时，引导区又会被重新感染。

2. 按其破坏程序来分

（1）良性病毒

良性病毒多数是恶作剧的产物，其目的不为破坏系统资源，只是为了自我表现一下。其一般表现为显示信息、发出声响、自我复制等。

（2）恶性病毒

恶性病毒的目的在于破坏计算机中的数据，删除文件，对数据进行删改、加密，甚至对硬盘进行格式化，使计算机无法正常运行甚至瘫痪。

7.5.2 计算机病毒的特性

1. 计算机病毒的程序性（可执行性）

计算机病毒与其他合法程序一样，是一段可执行程序，但它不是一个完整的程序，而是寄生在其他可执行程序上，因为它享有一切程序所能得到的权力。病毒在运行时，与合法程序争夺系统的控制权。计算机病毒只有当它在计算机内得以运行时，才具有传染性和破坏性，也就是说，计算机 CPU 的控制权是关键问题。

2. 计算机病毒的传染性

传染是病毒的基本特征。计算机病毒是一段人为编制的计算机程序代码，这段程序代码一旦进入计算机并得以执行，它就会搜索其他符合其传染条件的程序或者储存介质，确定目标后再将自身代码插入其中，达到自我繁殖的目的。只要一台计算机感染病毒，如不及时处理，那么病毒会在这台计算机上迅速扩散，其中的大量文件会被感染。而被感染的文件又成为了新的传染源，再与其他机器进行数据交换或通过网络接触，病毒会继续进行传染。

3. 计算机病毒的潜伏性

潜伏性的第一种表现是指，病毒程序不用专用检测程序是检查不出来的，因此病毒可以潜伏在磁盘或磁带里几天，甚至几年，一旦时机成熟，得到运行机会，就又要四处繁殖、扩散，继续危害。潜伏性的第二种表现是指，计算机病毒的内部往往有一种触发机制，不满足触发条件时，计算机病毒除了传染外没有别的破坏。触发条件一旦得到满足，有的在屏幕上显示信息、图形或特殊标志，有的则执行破坏系统的操作，如格式化磁盘、删除磁盘文件、对数据文件做加密、封锁键盘以及使系统死锁等。

4. 计算机病毒的可触发性

因某个事件或数值的出现，诱使病毒实施感染或进行攻击的特性称为可触发性。为了隐藏自己，病毒必须潜伏，少做动作。如果完全不动，一直潜伏，病毒既不能感染也不能进行破坏，便失去了杀伤力。病毒既要隐藏又要维持杀伤力，它必须具有可触发性。

5. 计算机病毒的破坏性

所有的计算机病毒都是一种可执行程序，而这一可执行程序又必然要运行，所以对系统来讲，所有的计算机病毒都存在一个共同的危害，即降低计算机系统的工作效率，占用系统资源。同时计算机病毒的破坏性主要取决于计算机病毒设计者的目的，如果病毒设计者的目的在于彻底破坏系统的正常运行，那么这种病毒对于计算机系统进行攻击造成的后果是难以估量的，它可以毁掉系统的部分数据，也可以破坏全部数据并使之无法恢复。

6. 攻击的主动性

病毒对系统的攻击是主动的，不以人的意志为转移的。也就是说，从一定的程度上讲，计算机系统无论采取多少严密的保护措施都不可能彻底地消除病毒对系统的攻击，而保护措施充其量是一种预防的手段而已。

7. 病毒的隐藏性

计算机病毒的隐藏性表现为两个方面：一是传染的隐藏性，它一般不具有外部表现，不易被人发现；二是病毒程序存在的隐藏性，一般的病毒程序都夹在正常程序之中，很难被发现，而一旦病毒发作出来，往往已经给计算机系统造成了一定程度的破坏。

7.5.3 计算机病毒的危害

1. 病毒激发对计算机数据信息的直接破坏作用

大部分病毒在激发的时候直接破坏计算机的重要信息数据,所利用的手段有格式化磁盘、改写文件分配表和目录区、删除重要文件或者用无意义的“垃圾”数据改写文件、破坏 CMO5 设置等。

2. 占用磁盘空间和对信息的破坏

寄生在磁盘上的病毒总要非法占用一部分磁盘空间。引导型病毒的一般侵占方式是由病毒本身占据磁盘引导扇区，而把原来的引导区转移到其他扇区，也就是引导型病毒要覆盖一个磁盘扇区。被覆盖的扇区数据永久性丢失，无法恢复。文件型病毒利用一些 DOS 功能进行传染，这些 DOS 功能能够检测出磁盘的未用空间，把病毒的传染部分写到磁盘的未用部位去。所以，它在传染过程中一般不破坏磁盘上的原有数据，但非法侵占了磁盘空间。一些文件型病毒传染速度很快，在短时间内感染大量文件，每个文件都不同程度地加长了，就造成磁盘空间的严重浪费。

3. 抢占系统资源

除“Vienna”“Casper”等少数病毒外，其他大多数病毒在动态下都是常驻内存的，这就必然抢占一部分系统资源。病毒所占用的基本内存长度大致与病毒本身长度相当。病毒抢占内存，导致内存减少，一部分软件不能运行。除占用内存外，病毒还抢占中断，干扰系统运行。计算机操作系统的很多功能是通过中断调用技术来实现的。病毒为了传染激发，总是修改一些有关的中断地址，在正常中断过程中加入病毒的“私货”，从而干扰了系统的正常运行。

4. 影响计算机运行速度

病毒进驻内存后不但干扰系统运行，还影响计算机运行速度，主要表现在以下几个方面。

① 病毒为了判断传染激发条件，总要对计算机的工作状态进行监视，这相对于计算机的正常运行状态既多余又有害。

② 有些病毒为了保护自己，不但对磁盘上的静态病毒加密，而且进驻内存后的动态病毒也处在加密状态，CPU 每次寻址到病毒处时要运行一段解密程序把加密的病毒解密成合法的 CPU 指令再执行，而病毒运行结束时再用一段程序对病毒重新加密。这样 CPU 会额外执行数千条甚至上万条指令。

③ 病毒在进行传染时同样要插入非法的额外操作，特别是传染软盘时不但计算机速度明显变慢，而且软盘正常的读写顺序被打乱，发出刺耳的噪声。

5. 计算机病毒错误与不可预见的危害

计算机病毒与其他计算机软件的一大差别是病毒的无责任性。编制一个完善的计算机软件需要耗费大量的人力、物力，经过长时间调试完善，软件才能推出。但在病毒编制者看来既没有必要这样做，也不可能这样做。很多计算机病毒都是个别人在一台计算机上匆匆编制调试后就向外抛出。反病毒专家在分析大量病毒后发现绝大部分病毒都存在不同程度的错误。错误病毒的另一个主要来源是变种病毒。有些初学计算机者尚不具备独立编制软件的能力，出于好奇或其他原因修改别人的病毒，造成错误。计算机病毒错误所产生的后果往往是不可预见的，反病毒工作者曾经详细指出“黑色星期五” 病毒存在 9 处错误，“乒乓”病毒有 5 处错误等。但是人们不可能花费大量时间去分析数万种病毒的错误所在。大量含有未知错误的病毒扩散传播，其后果是难以预料的。

7.5.4 计算机病毒的传播路径

1. 通过移动存储设备传播

计算机病毒可以通过可移动的存储设备进行传播。常见的移动存储设备有硬盘、软盘、磁带、光盘、移动硬盘和优盘等，其中优盘和光盘对病毒的传播最为严重。

（1）通过优盘传播病毒

使用带有病毒的优盘会使计算机感染病毒，而感染病毒的计算机又会将病毒传染给未感染病毒的优盘，大量的优盘在不同的计算机上使用，使得计算机与优盘交叉感染，成了病毒泛滥蔓延的一个主要途径。

（2）通过盗版光盘传染病毒

光盘中存储了大量的可执行文件，这就给病毒提供了可能的“藏身之处”，而且只读式光盘只能进行读操作，光盘上的病毒无法清除。一些以谋利为目的的非法盗版软件在制作过程中，没有真正可靠、可行的技术保障避免病毒的传入、传染、流行和扩散。显然盗版光盘成了计算机病毒滋生的又一温床。

2. 通过网络传播

随着互联网的发展，病毒的传播也增加了新的途径。它的发展使病毒的传播更迅速，使病毒造成灾难性危害，反病毒的任务更加艰巨。带有计算机病毒的电子邮件或文件（软件）被下载或接收后打开或运行，病毒就会传染到相关的计算机上。服务器是网络的核心部分，一旦其关键文件被感染，再通过服务器的扩散，病毒将会对系统造成巨大的破坏。还有来自网络外面的威胁，比如网络黑客。网络使用的简易性和开放性使得这种威胁越来越严重，今后计算机网络将是计算机病毒传播的主要途径。

3. 通过通信系统传播

通过点对点通信系统和无线通信信道也可以传播计算机病毒。目前出现的手机病毒就是利用无线信道传播的。虽然目前这种传播途径还不十分广泛，但以后可能成为仅次于计算机网络的第二大病毒扩散渠道。

7.5.5 计算机病毒的预防

1. 养成良好的使用计算机的习惯

① 上互联网时，不要打开来历不明的电子邮件和不太了解的网站。从互联网下载的文件或软件要经杀毒处理后再打开或安装使用。

② 有许多网络病毒就是通过猜测简单密码的方式攻击系统的，因此一定要使用强度大的密码。密码长度最好不少于 8 位字符，而且最好是由字母、数字和特殊字符组合而成。

③ 尽量做好数据备份，尤其是对关键性数据，其重要性有时比安装防御产品更有效。

2. 做好病毒预防

计算机病毒一旦发作，系统和数据都会受到威胁。因此病毒预防是防治计算机病毒最经济有效的措施。预防计算机病毒的主要措施有以下几个。

① 利用功能打全系统补丁。安装正版的杀毒软件和防火墙，并及时升级到最新版本。安装网络版杀毒软件的用户，要在安装软件时将其设定为自动升级。

② 关闭不必要的共享或将共享资源设为“只读”状态。使用即时通信工具的时候，不要随意接收好友发来的文件。经常用杀毒软件检查硬盘和每一张外来盘。

③ 应用入侵检测系统，检测超过授权的非法访问和来自网络的攻击。

3. 定期进行查杀毒

计算机用户要充分和正确地使用杀毒软件，定期查杀计算机病毒。若发现计算机已经感染病毒，应立即进行病毒清除。

① 人工清除病毒。若发现磁盘引导区的记录被破坏，就用正确的引导记录覆盖它；若发现某一文件已经染上了病毒，则可以恢复那个文件的正确备份或消除链接在该文件上的病毒，或者干脆清除该文件等；如果病毒无法清除，就应该将病毒提交给杀毒软件公司，杀毒软件公司一般会在短期内给予答复；如果面对的是网络攻击，用户应该立即断开网络连接。

② 杀毒软件清理病毒。杀毒软件具有对特定种类的病毒进行检测的功能，有的软件可以查出上百种，甚至几千种病毒，并且大部分软件可以同时清除查出来的病毒。利用反病毒软件清除病毒时，一般不会因清除病毒而破坏系统中的正常数据。

实验训练

1. 上网查询我国还有哪些数字证书认证中心可以进行免费的个人证书下载，操作一下，比较一下它们之间的差别。

2. 万一系统软件故障，需要重新安装系统，请问应该做哪些准备工作才能保证数字证书不会丢失，系统恢复正常后又如何恢复证书？万一证书彻底丢失怎么办？

3. 通过登录数字证书认证中心（www.myca.cn）网站，学习数字证书的申请、下载、使用等过程，并在 Windows 中对证书进行如导入、导出、删除等管理。

4. 查找最近的病毒流行排行，列举一种计算机病毒并且举例说明它的攻击过程。

5. 请举出你遇到、了解的电子商务安全问题，总结产生的原因，指出相应的预防措施。

练习题

1. 电子商务安全需求有哪些？
2. 什么是公开密钥密码体制，其基本原理是什么？
3. 简述公开密钥的加密模式。
4. 什么是数字签名？
5. 数字签名的基本原理是什么？
6. 数字证书有什么作用？
7. 数字证书分为哪些类型？
8. 什么是计算机病毒？
9. 计算机病毒的特性表现在哪些方面？
10. 我们怎么预防计算机病毒？

第 8 章 移动电子商务

【学习目标】

本章主要介绍移动电子商务相关知识，使读者了解现实生活中的移动电子商务，理解移动电子商务的含义；了解移动电子的发展历程及发展趋势；掌握移动电子商务的商业模式；能够熟练使用智能手机等移动终端。

【导入案例】

从BAT（百度、阿里巴巴和腾讯）春节红包大战看未来移动支付

2016 年，拿下春晚独家红包合作的支付宝在春晚期间扔出了 8 亿元红包，创下了 3 245 亿次互动，共 208 个国家和地区的用户参与福卡互动；除夕到初五，微信红包收发次数达 321 亿次，5.16 亿人参与活动，比 2015 年春节锐增 10 倍；截至大年初一中午 12 时，百度钱包开福袋次数达 112 亿次，共发放出价值 42 亿元的福袋。

从数据去评判谁输谁赢并没有多大的意义，数据的对象永远是投资人和广告主。对此，微信红包给出的数据是春节期间的总收发次数；而支付宝给出的是春晚期间的互动次数。红包从一开始就显现了赤裸裸的商业属性，红包的目的最终还是支付。经过此轮红包大战，个人网络资金账户体系显现了替代个人商业银行账户体系的能力，从某种程度上来看标志着个人网络金融时代的正式开启。比达咨询发布的《2015 年度中国第三方移动支付市场研究报告》的数据显示，中国第三方移动支付市场由于巨头的补贴和 App 的活跃，使得人们逐步习惯适应移动端给人们带来的方便，移动支付在 2013—2014 年得到高速发展；在线上增长相对缓和后，各大第三方支付机构开始扩展线下，如餐馆、超市、商场等，使其线下消费场景的业务得到增长；在 2015 年，中国第三方移动支付市场交易总规模达 9.31 万亿元，同比增长 57.3%。

其中增长率出现下降是由于其用户习惯已相对形成；另外《非银行支付机构网络支付业务管理办法》，将个人支付账户分为了三类，对其额度有部分限制，对大笔资金有所影响；此外还有其线下场景的业务已得到较大开发。

图表：2015 年中国第三方移动支付市场份额情况（单位：%）

目前移动电子商务应用已经从过去的移动公交、移动交费等单纯个人消费领域，发展出银行、农业、商超、税务、电力等多种行业应用，呈现出广泛渗透、规模扩张之势，社会影响越来越大。随着一些核心关键技术环节的突破，以及政策环境的不断优化，无论是对于电信运营商，还是对于银行、商务服务、交通等相关行业的主要合作伙伴来说，移动电子商务都已成为一个新兴的战略性蓝海市场。

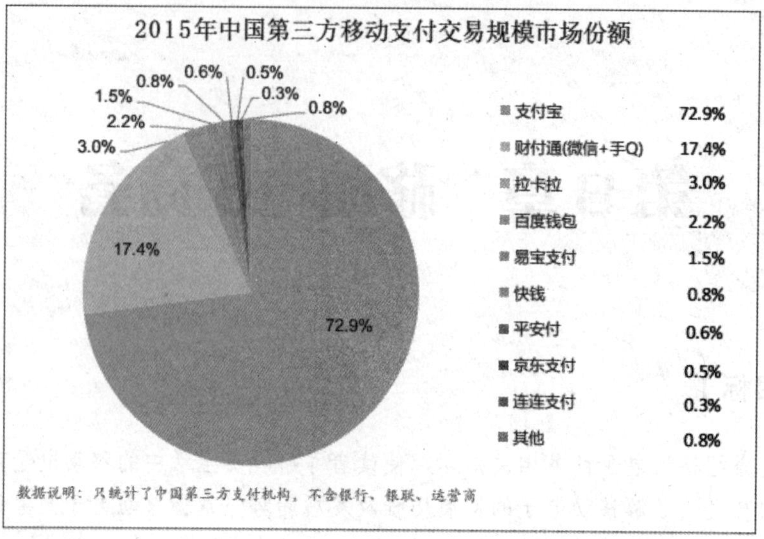

（数据来源：比达咨询）

【思考】

BAT 3 家企业红包大战的目的是什么？

8.1 移动电子商务概述

随着无线网络的完善和智能终端的普及，移动互联网已经深入人们的生活。基于移动互联网的电子商务已成为一种重要的商业运作模式。目前，人们已经意识到了融合移动通信技术的电子商务将来具有更大的潜力。与此同时，嗅觉敏锐的产业链各方也在暗自较量，意图在竞争中造就一个更大的市场蛋糕，移动电子商务正成为下一个引爆点。

8.1.1 移动电子商务的含义

移动电子商务就是利用手机、PDA 及掌上电脑等无线终端进行的 B2B、B2C 或 C2C 的电子商务。它将互联网、移动通信技术、短距离通信技术及其他信息处理技术完美地结合，使人们可以在任何时间、任何地点进行各种商贸活动，实现随时随地的线上线下的购物与交易、在线电子支付，以及各种交易活动、商务活动、金融活动和相关的综合服务活动等。

移动电子商务是电子商务的一个新的分支，但是从应用角度来看，它的发展是对有线电子商务的整合与发展，是电子商务发展的新形态。移动电子商务将传统的商务和已经发展起来的，但是分散的电子商务整合起来，将各种业务流程从有线向无线转移和完善，是一种新的突破。

8.1.2 移动电子商务的主要特点

移动电子商务是一种与传统电子商务有很大差异的新的交易方式，其主要特点是方便、简单、灵活。消费者不仅可以通过移动电子商务随时随地进行网上购物，企业也打造出一条全新的销售与促销渠道，移动电子商务全面支持移动互联网业务，消费者可以通过移动支付为自己买单。移动电子商务可以为消费者提供个性化服务和定制服务，消费者有很大的空间去选择自己所喜爱的产品和服务。通过移动电子商务，用户可随时随地获取所需的服务、应用、信息和娱乐。通过随身携带的移动终端，用户可以进行各种商务活动，无论何时何地，商务交易可以随时完成，物流信息可以随时查询更新，支付费用也可以选择网银支付、话费支付、第三方支付平台等多种方式。移动电子商务的一个重要特征就是可以通过个人移动终端随时随地进行商务交易。移动电子商务的主要特点可以用以下几个方面来描述。

1. 移动电子商务更具有便利性

随着 3G 网络的大范围覆盖，智能移动终端快速持续地更新换代，移动电子商务的优势越来越明显，用户只需要利用手中的移动终端就能完成一切商务交易，移动终端不仅是一个通信工具，还是一个移动支付工具，用户所需的信息资料可以通过移动终端进行搜索和获取，消费者可以利用移动终端查找、选择以及购买各种商品和服务。

2. 移动电子商务不受时空限制

无线通信技术使得电子商务摆脱有线网络的束缚，这无疑是一次伟大的改变，用户已经可以真正做到随时随地进行商务活动，特别是对于企业工作者而言，解决了随时携带庞大数量的资料出入的大麻烦，通过移动终端、无线网络以及企业内部资源系统的整合，企业员工只需要通过此方式就能进行移动办公活动。

3. 移动电子商务较传统电子商务更具安全性

手机 SIM 卡具备身份的特殊性，其中存储的信息可以用来确认手机用户的身份的唯一性，这是认证安全的基础。移动终端本身具有的密码锁认证功能也增加了不少安全性能，用户在支付时也会通过短信认证来确保交易的安全性。

4. 移动电子商务能够提供个性化服务

企业为客户建立数据库，存储客户相关的信息资料，然后通过数据挖掘分析获得企业所需的结果，并以此为参考依据，为客户提供相应的产品和服务。消费者可以根据自身的需要来定制相关的产品和服务。

除此之外，移动电子商务还具备潜在用户规模巨大、易于推广使用、迅速灵活、开放包容等特点。

8.1.3 移动电子商务的发展历程

1. 发展初期

移动电子商务发展初期，其应用的技术手段主要是第一代移动商务系统即以短信为基础的访问技术，但是这种技术存在着众多的缺陷，其中最为严重的问题是实时性较差，查询请求不会立即得到回答，对于瞬息万变的移动商务模式而言是十分致命的，这样致命的缺陷可能会导致错失商机，甚至于在某些关键时刻因无法及时得到相应的信息回复而损失惨重。此外，由于短信息长度的限制也使得一些查询无法得到一个完整的答案，信息的不完整性和不准确性导致多数用户纷纷表示对该系统的失望和不满，对该系统进行改造和升级成为了迫在眉睫的关键所在。

2. 成长阶段

第二代移动商务系统问世，主要采用基于 WAP（无线应用协议）技术的方式，用户主要通过手机上的浏览器对 WAP 网页进行访问，以实现信息的查询，在一定程度上解决了第一代移动商务系统的缺陷。但其依旧存在不少问题，其中的主要缺陷是 WAP 网页访问的交互能力极差，这与移动电子商务具有的灵活性与方便性产生了极大的冲突，从而使商务流程中的某些重要信息和资料得不到及时的传递、接收和处理，进而影响到整个商务流程，并可能使用户在不同程度上蒙受损失。此外，安全性能较差也是 WAP 网页访问技术的一个重要问题，用户信息泄露，友情链接安全问题和 SID（安全标识符）泄露等都是 WAP 网页访问技术存在的重大安全隐患。随着经济的发展和商务模式的复杂化，WAP 网页访问技术已经逐渐无法满足用户的需求。

3. 迅速发展阶段

为了适应移动电子商务发展的形势，新一代移动商务系统应运而生，该系统采用了基于 SOA 架构（即面向服务的体系架构）的 Web Service、智能移动终端和移动 VPN（虚拟专用网络）技术相结合的第三代移动访问和处理技术，使得系统安全性和交互能力有了极大的提高。技术应用呈现多元化趋势，第三代移动商务系统同时融合了 3G 移动技术、智能移动终端、VPN、数据库同步、身份认证及 Web Service 等多种移动通信、信息处理和计算机网络的最新前沿技术，以专网和无线通信技术为依托，为电子商务人员提供了一种安全、快速的现代化移动商务办公机制。

4. 成熟阶段

移动互联网应用和无线数据通信技术的发展，为移动电子商务的发展提供了坚实的基础。不仅是技术上的进一步的成熟，消费者也普遍开始接受移动电子商务这一新型的商务模式，特别是年轻消费群体，这就更广泛地拓展了移动电子商务的市场。移动电子商务的市场竞争也将越演越烈，个性化服务将更加突出，在移动电子商务中扮演各个重要角色的企业也将通过降低价格、开发新产品、提供新服务和制订企业战略合作计划等一系列手段来进行提升企业竞争力，并开拓更加广阔的市场。

8.1.4 中国移动电子商务发展现状

1. 2015 年中国移动购物用户规模达到 3.64 亿

据统计，2015 年有超半数的手机网民曾在移动端购物。移动端成交额首超 PC 端，移动端将成为电子商务主要的交易渠道。截至 2015 年底，中国移动购物用户规模达到 3.64 亿，同比增长 23.8%，预计到 2018 年中国移动电商用户规模将接近 5 亿。

随着智能终端和移动互联网的快速发展，移动购物的便利性越来越突出。在主流电商平台的大力推动下，消费者对于通过移动端购物的接受程度亦大大增加，用户移动购物习惯已经养成。

在支付规模方面，受 2015 年春晚腾讯、阿里的“红包大战”影响，移动支付规模于 2015 年初实现井喷式上升。移动支付是移动电商实现闭环的重要一步，移动支付的普及和完善极大地促进了移动电子商务的快速发展。

2. 2018年移动端交易额在网络零售市场交易额中占比将超过75%

近年来，中国移动购物市场交易额稳定增长，占整体网络零售市场交易额的比例不断上升。预计到2018年，移动端交易额在网络零售市场交易额中占比将超过75%。

"一超多强"格局不变，阿里系独占八成市场。2015年"双十一"各大电商移动端成交额占比接近八成，电商移动化渐成主流。

数据显示，2015年移动购物企业市场份额延续之前"一超多强格"的格局，阿里系以81.5%的占比领跑，京东、唯品会和苏宁易购占比分别为12.8%、1.5%和1.4%。

3. 2015年有53.6%的手机网民曾在移动端进行购物

2015年只有46.4%的手机网民未进行过移动端购物。针对不进行移动购物的用户的调查显示，这部分受访者主要担心的是购物的安全问题，包括信息安全（35.6%）和支付安全（31.1%），其次是对移动端购物流程的不熟悉（22.2%）和没有使用移动端购物的习惯（20.0%）。安全和隐私问题是阻碍消费者在移动端进行购物消费的最主要原因。

4. 老用户移动购物频率更高

在使用过移动购物（服务）应用的用户中，超过半数已使用移动购物（服务）应用三年或更久，且使用频率多为每月或每季度一次。随着使用年数的增加，使用频率会相应增加，在使用三年或更久的用户中，平均每周使用移动购物（服务）应用一次以上的比例达22.2%。

5. 第三方移动支付占据主流

移动购物（服务）用户最常用的支付方式中，第三方支付以78.4%的占比大幅度领先货到付款（12.7%）和网上银行（8.9%）。而在使用过的移动支付软件中，支付宝延续阿里系的市场优势，成为用户最常使用的移动支付软件。

6. 购物优惠对于促进移动电商用户消费效果明显

2015年，在用户曾经进行购物的应用中，手机淘宝以74.2%的占比遥遥领先，京东商城以46.0%的占比位居第二。移动购物用户浏览移动购物（服务）应用的主要原因是有购物需求（57.3%）和有促销优惠（54.8%），在移动端进行消费的习惯正在形成。

8.1.5 移动电子商务发展趋势

① 企业应用将成为移动电子商务领域的热点。移动商务在我国既有广泛的应用空间，又有庞大的用户群体，相关技术也已经具备一定的成熟度。移动电子商务的快速发展，必须是基于企业应用的成熟。企业应用的稳定性强、消费力大，这些特点个人用户无法与之比拟。而移动电子商务的业务范畴中，有许多业务类型可以让企业用户在增加收入和提高工作效率上得到很大帮助。企业应用的快速发展，将会成为推动移动电子商务的最主要力量之一。

② 移动信息将成为移动电子商务的主要应用。在移动电子商务中，虽然主要目的是交易，但是实际上在业务使用过程当中，信息的获取对于带动交易的发生或是间接引起交易是有非常大的作用的。例如，用户可以利用手机，通过短信、邮件、标签读取等方式，获取股票行情、天气、旅行路线、电影、航班、音乐、游戏等各种内容业务的信息，而这些信息有助于诱导客户进行电子商务的业务交易活动。因此，发送信息将成为各大移动电子商务服务商初

期考虑的重点。

③ 安全性问题仍将是移动电子商务中的巨大机会。由于移动电子商务依赖于安全性较差的无线通信网络，因此安全性是移动电子商务中需要重点考虑的因素。与基于 PC 终端的电子商务相比，移动电子商务终端运算能力和存储容量更加不足，如何保证电子交易过程的安全，成了大家最为关心的问题。

④ 移动终端的机会。随着终端技术的发展，终端的功能越来越多，而且考虑人性化设计的方面也越来越全面，如显示屏比过去有了很大的进步，而一些涉及商品图片信息显示的网上交易，可以实现更加接近传统 PC 互联网上的界面显示。又如，智能终端的逐渐普及或将使其成为主流终端，如此一来，手机更将升级成为小型 PC，虽然两者不会完全一致，PC 也不会被替代，但是手机可以实现的功能越来越多，对于一些移动电子商务业务的进行，也更加便利而又不失随身携带的特点。

⑤ 移动支付将成为最有潜力的支付手段。移动商务的发展离不开完善的支付方式和支付手段。移动支付可以简单定义为借助手机、掌上电脑、手提电脑等移动通信终端和设备，通过手机短信息、IVR（交互式语音应答）、WAP 等方式所进行的银行转账、缴费和购物等商业交易活动。使用手机小额支付方式时，费用一般会直接加到用户的话费中。大额支付时，手机和信用卡一般是绑定的，由于数据是通过无线的方式传送的，而且还有用户确认的过程，因而安全性能较高。在电子商务中，支付手段一直是消费者和在线销售商十分关注的事情，移动支付实现了一种很好的解决方案。

移动电子商务作为一种新型的电子商务方式，利用了移动无线网络的优点，它是对传统电子商务的有益补充，当然，并不意味着以 PC 作为 Web 客户机的传统电子商务将停步不前，未来电子商务将同时支持这两种电子商务运作方式。通过移动电子商务人们可以更加快捷、方便地开展各种商务活动，大大提高工作效率。我们可以预见，移动电子商务将成为未来电子商务领域的主战场。

8.2 移动电子商务模式

8.2.1 通信模式

移动通信是移动终端用户的基本需求，也是移动电子商务中最早出现、最普遍的服务。无线网络运营商为用户提供移动通信服务，用户缴纳使用费，就形成了无线网络运营商通过语音或短信服务获取利润的商务模式。

在这种商务模式中，主要的参与者就是无线网络运营商和用户，主要的服务是语音和短信服务，主要的利润来源就是用户缴纳的使用费。

移动通信服务商之间的竞争促进了移动通信服务费用的下降，也进一步扩大了移动通信服务市场，持有移动终端设备的用过户越来越多。由于中国的人口基数大，到 2015 年 12 月底，中国的移动电话用户数达到 13.06 亿，终端设备普及率为 95.5 部/百人，可以说中国是一个相当具有潜力的移动通信市场。

8.2.2 信息内容服务模式

移动电子商务中另一种比较常见的服务是信息内容服务，包括各种实时信息服务（如新闻、天气、股票信息等）、各种基于位置的信息服务（如移动用户附近酒店信息、娱乐场所信息等），以及各种紧急信息服务。

在这种商务模式中，主要的参与者是内容和应用服务提供商、无线网络运营商和用户，主要的服务是信息服务，主要的利润来源是用户缴纳的服务预订费。内容服务提供商通过无线网络运营商向移动用户提供各种信息服务，用户通过缴纳一定的服务费获得这些服务，无线网络运营商通过传输信息而获得通信费。另外，根据与内容服务提供商签订的协议的情况，无线网络运营商还会以佣金的形式获得内容服务提供商的利润分成。

用户缴纳服务费的方式可以按时间计费或按流量计费。按时间计费可以是按年、月或星期，一般都是以月为单位；按流量计费可以根据获得服务的次数或获得服务内容的多少，如移动用户希望获得附近的酒店信息，可以根据他获得的短信条数缴纳费用，也可以根据获得多少个酒店的信息付费。

无线网络运营商收取通信服务费也有两种方式：信息流量费和佣金。无线网络运营商通过与内容服务提供商协调，确定收费模式。可以按照信息流量收取通信费用，如根据短信条数进行收费，也可以根据与内容服务提供商达成的协议，对所有服务费收取一定比例的佣金。

所以在这个模式中，移动用户是服务的享受者，也是利润的来源；无线网络运营商提供了服务实现的途径，获取信息服务费和佣金；内容服务提供商提供各种服务信息，也是利润的主要获得者，它的利润占到总利润的 80%～90%，可以说是最大的赢家。

8.2.3 广告模式

1. 移动广告模式的运作模式

在有线网初期，至少在广告被称为所有利润来源的时候，广告就已经暴露出了它的局限性，然而，至今它仍然是内容提供商赚取高额利润的有效途径。由于移动设备的屏幕小，与有线网相比就需要目的性很强的广告。例如，用户找饭店的时候，将与其查询内容相关性最好的广告发给他，将其所在地附近饭店的优惠券也同时发给他。当然，很多服务的提供过程是需要收集用户的偏好信息的，如根据用户的偏好，把与用户所在地或其他属性（时间、所在地的天气等）相关的敏感广告发给用户。那么，在多种信息同时引导下，用户就更容易接受所推销的产品。这种商务模式涉及广告客户、内容提供者、无线网络运营商和客户，当然其中还涉及一些中间商，如无线广告代理商、内容集成商、移动门户网站和无线网络接入商等。

表面上看来，广告模式中广告客户支付给内容提供商一定的费用，内容提供商在与无线网络运营商之间进行利润分配，而实际上，移动用户才是利润的来源。移动用户通过购买产品和服务，将利润过渡给广告客户，而广告客户只是将其获得利润的一部分以广告费的形式付给内容服务提供商。内容提供商通过将推销信息添加到发给移动用户的内容和服务中，获得广告费。而无线网络运营商通过为内容提供商提供无线传输服务获得通信费或利润分成。

2. 移动广告模式中广告费用的支付形式

（1）固定收费

通过协议等方式，广告提供商在一定时间（一般以年、月为单位）内登载广告客户的广告，而广告客户向广告提供商缴纳一定金额作为广告费。这种收费方式最简单，也最容易被采纳。

（2）基于访问次数收费

跟有线网一样，根据广告客户的信息被显示出来的次数收费。一般以千次或百万次为计费单位。不同的是当广告客户的广告被显示的次数相同时，与有线网上做广告相比，广告客户愿意支付的费用要多得多。这是因为，移动终端设备显示屏很小，广告信息更容易引起移动客户的注意，广告的成功率也就越高，广告客户由此获得的收益也就更大。

（3）基于效果收费

有线网也有类似的收费模式，广告客户通常要求所支付的费用能够反映其实际收益。通常是根据用户做出特定动作次数计费，如根据用户单击广告的次数计费等。也可能是按照订购某种服务次数计费，或按实际销售额计算佣金等。由于这种方式能够反映广告客户的实际效益，因而广告客户更容易接受。

3. 移动广告模式中广告的传递方式

广告模式除了在广告费支付方面比较复杂外，广告的传递方式也可分为推动式和拉动式两种。

（1）推动式

把广告作为促销信息或提示信息发给用户。这种方式涉及用户隐私、消费者权益、消费者容忍度等问题。所以，在采用这种方式之前应该首先征得用户的同意，而且，即使在用户的同意下发广告，也要慎重考虑，避免引起侵害用户权益方面的纠纷。

（2）拉动式

把广告信息随同用户所检索的内容传输给用户。此时，广告传递是发生在用户查询相关信息情况下的，而且所传递的广告和用户所需要的信息具有很高相关性，一般可以看作所查询信息的补充。例如，用户查询所在地附近的电影院信息时，将相关广告随同其所要的信息发送给他们，而不是在用户没有提出任何需求时就发给他们。

尽管无线广告受到广告内容少、费用高等方面因素的制约，但是，无线广告的效果可能更好等因素也使得广告商对无线广告领域很看重。随着第三代网络技术的发展和成熟，不仅广告费用有降低的可能性，而且可以提供多种类型的广告内容。这样一来，无线广告就会成为广告提供商竞相争夺的市场。

8.2.4 销售模式

自互联网诞生以来，人们就将其视为销售渠道之一，通过建立网上商店等形式降低销售成本。同样，无线网络也具有类似功能，并已经开始成为产品和服务的另一种销售渠道。同时无线网络技术和终端设备的特性决定这种销售模式具有不同于有线网销售方式的特征。

1. 移动销售模式的运作模式

在这种商务模式中，主要的参与者有内容和应用服务提供商（产品与服务提供商），门户/接入服务提供商、无线网络运营商等支持性服务提供商（第三方）和移动用户。

在此，移动用户是利润来源；产品和服务提供商通过向移动客户销售产品获得利润；门户/接入服务提供商通过向产品/服务提供商提供无线网络接入获得信息服务费；无线网络运营商通过向门户/接入服务提供商提供信息服务获得服务费，有时还会获得移动用户支付的通信费；而其他第三方（信用卡公司、银行等）则是通过向产品/服务提供商提供服务支持（付费支持）获得佣金的。

产品和服务提供商要向门户/接入服务提供商缴纳信息服务费，这种费用可以根据信息流量或时间长度缴纳，根据访问次数缴纳，或按月、年缴纳等。而门户/接入服务提供商与无线网络运营商之间则大多根据带宽的大小，按月/年付费，当然也有根据提供信息的数量［如按照提供多少 kB（千字节）的信息］付费。有时用户还要向无线网络运营商提供通信费（产品/服务信息不是免费提供的情况）。其他第三方获得佣金的方式则可以是根据交易次数收取（如每次收取一定额度的交易费），也可以是根据交易金额收取（收取交易金额的一定比例）。

2. 无线网络销售模式与有线网络销售模式的对比

无线网络的销售模式除了与有线网络的销售模式一样，具有降低成本、减少中间层的作用外，还具有自己的特有的优势。

（1）方便性

由于移动用户能够在任何时候、任何地方接入无线网络，因此能够享受更加便利的服务，随时随地都可以参与各种竞拍活动，以及通过移动网络购买产品等。

（2）个性化

由于终端设备能够反映个性信息，使得销售产品和服务的针对性更强，更能够满足客户的个性化需求，加上移动终端设备与使用者形影不离，也就促使移动销售成为最理想的激发人们购买欲的手段。

（3）灵敏性

由于移动设备的位置敏感性，使得用户能够获得与位置相关的产品和服务。例如，在移动用户出差的时候，为其提供所在地附近的旅店信息；当其在傍晚寻找休闲娱乐场所时，为其提供附近电影院等娱乐场所的相关信息。

除了以上相对优势以外，无线网络销售也有其自身的局限性。例如，移动通信设备（主要是指终端设备）的计算能力和传输能力有限，移动通信的安全性相对较差，而且通信成本较高，这就对信息的整合程度要求更高。

并不是所有产品和服务都适合移动销售模式，尤其对于那些非急需的，在购买之前需要搜寻大量信息才能进行决策的产品和服务。例如，人们不会在等车或在咖啡厅休息的时候，用手机购买汽车。比较常见的适合应用移动销售模式的产品和服务有：预订电影票、车票、CD 与鲜花等。

随着移动销售的发展，已经逐渐出现了各种形式的移动销售代理。它们的出现会促使更多移动销售模式的出现，使得更多类型的产品可以通过移动销售模式进行销售。不仅如此，有些门户网站在销售产品基础上，已经开始为顾客提供产品比价服务了（比价服务是指对门户网站上注册过的公司的同类产品进行价格比较，以便用户选择更加合适的产品）。产品和服务类型的增加以及安全性等方面的进一步改善都将大大促进移动销售的发展。

8.2.5 移动工作者支持服务模式

在企业移动支持中，最重要的一项就是为移动工作者提供支持服务系统。这个系统的建立能够大大提高移动工作者的工作效率。移动工作者是指那些长时间不在办公室的工作人员。这些人员不在公司的时候，也需要利用公司的资源，有些甚至随时随地都需要借助公司的资源进行工作。

在该种模式中，参与者包括内容提供商、无线网络运营商和移动工作者。无线网络运营商通过向企业的移动工作者提供移动支持服务获得服务费用；移动工作者则是移动服务支持的对象；而企业则充当类似于内容服务提供商的角色。但不同的是这里的内容服务提供商并不会直接从移动工作者那里获得产品和服务费用，而是借助于移动工作者工作效率的提高以及提高客户满意度和忠诚度，进而提高经营效率的方式获得回报的。

当然，由于移动技术的限制，移动工作者获得的信息是有限的，所以应该给他们提供最有效、相关性最好的信息。这就要求在提供这种服务之前，企业对要提供的内容进行精炼和整合。

现在，移动电子商务在我国正处于蓬勃发展的新时期，移动电子商务的参与者应该紧紧抓住这个契机不断拓展业务范围、丰富服务内容，以获得更大的发展空间。

8.3 我国移动电子商务的发展策略

8.3.1 移动电子商务发展存在的问题

近几年来，我国的移动电子商务发展迅速，虽然起步较晚，但也在一定程度上取得了某些成就，市场规模也逐渐壮大。由于在技术上的落后，我国的移动电子商务与发达国家相比仍有一定的差距，在当今挑战与机遇并存的国际市场，我国利用庞大的国内市场占有一定的优势，但仍存在不少问题，这些问题是我国移动电子商务在未来的发展过程中不得不面对并寻求方法解决的。

当前我国的移动电子商务市场主要存在以下问题。

1. 缺乏人才和与移动电子商务相关的理论研究

首先，我国移动电子商务还处于起步阶段，而移动电子商务涉及的应用领域又相对广阔，所以在某些具备重要潜在价值的应用领域依旧无人问津，如移动医疗、移动教育等。这些新兴的应用领域都有其各自的特点，因此，这就需要我们加大针对这些领域的研究和开发的投入。

其次，我国对移动电子商务的某些理论研究还只停留在基础阶段，我国多数对于移动电子商务的理论研究只是一个简单的探究概括,并没有在更深层次上对移动电子商务进行剖析。理论是实践的基础，如果缺少扎实可靠的理论研究，那么我国的移动电子商务也将无法得到长远发展。

最后，实践是检验真理的唯一标准，我国对于移动电子商务的理论研究多数只是理论性，并没有在现实中去进行理论的检验，这与发达国家相比存在很大差距，同时我国还需要加大力度培养精通移动电子商务这种新型商业模式的顶尖人才。

2. 安全问题依旧令人忧虑

网络安全一直是人们所关注的问题， 随着移动电子商务的发展，移动网络安全也开始引起人们的注意，由于移动电子商务的环节更为复杂，因此移动网络存在更多的安全威胁，影响范围也较为广泛，移动通信风险、手机病毒等都可能成为移动网络杀手。

3. 国内尚未建立成熟的行业标准和市场机制

目前的移动电子商务市场虽渐具雏形，但只是依靠市场的自我调节和政府的简单调控，依旧缺乏相关的法律法规的约束，这也使得市场在某种程度上出现杂乱无章的现象，甚至某些不法分子借机进行非法活动来损害消费者的利益，更加破坏了市场的和谐和稳定。

4. 移动网络以及终端设备的影响

无线通信技术是移动电子商务的通信渠道，然而我国的无线通信技术相比于发达国家较为落后，不仅速度慢、成本高，在某些偏远地区还存在信号弱的问题，甚至于无法接入网络，这些缺陷在很大程度上影响到了移动电子商务的发展，因而改进无线通信技术是促进移动电子商务发展的关键之一。

5. 诚信问题阻碍移动电子商务的发展

诚信问题一直困扰着移动电子商务，在网络虚拟世界里不少道德素质低下的人存在侥幸心理，造成了商品信息不真实、拿货不付款、产品的售后服务得不到保障等安全隐患，这不仅损害了交易双方的经济利益，更加阻碍了移动电子商务的发展。

6. 部分消费者难以摒弃传统消费观念

移动电子商务是一种新兴的商务模式，在挑战传统商务模式时，移动电子商务如果无法赢得消费者的认可，它的发展空间依旧有限。国内的多数消费者长期以来已经习惯了传统商务的消费形态，新型的移动支付方式尚未赢得多数消费群体的支持。除此之外，移动资费的高低也是影响消费者是否愿意使用移动业务的因素之一。

7. 缺乏个性化特色服务

根据用户的需求，提供相应的服务是移动电子商务的优势所在，但目前国内移动服务提供商所能提供的服务内容相对较少，个人应用类别较为缺乏，若仅仅只局限于少数几种应用服务，那移动电子商务的发展速度无疑将受到制约。

8. 移动支付机制尚不健全

移动支付的方式主要有：利用话费抵扣、网银支付以及支付宝等第三方支付应用平台支付。复杂多样的支付方式也使得我国的移动支付制度存在着安全隐患，未来还需要对这种支付业务模式进行不断的探索并完善，以此解决缺乏用户基础、产品服务单一、机制不健全等问题。

8.3.2 新形势下移动电子商务的发展策略

我国的移动电子商务依旧存在很多问题，这也严重阻碍了我国移动电子商务的发展。因此必须根据我国移动电子商务发展的具体现状，借鉴发达国家的发展经验，探索出适合我国移动电子商务发展的道路，并解决存在的问题。要摆脱我国移动电子商务现在的发展困境，就必须采用科学的发展方案，这才能使我国移动电子商务突破瓶颈，发展到新的高度。

为解决现存的主要问题，特提出以下发展策略。

1. 加强相关的理论研究，重点培养专业性人才

充分了解我国现在的移动电子商务的发展状况，并据此展开相关的理论研究，同时还应该注重理论探究的方法和深度。必须用发展的眼光看待问题，随着我国移动电子商务的不断发展，对于其相关的理论研究也应涉及各个角度和层次，其中包括移动电子商务经济学、移动电子商务安全技术以及商务模式等。同时研究方法应该采取实证方法。

在专业教育中应加入移动电子商务的相关知识，或者通过网络教育的方式来传播相关的理论知识，使学生可以利用网上提供的资源进行系统化的学习，在网络论坛进行技术交流，全面提升自己的专业水平；企业也应开展相关的专业培训教育，根据员工的岗位性质安排合适的专项培训。

2. 为移动电子商务提供安全可靠的发展环境

在移动电子商务这种新型的商务模式中，商家和客户最为关注的莫过于自己的商业机密和财产的安全，移动安全技术为保护这些重要信息和财产起到了很大的作用，但随着移动电子商务的发展，移动网络面对的威胁也越来越多，且其危害性也越来越大，因此必须加大对移动安全技术的研究的投入，对其进行不断的升级优化，使其在最大程度上为移动电子商务的发展提供服务。

3. 建立完善的移动电子商务法律体系

国家应在已经建立的法律法规基础之上逐步完善移动电子商务相关法律和制度，明确行业政策导向，保障公平的竞争环境。随着更有意义的安全法律的制定，各方可以更放心地参与方便、快捷、安全的移动电子商务活动。

4. 加强移动网络的建设和移动终端的改良

应当提高移动网络服务的质量，进一步扩大移动网络的覆盖范围，加强移动网络信号，使用户能够真正地实现随时随地享用移动服务；加快移动网络速度，可以采取增加网络容量、优化网络带宽等手段来提高移动网络的可依赖性。此外，还应降低移动终端的价格，优化升级移动终端，使其更能符合用户的使用要求。

5. 尽快规范移动商务市场的诚信机制

为了解决移动电子商务市场的诚信问题，我们可以延续传统电子商务的一些做法，如通过第三方认证或者数字签名的方法来验证买卖双方身份的真实和准确性；也可通过采用交易实名制的做法，来确保交易过程中安全性和不可抵赖性；同样地，通过对终端的严格管理也可提高移动电子商务交易的安全水平。

6. 做好市场营销规划，扩大消费群体

现今我国的消费市场依旧是传统商务模式占据主导地位，移动电子商务作为一种新兴的商务模式要扩大市场的占有率，就必须改变企业和消费者的传统观念，使其进一步加深对于移动电子商务的认识和理解。企业应提供更多的服务，当前多数企业只是提供少数简单的应用，缺少更多具备潜力和吸引力的应用，必须针对用户开发更多个性化的应用服务；还应加大市场推广力度，改变消费者的传统观念，通过电视、网络等推广平台宣传企业文化，塑造良好的企业形象，注重企业信誉，提供令消费者满意的售后服务，培养良好的消费环境。

7. 建立完善的移动支付机制

完善的移动支付机制是移动电子商务发展的重要条件。首先，应整合各大移动通信运营商和支付平台，加强其之间的联系和合作，并不断加强移动应用的功能和数据传输的速度。其次，应降低移动支付的手续费等，让更多的消费者愿意使用移动支付。最后，应建立一个广阔的移动支付平台和选择空间。

8. 政府应加强其相关工作

首先，政府应加强对移动电子商务各个环节的管理，出台各项相关原则进行规范和指导；其次，政府应设立相关部门对市场进行监督，保护移动电子商务运营商的合法权利，同时也维护消费者的权益，从而推动移动电子商务的发展；最后，政府还应致力于建设公平有序的移动电子商务运行环境。

我国的移动电子商务相较于发达国家起步较晚，在短时间内，特别是近几年来取得了一定的成就，移动电子商务作为一种新型的商务模式逐渐被人们所接受，人们的消费观念慢慢地摆脱了传统商务模式的束缚，消费群体越来越庞大，移动电子商务开始逐步走向成熟。但由于技术和设备等方面的落后，我国的移动电子商务依旧存在不少问题，这些问题严重阻碍了我国移动电子商务的发展，我们必须致力于解决这些问题。然而要解决我国移动电子商务存在的这些问题，我们必须借鉴发达国家的发展经验，并结合我国的实际情况，寻找到适合我国移动电子商务发展的道路。除了引进现代化的技术和设备，还需要借鉴先进的企业管理模式，更加注重消费者的消费兴趣，政府和企业都应该了解我国移动电子商务的发展现状，各自明确自身的地位和作用，政府应该加大力度扶持我国的移动电子商务，出台相关的有效政策加以规范和指导，企业应适时提出相应的发展策略，走好企业发展的每一步，从而在更大程度上推动我国移动电子商务的快速发展。

实验训练

1. 调查移动电子商务相关技术。

2. 通过搜索和分析基于移动通信的电子商务的使用原理与方法，熟悉和掌握移动电子商务的操作方式，认识移动电子商务的重大作用和意义。

练习题

1. 移动电子商务的含义是什么？
2. 移动电子商务有哪些特点？
3. 我国移动电子商务的发展趋势是什么？
4. 我国移动电子商务发展中面临哪些问题？
5. 移动电子商务有哪些服务模式？
6. 新形势下移动电子商务的发展策略有哪些？

第 9 章　跨境电子商务

【学习目标】

本章主要介绍跨境电子商务的含义及种类，使读者了解主要的跨境电子商务平台的情况及特点；掌握速卖通及环球易购的特点；了解跨境支付平台，掌握主要的支付平台特点；了解跨境物流方式，掌握主要物流方式的特点；能通过速卖通或敦煌网进行店铺的开设并开展相关业务。

【导入案例】

亚马逊公司

亚马逊公司（Amazon，简称亚马逊）成立于 1995 年，是美国最大的一家网络电子商务公司，也是网络上最早开始经营电子商务的公司之一。亚马逊，从最初的书籍销售业务，到目前范围相当广的其他产品，已成为全球商品品种最多的网上零售商和全球第二大互联网企业，在公司名下，也包括了 Alexa Internet、A9、Lab126 和互联网电影数据库（Internet Movie Database，IMDb）等子公司。

2004 年 8 月亚马逊全资收购卓越网，后将其更名为“亚马逊中国”。亚马逊中国成为亚马逊在中国的电子商务公司网站。亚马逊中国为消费者提供图书、音乐、影视、手机数码、家电、家居、玩具、健康、美容化妆、钟表首饰、服饰箱包、鞋靴、运动、食品、母婴、运动、户外和休闲、IT 软件等 32 大类、上千万种的产品，通过“送货上门”服务以及“货到付款”等多种方式，为中国消费者提供便利、快捷的网购体验。

从 2014 年开始，我国跨境电商市场规模呈现跳跃式发展。2015 年“双十一”天猫创纪录的销售额中，共有 232 个国家和地区参与，是有史以来最多的，成交前十名的国家和地区覆盖了世界主要经济发达地区；某些产品如母婴类，海外购销售额的比重超过了 1/4。2014 年 8 月 20 日，美国电商巨头亚马逊宣布，将在上海自贸区设立国际贸易总部，通过“跨境通”平台，实现美国货物直邮中国。这意味着海淘族不用再绕道国外借助第三方物流，可以直接在美国或欧洲等境外亚马逊网站上购物，商品一律同款同价，并用人民币结算。

亚马逊海外直邮可以帮助消费者快速处理清关手续，并提供三种（标准、加快、特快）可选配送服务。而亚马逊美国站点大幅调降了直邮中国的国际运费并缩短直邮配送时间，平均运送时间缩短为 9 ~ 15 天，最快三个工作日就可以送达消费者手上。

除了中文界面外，对于关税和售后服务，亚马逊中国也做了相应调整。在消费者下单购买海外购商品时，亚马逊中国将为消费者代收进口关税，如果关税实际金额与代收金额不符，亚马逊中国将把多收的金额退还至消费者的账户，少收部分则无需消费者补交，实行“多退少不补”。另外，消费者在“亚马逊海外购”商店所选购的产品均可享受中国本地售后服务支持。

（资料来源：百度百科 http://baike.baidu.com/item/亚马逊/21766。）

【思考】

1. 亚马逊在跨境电商方面采取了哪些战略？前景如何？

2. 作为个体卖家，你会选择在哪个跨境平台上开展业务？为什么？

9.1 跨境电商概述

近年来，随着国际贸易条件的恶化，中国出口贸易增速不显著。以跨境电商为代表的新型贸易自 2013 年以来成为中国贸易乃至整个经济发展的新的经济增长点。跨境电商现已成为一个可以带动生产、物流、服务等产业链整合与发展的重点行业，引起了从中央到地方各级政府的高度重视，被列入国家级和省级的未来经济产业战略规划中。

9.1.1 跨境电商的含义及分类

跨境电子商务是指分属不同关境的交易主体，通过电子商务平台达成交易、进行支付结算，并通过跨境物流送达商品、完成交易的一种国际商业活动，如图 9.1 所示。

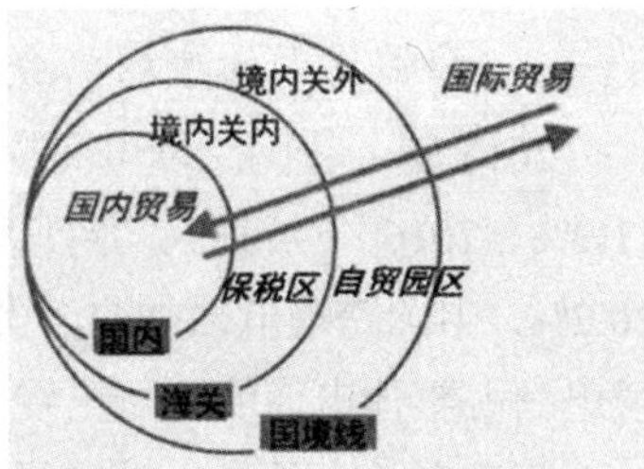

图 9.1 跨境电商结构图

1. 跨境电商含义

① 从狭义上看，跨境电商实际上基本等同于跨境零售。跨境零售指的是分属于不同关境的交易主体，借助计算机网络达成交易、进行支付结算，并采用快件、小包等行邮的方式通过跨境物流将商品送达消费者手中的交易过程。跨境电商在国际上流行的说法叫 Cross-border E-commerce，即跨境零售。从严格意义上说，随着跨境电商的发展，跨境零售消费者中也会含有一部分小额买卖的企业类商家用户，这部分针对小企业的销售也归属于跨境零售部分。

② 从广义上看，跨境电商基本等同于外贸电商，是指分属不同关境的交易主体，通过电子商务的手段将传统进出口贸易中的展示、洽谈和成交环节电子化，并通过跨境物流送达商品、完成交易的一种国际商业活动。从更广的层面看，跨境电商指电子商务在进出口贸易中的应用，是传统国际贸易商务流程的电子化、数字化和网络化。它涉及许多方面的活动，包括货物的电子贸易、在线数据传递、电子资金划拨、电子货运单证等内容。从某种意义上说，在国际贸易环节中只要涉及电子商务应用都可以纳入这个范畴内。

2. 跨境电商分类

（1）从经营模式的角度分类

跨境电商可分为平台式和自营式。平台式跨境电商是指企业本身并不经营产品的进货、仓储、销售等环节，不通过赚取产品的差价实现利润，而是通过为产品上下游提供电子化的基于互联网的信息交易平台，只通过赚取服务费或者佣金的方式来实现利润，如速卖通、敦煌网等；自营式跨境电商指自己海外采购后销售给消费者或者下游分销商，然后通过赚取产品差价的方式来实现利润。我们通常探讨的是平台式跨境电商企业。主要跨境电商类型、收入来源及产品分类如表 9.1 所示。

表 9.1　主要跨境电商类型、收入来源及产品分类

电商类型	主要收入来源	产品品类
传统跨境 B2B 平台型电商	收取会员费和营销推广费	综合类
跨境 B2C 零售平台型电商	交易佣金、会员费、广告费等增值服务费	综合类
跨境 B2C 零售综合品类自营电商	产品销售收入	综合类
跨境 B2C 零售垂直类自营电商	产品销售收入	专注于某一类产品

（2）从出口还是进口分类

跨境电商平台按跨境是出口还是进口，可分为跨境出口和跨境进口两类。

跨境出口电商是将原先的出口贸易环节转移到互联网上来实现的，其中资金流和信息流则由传统的线下转移到线上，主要的企业包括中国制造网，全球速卖通、敦煌网、Wish 等。

跨境进口电商平台主要有洋码头、跨境通、苏宁云商海外购、考拉海购、丰趣海淘等。

9.1.2　跨境电商发展现状

1. 面临巨大的市场机会

2013 年，我国跨境电商交易规模为 3.1 万亿元，增长率为 31.3%，占进出口贸易总额的 11.9%。2016 年被称为“跨境电商元年”，跨境电商渗透率逐年提升，2015 年已经增加到了 20.2%，中国跨境电商加速渗透进出口贸易，进口电商占比逐年增加，如图 9.2 所示。同时跨境电商占整体电商的比例已经升至 13%。跨境电商是大势所驱。

跨境电子商务作为推动经济一体化、贸易全球化的技术基础，具有非常重要的战略意义。跨境电子商务不仅冲破了国家间的障碍，使国际贸易走向无国界贸易，同时它也正在引起世界经济贸易的巨大变革。对企业来说，跨境电子商务构建的开放、多维、立体的多边经贸合作模式，极大地拓宽了进入国际市场的路径，大大促进了多边资源的优化配置与企业间的互利共赢；对于消费者来说，跨境电子商务使他们可以非常容易地获取其他国家的信息并买到物美价廉的商品。

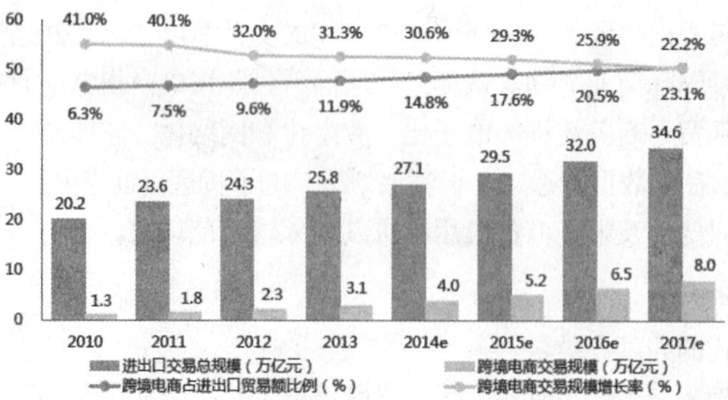

图 9.2　2010—2017 年中国进口贸易及跨境电商交易规模

2. 存在的问题

（1）法律法规尚需完善

我国电子商务相关法律法规还未能跟上电子商务的发展，导致电子商务相关外汇交易归属管理范畴难以把握。跨境电子商务急需出台相关的法律法规来规范相关操作。

（2）操作瓶颈

由于跨境支付平台交易清算时间为 7 ~ 10 天，因而由交易主体办理对外收付款申报的规定较难实施。电子商务的虚拟性，直接导致外汇监管部门对跨境电子商务交易的真实性、支付资金的合法性难以审核，为境内外异常资金通过跨境电子商务办理收支提供了途径，因此要在相关技术上解决操作上的瓶颈。

9.2 跨境电商典型企业介绍

2014 年，电商领域最具热门的词汇就是"跨境电商"，蜜芽宝贝、贝贝网、洋码头等一批网站迅速崛起，除此之外阿里巴巴、亚马逊，还有淘宝上的海外代购店也在不断发展，跨境电商已成规模。下面就以平台式典型企业速卖通为例去做介绍。

速卖通（AliExpress）是阿里巴巴为帮助中小企业接触终端批发零售商，小批量多批次快速销售，拓展利润空间而全力打造的融订单、支付、物流于一体的外贸在线交易平台，其定位独特，惠及广大出口零售商，是出口跨境电商领域平台类杰出代表。

速卖通有以下特点。

1. 精准定位

速卖通上的卖家可以把商品编辑成在线信息，通过速卖通发布到海外，通过类似国内的发货流程、国际快递，将商品运输到买家手上，完成交易。速卖通买家一般为零售商、网店经营者及个人消费者；卖家一般是经营小单的外贸商家、内贸工厂、内转外商家、淘宝客户和零售转批发商户。

2. 打通国际物流和跨境支付

全球速卖通在物流方式上打通了跨境物流，基本有 3 类物流服务，分别是邮政大小包、速卖通合作物流以及商业快递，其中 90%的交易使用的是邮政大小包，物流上主要以邮政或快递报关为主。速卖通 3 类物流服务如表 9.2 所示。

表 9.2　速卖通 3 类物流服务

物流方式	特　点
邮政大小包	便宜，但邮政大小包时效相对较慢，且存在一定的丢包率
速卖通合作物流	经济实惠、性价比高、适应国际在线零售教育，由全球速卖通与各地邮政合作推出
四大商业快递	速度快，服务高，专业、高效，但相对普通快递价格较高。适用于高附加值产品，买家要求较高的产品或交易

在跨境支付方面，全球速卖通平台支持买家使用 Visa、MasterCard 等信用卡或第三方支付平台支付，支付方式上可以通畅实现跨境支付，买家付款方式主要有信用卡、电汇

(Telegraphic Transfer，T/T)、PayPal、Skrill 及涵盖国际贸易主流的支付方式，支付的货币以美元为主，但也存在一定限制条件，如汇率以买家付款当日的平均汇率进行结算，T/T、PayPal、Skrill 直接支付美元到卖家账号。

3. 减少渠道层级惠及零售商

全球速卖通核心优势是在全球贸易新形势下，小批量、多批次是采购趋势，更多的终端批发零售商直接上网采购，外贸公司直接向终端批发零售商供货，更短的流通、零售渠道，直接在线零售、支付、收款，拓展了小批量、多批次产品的利润空间，为批发零售商创造了更多收益。速卖通渠道层次如图 9.3 所示。

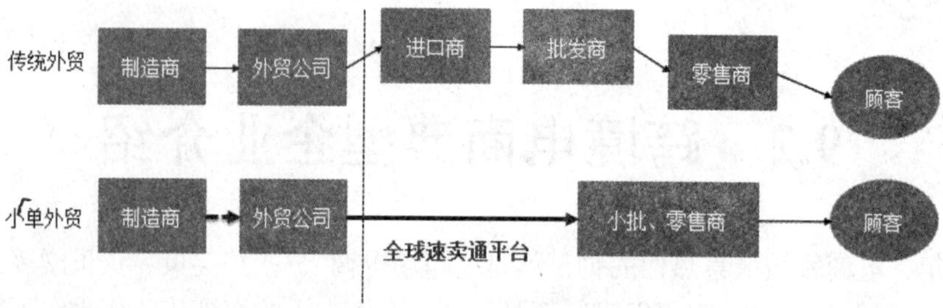

图 9.3　速卖通渠道层次

9.3　跨境支付

目前，在跨境电子商务领域，银行转账、信用卡支付、第三方支付等多种支付方式并存。其中跨境电子商务 B2B 目前主要以传统线下模式完成交易，支付方式主要是信用卡支付、银行转账（如西联汇款）。跨境电子商务 B2C 主要使用线上支付方式完成交易，第三方支付工具得到了广泛应用，境内主要支付企业有支付宝、银联在线支付 、财付通、钱袋宝等，境外主要支付企业有 PayPal、MasterCard 支付、Visa 支付、Skrill 支付等。

下面就以 PayPal（贝宝支付）为例做简单介绍。

PayPal（在中国大陆的品牌为贝宝），是美国 eBay 公司的全资子公司。它致力于让个人或企业通过电子邮件，安全、简单、便捷地实现在线付款和收款。PayPal 账户所集成的高级管理功能，使用户能轻松掌控每一笔交易详情。截至 2012 年，在跨国交易中超过 90%的卖家和超过 85%的买家认可并正在使用 PayPal 电子支付业务。

PayPal 中国与 PayPal 全球支付平台相连，截至 2009 年 12 月可在 190 个国家和地区进行交易，有超过 2.2 亿账户，已实现在 24 种货币间进行交易。PayPal 在欧美普及率极高，是全球在线支付的代名词。PayPal 独有的即时支付、即时到账的特点，让用户能够实时收到海外客户发送的款项。同时最短仅需 3 天，即可将账户内款项转账至用户国内的银行账户，及时高效地帮助用户开拓海外市场。使用成本低，无注册费用，无年费，手续费仅为传统收款方式的 1/2。PayPal 快速、安全而又方便，是跨国交易的理想解决方案，对于买家和卖家都有诸多好处。

PayPal 对于买家来说首先是安全，即可以保证信息的安全，客户可以在线付款，而不用将银行卡或银行账户的详细信息透露给他人；其次是快速，使用 PayPal 可以立即向有电子邮件地址的任何人进行付款；最后是方便，注册 PayPal 非常快捷，而且一旦成为其用户，就可以与全球范围内 56 个市场（包括美国、英国和亚洲及其他欧洲市场）的卖家交易。数万网站支持 PayPal，可谓一个账户买遍全球。

对于卖家来说同样如此。PayPal 成熟的风险控制体系及全球 4 000 多位网络安全专家 24 小时在线监控；商家因欺诈所遭受的平均损失不到其收入的 0.27%，仅为其他信用卡支付方式的六分之一；内置的防欺诈模式，个人财务资料不会被披露。PayPal 使用先进的商用加密技术保护客户数据，这些技术正是一流的全球性银行（如 CSFB、Citibank、HSBC）所使用的；其次是无论买家身在何处，付款都会立刻汇入卖家的 PayPal 账户；同时还可以使用 PayPal 的各种工具管理交易并提高效率。

9.4 跨境物流方式的选择

跨境物流一直是制约整个跨境电商行业发展的关键性因素，物流服务、物流方案、物流服务商等问题是加速跨境电商发展的核心问题，下面就物流方式的选择进行探讨。

9.4.1 邮政物流介绍

中国邮政速递物流股份有限公司（简称中国邮政速递物流）是经国务院批准，中国邮政集团于 2010 年 6 月联合各省邮政公司共同发起设立的国有股份制公司。中国邮政速递物流主要经营国内速递、国际速递、合同物流等业务，国内、国际速递服务涵盖卓越、标准和经济不同时限水平和代收货款等增值服务，合同物流涵盖仓储、运输等供应链全过程。拥有享誉全球的“EMS”特快专递品牌和国内知名的“CNPL”物流品牌。

邮政物流优势是邮政网络基本覆盖全球，比其他任何物流渠道都要广。邮政一般为国营，有国家税收补贴，价格非常便宜。邮政网络隶属万国邮联下的业务项，各国均由具有国家背景的公司来运营，可不用提供商业发票即可清关，而且具有优先通关的权利，特别是对敏感的货物，一般都可以通关。通关不过的货物可以免费运回国内。同时，其收货范围较广，在快递中价格较低，速度相比于小包快很多。

邮政物流劣势是快件一般以私人包裹方式出境，不便于海关统计，也无法享受正常的出口退税。同时，小件（2 kg 以下）与超大件（10 kg 以上）运费都高，速度较慢，丢包率高。其相比于商业快递速度偏慢；查询网站信息滞后，一旦出现问题查询只能做书面查询，时间较长。

9.4.2 商业快递介绍

国际快递主要是指 UPS、FedEx、DHL、TNT 这四大巨头，其中 UPS 和 FedEx 总部位于美国，DHL 总部位于德国，TNT 总部位于荷兰。国际快递对信息的提供、收集与管理有很高的要求，以全球自建网络以及国际化信息系统为支撑，以 500g 作为计费单位，以“首重+续重”方式计费，收取燃油附加费，收取偏远地区费。

商业快递优势是速度快、服务好、丢包率低，尤其是发往欧美发达国家非常方便，包裹清关能力较好，包裹跟踪信息最详细。FedEx、UPS 的优势航线是美洲地区，TNT、DHL 的优势航线为欧洲、中东、非洲。四大快递在亚太地区的服务差异不大，在快递中价格最高，派送速度最快。比如，使用 UPS 从中国寄包裹送到美国，最快可在 48 小时内到达，TNT 发送欧洲一般 3 个工作日可到达。

商业快递劣势是价格昂贵，且价格资费变化较大。包裹退回相当于重新从国外发货，需要回程费用，费用高，需清关。一般跨境电商卖家只有在客户强烈要求时效性的情况下才会使用，且会向客户收取运费。

1. FedEx

FedEx 优点是适宜走 21 kg 以上的大件，到中南美洲和欧洲的价格较有竞争力；一般 2～4 个工作日可送达；网站信息更新快，网络覆盖全，查询响应快。FedEx 缺点是价格较贵，需要考虑产品体积重；对托运物品限制也比较严格。

2. UPS

UPS 优点是速度快、服务好；其强项在美洲线路和日本线路，特别是美加、南美、英国，适宜发快件；一般 2～4 个工作日可送达，发往美国的快件一般 48 个小时能到达；货物可送达全球 200 多个国家和地区；可以在线发货，提供全国 109 个城市上门取货服务；查询网站信息更新快，遇到问题解决及时。

UPS 缺点是运费较贵，要计算产品包装后的体积重；对托运物品的限制比较严格。

3. DHL

DHL 优点是对发往日本、东南亚、澳洲的快件比较有优势，适宜走小件；可送达国家网点比较多；一般 2～4 个工作日可送达；去欧洲一般 3 个工作日，到东南亚一般 2 个工作日；查询网站货物状态更新也比较及时，遇到问题解决速度快。DHL 缺点是走小货价格较贵不划算；对托运物品的限制比较严格，拒收许多特殊商品。

4. TNT

TNT 优点是提供全球货到付款服务、速度快、通关能力强，提供报关代理服务；提供免费、及时、准确的货物追踪查询，无偏远派送附加费；在欧洲和西亚、中东及政治、军事不稳定的国家有绝对优势；2～4 个工作日送至全球，特别是到西欧 3 个工作日，可送达国家比较多；网络比较全，查询网站信息更新快，遇到问题响应及时。缺点是要算抛重，对所运货物限制也比较多。

9.4.3 专线物流介绍

跨境专线物流一般通过航空包舱方式将货物运输到国外，再通过合作公司来进行目的地国家国内快件的派送，相对来说，是一种比较受欢迎的物流方式。目前，业内使用最普遍的物流专线包括美国专线、欧洲专线、澳洲专线、俄罗斯专线等，也有不少物流公司推出了中东专线、南美专线。EMS 的“国际 e 邮宝”、中环运的“俄邮宝”和“澳邮宝”、俄速通的

Ruston 中俄专线都属于跨境专线物流推出的特定产品。

跨境专线物流优势是集中大批量货物发往目的地，通过规模效应降低成本，因此，价格比商业快递低，通常无燃油附加费、偏远地区附加费，查询服务较好。速度快于邮政小包，丢包率也比较低。

跨境专线物流劣势是网络覆盖少，主要集中在电商发达区域，如欧、美、澳、亚太、中东等；转运速度慢于四大快递，通常为 4～8 个工作日；提供取货服务的城市少，主要集中在电商发达城市，如珠三角、长三角的城市和北京；清关能力差。相比邮政小包来说，运费成本较高。

货物跨境派送都需要向发出国及目的国海关进行货物申报，符合海关规定的货物将被放行。因此，就以上几个相比较而言，专线物流派送速度由慢到快分别是：China Post，HK Post，EMS，DHL/UPS/FedEx/TNT。清关速度由慢到快排序分别是：FedEx，DHL/UPS，EMS，China Post/HK Post。国际主要物流对比如表 9.3 所示。

表 9.3　国际主要物流对比

名称	公司名	俗称	重量限制	体积限制	时效性（天）	特点	计费	丢件率
邮政航空小包	中国邮政	小包	<2 kg	长+宽+高<90cm；单边长度<60 cm	15～25	便宜，适用性广	50g 起算，单一包裹不超过 2kg	最高
邮政航空大包	中国邮政	大包	无	无	15～25	便宜，适用性广	1kg 起算，单一包裹重 10kg～30kg	中
全球邮政特快专递	EMS	大包	无	无	2～15	货通全球	0.5kg 起算，每 0.5kg 一个计费单位	低
敦豪国际快运	德国邮政	DHL	无	无	4～5	发往国际地区的大重量货物，比较经济；贵	0.5kg 起算，每 0.5kg 一个计费单位；21 kg 以上有大货价	低
联邦快递	美国联邦快递	FedEx	无	无	4～5	便宜		低
联合包裹服务	美国联合包裹公司	UPS	无	无	4～5	发往国际地区的大重量货物，比较经济；贵		低
TNT 快递		TNT	无	无	4～5	针对欧美国家，大货很便宜		低

9.4.4　海外仓

海外仓服务是指由网络外贸交易平台、物流服务商独立或共同为卖家在销售目标地提供的货品仓储、分拣、包装、派送的一站式控制与管理服务。卖家将货物存储到当地仓库，当买家有需求时，第一时间做出快速响应，及时进行货物的分拣、包装以及递送。整个流程包括头程运输、仓储管理和本地配送三个部分。目前，由于优点众多，海外仓已成为业内较为推崇的物流方式。例如，eBay 将海外仓作为宣传和推广的重点，联合万邑通推出 Winit 美国仓、英国仓、德国仓。出口易、递四方等物流服务商也大力建设海外仓储系统，不断上线新产品。

海外仓的优势是用传统外贸方式走货到仓，可以降低物流成本；相当于销售发生在本土，可提供灵活可靠的退换货方案，提高了海外客户的购买信心；发货周期缩短，发货速度加快，可降低跨境物流缺陷交易率。此外，海外仓可以帮助卖家拓展销售品类，突破“大而重”的发展瓶颈。

海外仓的劣势是不是任何产品都适合使用海外仓，最好是库存周转快的热销单品，否则容易压货。同时，对卖家在供应链管理、库存管控、动销管理等方面提出了更高的要求。

9.4.5 国内快递的跨国业务

随着跨境电商的升温，国内快递也开始加快国际业务的布局，如EMS、顺丰均在跨境物流方面开展了相关业务。EMS依托邮政渠道，其国际业务相对成熟，可以直达全球60多个国家。顺丰也开通了到美国、澳大利亚、韩国、日本、新加坡、马来西亚、泰国、越南等国家的快递服务，并启动了中国大陆往俄罗斯的跨境B2C服务。

国内快递开展的跨国业务优势在于速度较快，费用低于四大国际快递巨头，像EMS在中国境内的出关能力较强。国内快递开展的跨国业务劣势在于并非专注跨境业务，相对缺乏经验，对市场的把控能力有待提高，覆盖的海外市场也比较有限。

从上面的分析可以看出，从事跨境电商的卖家在物流方式选择上，应该从面向的客户群所在地来进行选择，影响物流选择的因素主要有物流费用、运达时效 、通关率、丢件率等。跨境电商企业在进行物流方式的选择时，应考虑以下几个因素。

① 从买家的角度出发，为买家所购买的货物做全方位考虑，包括运费、安全度、运送速度、是否有关税等。

② 尽量在满足物品安全度和速度的情况下，为买家选择运费低廉的服务。

③ 即使拥有再多的经验，也无法估计所有买家的情况，所以把选择权交给买家更为合适，只需要在物品描述中表明所支持的运输方式，再确定一种默认的运输方式，那么如果买家有别的需要自会联系卖家。

④ 最好选择买家下单时选用的运输方式，不要因为运费贵而随便更换运输方式，要征得买家的同意。

9.5 营销方式的选择

跨境电商促销系统分为两类：平台促销、卖家自主营销。平台促销是由跨境电商平台发起的综合性促销活动，平台会为这些大型活动制订专门的海外引流计划，可以在短时间内形成流量爆发点。如全品类综合活动（春夏秋冬季促销/父亲节、母亲节/周年庆/万圣节/圣诞节/感恩节）、行业促销（3C/儿童节/奥斯卡/格莱美）等。卖家促销指由卖家自主发起店铺促销，卖家可自由选择时间段、产品、促销形式折扣或者直降形式。本节主要以速卖通为例去探讨卖家可以采用的促销方式。

9.5.1 限时限量折扣

1. 用途及特点

限时限量折扣主要增强店铺内人气，活跃气氛，调动顾客购买欲望，在推出新款、推广爆款、清库存、优化排名时都可以使用这种促销方式。其特点是每月可创建 40 组活动，共 1 920 小时；创建后 12 小时生效，活动产品生效前后无法修改；可跨月设置活动，可控制供应数量；全店铺折扣和限时折扣时间均以限时折扣优先。

2. 注意事项

活动时间以北京时间为准，促销需在活动开始前 12 小时创建；不能提价后再打折，会影响该产品搜索排名；找准买家心理，巧妙设置时长以及折扣率、库存量；搭配其他店铺活动一起进行效果更好。

3. 限时折扣的设置和展示位置（见图 9.4）

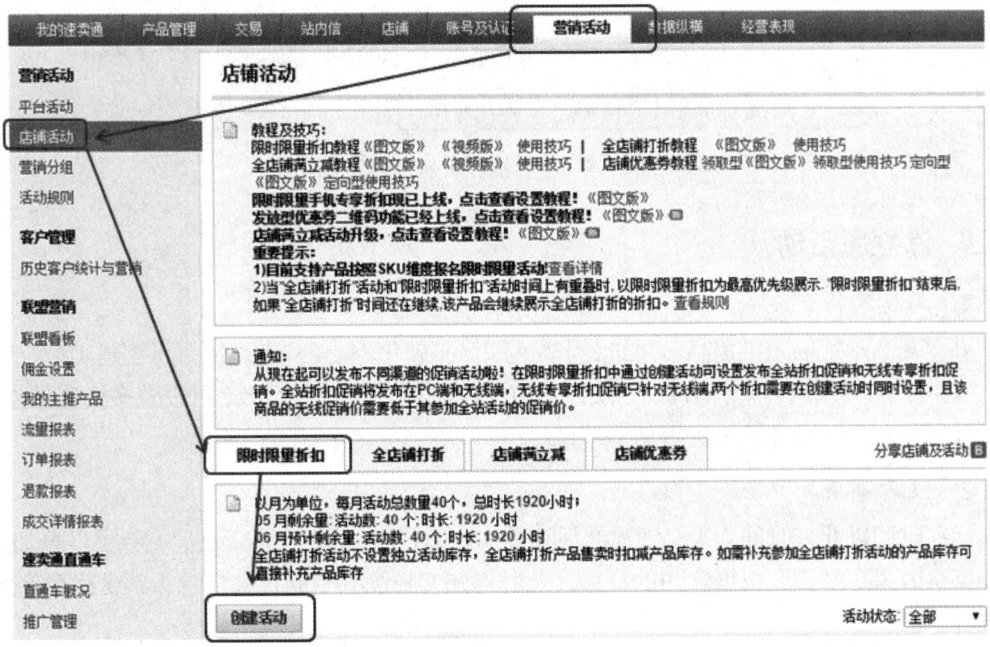

图 9.4 限时折扣后台设置

9.5.2 全店铺打折

1. 用途及特点

全店铺打折能够强化转化率，提升整体排序分值，快速提高店铺销量和信用，增加店铺曝光率。同时，能够活跃气氛，调动顾客购买欲望，在推出新款、推广爆款、清库存、优化排名时都可以使用这种促销方式。

全店铺打折每月可创建 20 次活动，共 720 小时，可以跨月设置活动；创建后 24 小时生效，生效前 12 小时可以修改产品；可根据不同折扣力度，设置营销分组。

2. 注意事项

活动时间以北京时间为准，需在活动开始前 24 小时创建；注意使用好促销分组功能；不同的分组设置不同的折扣，方便对成本跟利润的把握；注意设置时间，当活动处于“待展示”时，不能再修改；活动一旦生效，要及时通知客户；搭配其他活动效果更好。

3. 店铺折扣的设置和展示位置（见图 9.5）

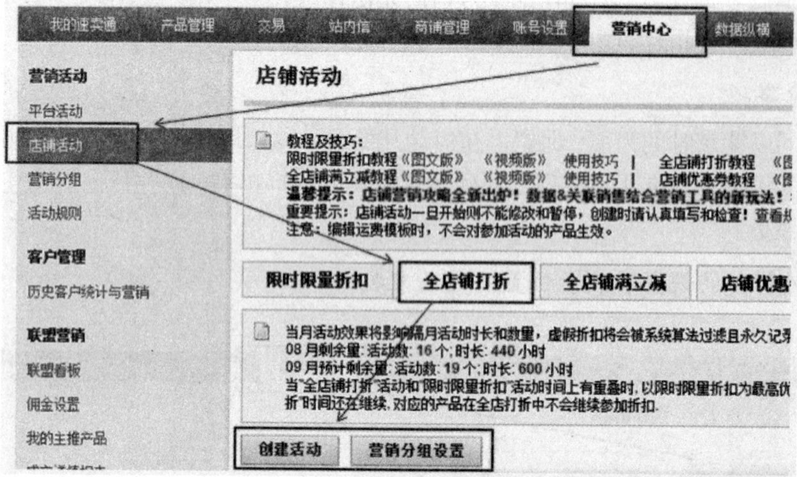

图 9.5 全店铺打折后台设置

9.5.3 满立减活动

1. 用途及特点

满立减活动主要用于提高客单价，提高关联产品转化率。其特点是每月可创建 10 次活动，共 720 小时，可以设置隔月活动，可以叠加使用；创建后 48 小时生效；可设置多梯度满立减；可以针对部分和所有商品来设置活动范围。

2. 注意事项

活动时间以北京时间为准，创建的活动需 48 小时后开始；满立减跟优惠券可以叠加；结合优惠券效果更好；要根据客户的订单，及时告知客户满立减的优惠信息；结合优惠券效果更好。

3. 满立减设置方法（见图 9.6）

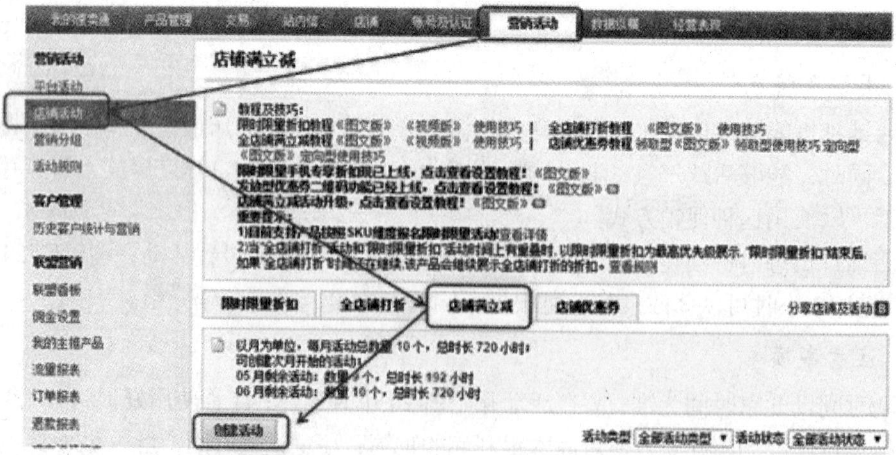

图 9.6 满立减后台设置

9.5.4 优惠券活动

1. 用途及特点

优惠券活动可以刺激买家下单，提高客单价；增加二次营销的机会。其特点是每月可创建 5 份优惠券，生效前可取消；每个订单只能使用一张；有专页集中展示优惠券，可以查看使用数据。

2. 注意事项

无限制条件优惠券是需要满足一定条件后才能使用的优惠券；活动一旦生效要及时通知客户；优惠券跟满立减可以叠加。

3. 优惠券设置方法（见图 9.7）

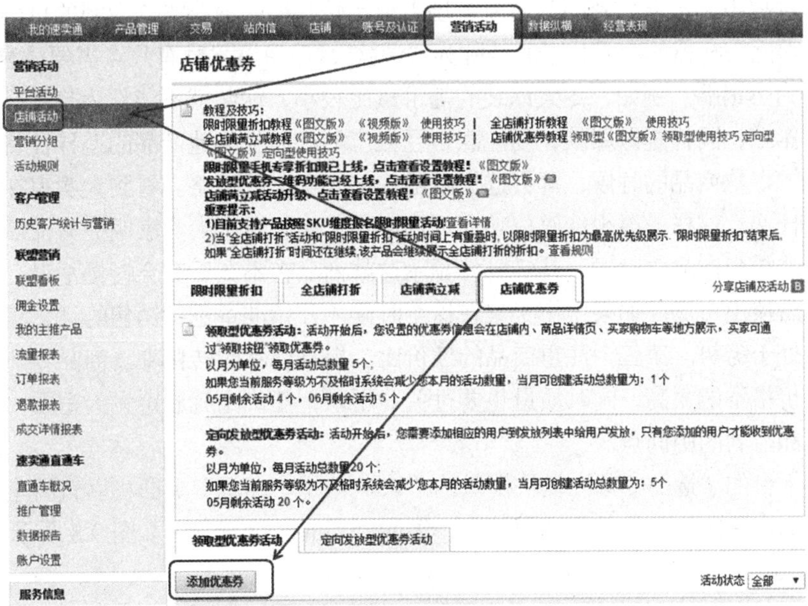

图 9.7 优惠券后台设置

9.6 行业选品与行业数据分析

9.6.1 行业选品

跨境电商卖家在选择具体产品之前，要首先确定合适的细分行业，确定哪个国家为主打目标市场。具体流程为先选行业，再选品类，确定产品架构，确定目标市场，找热销/热搜属性，最终结合货源做出选择。站内选品整体思路有以下几个。

① 行业情报。用于了解行业细分品类的流量、成交以及供需情况的现状及趋势，还可了解细分品类的热门国家。如果有优势货源，我们需要看行业情报是否适合。如果适合则借助于选品专家进行分析定位；如果不适合，我们需要关注蓝海行业，进行行业情报分析。

② 选品专家。用于确定具体的产品属性以及产品款式。

③ 搜索词分析。通过买家的搜索词来确定产品更加具体的细分市场（即产品最终定位）。搜索词分析也对产品标题的拟定有重要参考意义。

9.6.2 行业数据分析

在借助行业情报确定了具体的品类之后，我们还要确定具体卖什么属性的产品、细分市场该如何定位。这时候需要做的是利用选品专家来了解平台热卖的是什么属性的产品。进行行业数据分析主要分析以下内容（这部分可以通过速卖通平台的“选品专家”模块来辅助进行）。

1．爆款选择

在经营过程中，选择的商品为当前市场需求比较旺盛的商品，其盈利的可能性才会比较大，这种需求比较旺盛的商品，一般被称为“爆款”。选择爆款时有几点需要注意。第一，选择的商品要为热销品。例如，冬天泳装的需求量比较小，泳装就不能作为热销品，也就不能作为爆款。第二，同样是做爆款，要注意自己推广的产品与其他产品的差异性特点。很多中小卖家在设置爆款商品的时候，都会选择跟随一些大卖家的策略。看到大卖家在销售什么，自己也销售什么，这样做很少能够成功，因为中小卖家相对于大卖家明显有滞后性。当大卖家在销售这些热卖商品的时候，其实已经预示这款商品在不久后就会慢慢消退，开始渐渐走下坡路，最后淡出市场。如果中小卖家在这个时候才开始准备进货销售的话，将明显滞后于市场，从而处于劣势。第三，注重商品的性价比，提高商品的转化率。商品要热销，首先的一个因素是价格不能太高，同时质量也要过关。所以，性价比就显得尤为重要，作为卖家要把握好质量和盈利的中间点。

速卖通平台的“选品专家”模块提供的“TOP 热销产品词”页面可以查看全球最近一天某行业的热销产品的品类，其中圆圈越大，表明产品的销量越高，如图 9.8 所示。

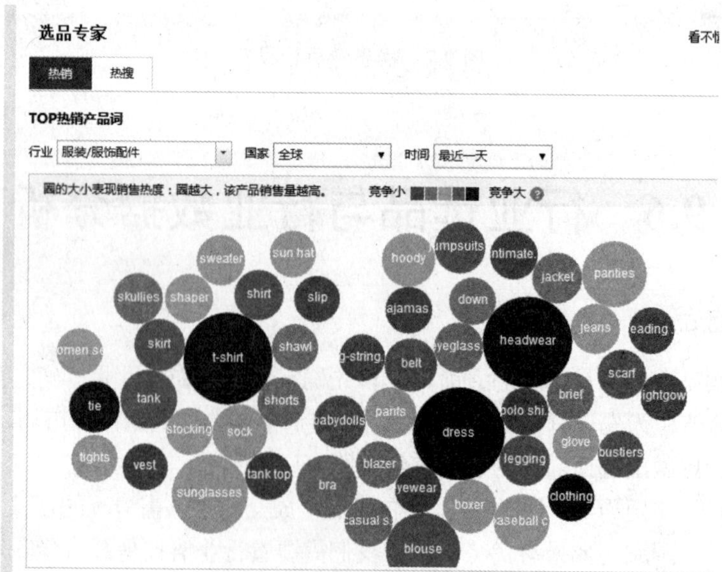

图 9.8 TOP 热销产品词

只是从圆圈大小的图上不能详细地查看商品分类细化数据，还可以单击“下载原始数据”查看“Hot_sale”热销词表，具体如图 9.9 所示。

商品关键词	成交指数	浏览-支付转化率排名	竞争指数
dress	94987	14	2.8
t-shirt	93129	17	2.07
headwear	91159	1	1.98
sunglasses	67178	3	1.0
blouse	59734	8	1.68
panties	41646	5	0.93
bra	34150	4	0.76
tank	26590	15	1.2
sock	23325	7	1.03
baseball cap	21686	12	0.93
boxer	17370	6	0.93
hoody	16632	37	1.12
babydolls	15199	11	1.43
belt	15110	10	1.22
skirt	13318	23	1.38
pants	12574	31	1.14
jumpsuits playsuits	12229	26	1.32
tie	11869	25	1.8
skullies	11731	19	0.9
jacket	11065	42	0.78
legging	10881	21	1.19
shirt	10215	34	1.25
sweater	10196	36	1.18
jeans	9316	30	0.99
eyeglass frame	8877	18	0.84

图 9.9 “Hot_sale”热销词表

从该表中可以看到各商品的成交指数、浏览-支付转化率排名以及竞争指数，进行具体商品的评估分析。如图 9.9 所示的表中 dress、t-shirt 成交指数比较高，但是竞争激烈而且转化率偏低；headwear 成交指数高，转化率高，但同时竞争也十分激烈；sunglasses 基本符合三大要素。接下来，你可以通过单击具体的商品查看商品的销量详细分析情况，其中圆圈面积越大，表示产品销售量越大；连线越粗，表明买家对相关商品同时关注度越高。具体如图 9.10 和图 9.11 所示。

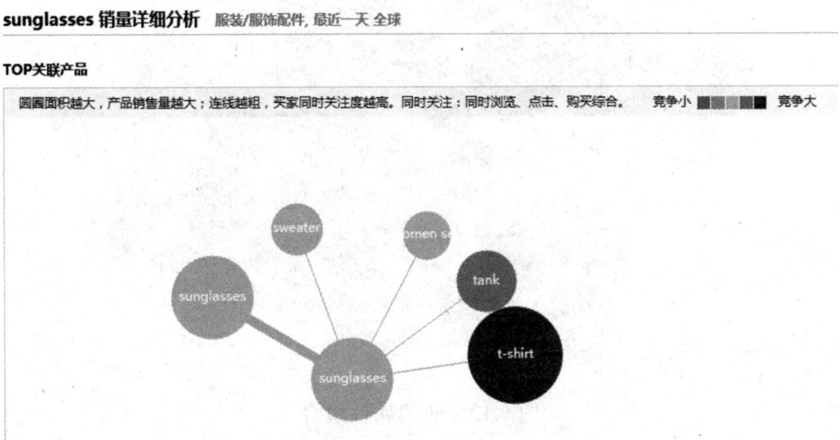

图 9.10 商品的销量详细分析

做好选品分析后，你还可以精确查找具体产品品类的热销属性，如图 9.11 所示。

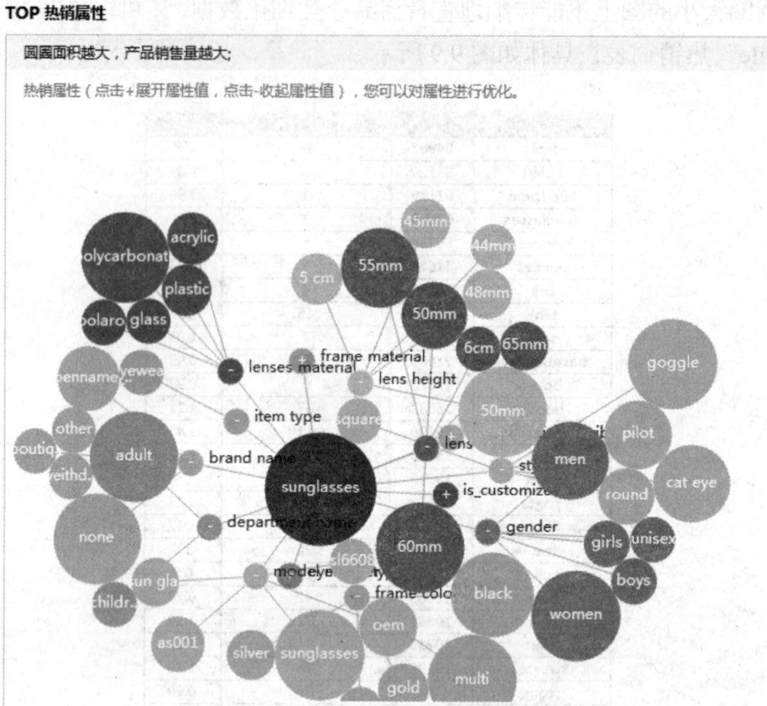

图 9.11 商品的销量详细分析

将这些热销属性组合起来，根据该功能就可以获得最终产品，如图 9.12 所示。

图 9.12 热销属性组合

你还可以单击图中的圆圈，查看属性的组合详情，并根据需要进行属性组合，基于属性组合进行在售商品的相关搜索，如图 9.13 所示。

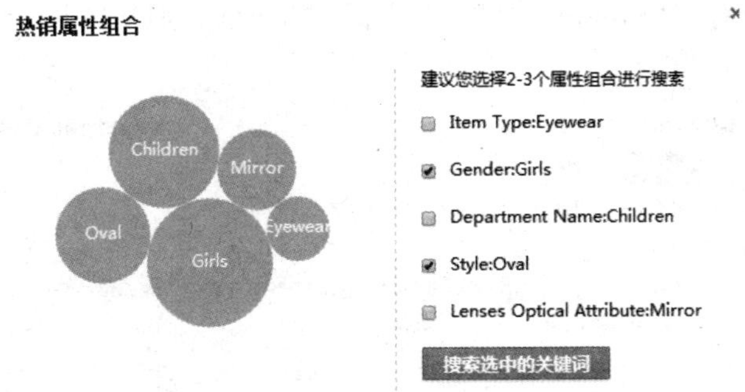

图 9.13　热销属性组合详情

2. 热搜品确定

店铺的成功运营仅靠一两种爆款是不够的，还要有能够给店铺带来持续销量和利润的商品，这些商品虽然单件给店铺带来的销量和利润不如爆款商品高，但是在店铺经营过程中，更多的商品是属于这一类型的商品，因此要注重店铺中爆款之外的其他商品的搜索量和销售情况。速卖通“商机发现”中有一个“搜索词分析”模块，该模块可以进行热搜词、飙升词以及零少词的显示和分析，如图 9.14 所示。

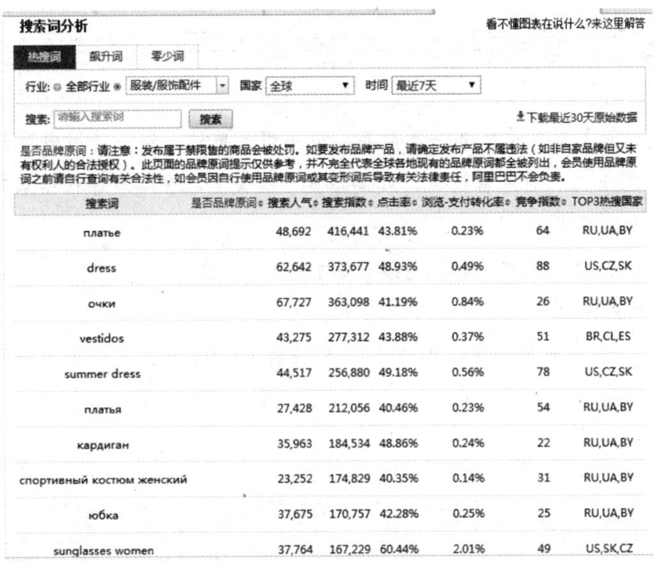

搜索词	是否品牌原词	搜索人气	搜索指数	点击率	浏览-支付转化率	竞争指数	TOP3热搜国家
платье		48,692	416,441	43.81%	0.23%	64	RU,UA,BY
dress		62,642	373,677	48.93%	0.49%	88	US,CZ,SK
очки		67,727	363,098	41.19%	0.84%	26	RU,UA,BY
vestidos		43,275	277,312	43.88%	0.37%	51	BR,CL,ES
summer dress		44,517	256,880	49.18%	0.56%	78	US,CZ,SK
платья		27,428	212,056	40.46%	0.23%	54	RU,UA,BY
кардиган		35,963	184,534	48.86%	0.24%	22	RU,UA,BY
спортивный костюм женский		23,252	174,829	40.35%	0.14%	31	RU,UA,BY
юбка		37,675	170,757	42.28%	0.25%	25	RU,UA,BY
sunglasses women		37,764	167,229	60.44%	2.01%	49	US,SK,CZ

图 9.14　搜索词分析

3. 关键词分析

速卖通平台限定卖家商品标题设置的关键词字数为 120 字符。标题是系统平台在关键词匹配时的重要内容，因此如何有效地利用这 120 个字符的长度对于卖家来说是需要认真考虑的一个内容。一般优质标题的设定应该遵循下列格式：风格词+产品分类词+特征属性词+颜色+尺码。在确定关键词内容时除了根据产品的具体情况确定特征属性词和产品分类词之外，还可以通过热搜词列表和飙升词列表来选择关键词。在关键词选择时，如果大部分卖家都选择同样的关键词，那么该种关键词所起到的搜索作用就会大大降低，这时飙升词中的某些词汇作为关键词反而会有意想不到的效果。搜索词分析页面如图 9.15 所示。

搜索词分析　　看不懂图表在说什么?来这里解答

热搜词　飙升词　零少词

行业 服装/服饰配件　国家 全球　时间 最近7天

搜索: 请输入搜索词　搜索　　下载最近30天原始数据

搜索词	是否品牌原词	搜索指数	搜索指数飙升幅度	曝光商品数增长幅度	曝光卖家数增幅
платье		416,441	2.30%	0.11%	-3.81%
dress		373,677	-0.22%	0.43%	-0.50%
очки		363,098	-9.17%	-3.36%	-2.63%
vestidos		277,312	6.13%	-4.25%	-3.77%
summer dress		256,880	-6.38%	0.57%	-2.55%
платья		212,056	0.31%	7.28%	3.03%
кардиган		184,534	9.19%	13.08%	8.61%
спортивный костюм женский		174,829	12.42%	7.50%	5.83%
юбка		170,757	-5.81%	-3.69%	4.62%
sunglasses women		167,229	-7.80%	-7.68%	-6.67%

图 9.15　热销属性组合详情

实验训练

借助速卖通或敦煌网平台，选择某一类商品，以小组为单位，进行跨境电商开店实训操作，并在一定时间内（如 2 周或 1 月）看经营情况，如询盘量、成交量。在本章课程结束时提交以下资料，以运营成绩和现场表现为最终成绩。

1. 以 Word 文档方式呈交完整的运营月度分析报告；
2. 制作 PPT 宣讲说明；
3. 制作店铺运营月度分析报告宣讲视频（3~5 分钟，MP4 格式，必须为小组成员宣讲的视频，出镜人数自定）。

练习题

1. 跨境电商发展现状如何？
2. 跨境电商是如何分类的？
3. 如果你今后从事跨境电商业务，应该做哪些准备？又该如何选品？
4. 贝宝支付和速汇通有哪些不同？
5. 从中国发往北美国家，应该选择哪种物流方式？
6. 对于化妆品类产品，应该选择哪种营销方式？

第 10 章　网络店铺运营实训

【学习目标】

本章主要介绍网络店铺运营的相关内容。通过该章节的学习，学生应了解网络店铺运营的基本流程和主要环节，能够进行网络店铺开设的相关处理，能够基于网络店铺的定位进行网络店铺的装修以及选择合适的网络店铺推广方式进行店铺商品的营销处理。

【导入案例】

电子商务圆了乡村人的“创业梦”

“用了 59 天时间，红小豆淘宝销量跃升至全国第二。”这是庆阳市环县麦上客食品有限责任公司创下的销售成绩。而在创始人刘亚勋心里，却藏着更大的目标——“总有一天，麦上客将把环县小杂粮，做成杂粮中的蒙牛。”

刘亚勋曾是一名教师，不顾家人反对，放弃稳定工作，毅然决然地加入创业队伍。起初没有任何经验的他，只好“广撒网”，卖过凉皮、做过工程、摆过地摊、收过杂粮，但结果均以经营失败而告终。

“面对家人的不理解，以及多次创业失败带来的财务危机，我没想过放弃。”刘亚勋说，一次很偶然的机会让他看到了环县发展“互联网+农业”的商机。基于环县杂粮产地的优势，再借助电子商务手段进行“包装”，便有了今天麦上客公司旗下的“老麦良品”淘宝店，这也是环县唯一一家拥有两皇冠的淘宝店铺。

但万事开头难，麦上客的发展也并非一帆风顺。因缺乏运营经验，麦上客成立之初曾经遭遇到瓶颈，找不到销路让刘亚勋甚为头痛。刘亚勋回忆称，2016 年 3 月底，麦上客还是个无流量、无转化、产品无排名的“三无”店铺。这样的店铺立足有多难，恐怕没人比他体会更深。但刘亚勋没有放弃，积极对接专业运营团体，进行“一对一”指导学习，慢慢有了起色。

如今，麦上客创下了 29 天让店铺红小豆销量挤入全国销量前 30 名、关键词搜索排名前 10 位、直通车排名前 5 位的纪录。

刘亚勋的成功一方面源于自身努力；另一方面，也得益于环县发展“电子商务中心”的大背景。

近年来，环县依托国家“互联网+”战略对农村电子商务的扶持，已建成高标准的电子商务创业孵化中心和县级电子商务服务中心，截至 2016 年 9 月，已实现了 21 个乡镇电子商务服务站全覆盖，新建村级电子商务服务点 135 个，培育规模以上电商企业 40 户，发展网上销售企业 135 家、个体网店经营户 820 家。2015 年以来，环县电子商务累计实现线上交易额 2.86 亿元，直接带动贫困群众人均增收 180 多元，增加就业 4 300 多人。

【思考】

1. 刘亚勋为什么能够实现成功的创业？

2. 刘亚勋的创业经历对你有什么启发？

10.1　网络店铺的规划

互联网发展迅速，电子商务进行得如火如荼，吸引了很多公司和个体加入到网上开店的大潮中。网上开店运营之初首先要进行的就是平台选择、店铺的整体规划，包括选择网上开店的平台、进行网络商店的定位等。

10.1.1　网上开店的平台

进行网络店铺运营的第一步是选择网上开店的平台。平台的选择非常重要，合理的平台选择可以以最少的成本吸引顾客的关注，增加企业或个体的销售额。理想的电子商务平台应该具有良好的品牌形象、简单快捷的申请手续、稳定的技术后台、尽可能高的客户流量等基本功能。当前供个人消费者进行网络店铺运营的平台数量不是很多，主要有以下几个平台可供选择：淘宝网、易趣网、速卖通等。

1. 淘宝网

淘宝网由阿里巴巴集团于 2003 年 5 月创立，是中国深受广大网民欢迎的网购零售平台。截至 2013 年，淘宝网拥有近 5 亿的注册用户数，每天有超过 6 000 万的固定访客，同时每天的在线商品数已经超过了 8 亿件，平均每分钟售出 4.8 万件商品。据 2015 年发布的《网络创业就业统计和大学生网络创业就业研究报告》显示，截至 2015 年，仅阿里巴巴零售商业生态创造的就业机会就超过了 1 500 万个。其中，淘宝、天猫平台上网店提供的就业机会为 1 104 万个。随着淘宝网规模的扩大和用户数量的增加，淘宝也从单一的 C2C 网络集市变成了包括 C2C、团购、分销、拍卖等多种电子商务模式在内的综合性零售商圈，目前已经成为世界范围的电子商务交易平台之一，其页面如图 10.1 所示。

图 10.1　淘宝网

2. 易趣网

易趣1999年8月创立于上海，主营电子商务。2000年2月，易趣在全国首创24小时无间断热线服务；2000年3月至5月，易趣与新浪结成战略联盟。2002年，易趣与eBay结盟，更名为“eBay 易趣”，秉承帮助几乎任何人在任何地方能实现任何交易的宗旨，不仅为卖家提供了一个网上创业、实现自我价值的舞台，而且品种繁多、价廉物美的商品资源也给广大买家带来了全新的购物体验，其页面如图10.2所示。

图 10.2 易趣网

3. 速卖通

速卖通是阿里巴巴集团旗下的跨境电商平台，其平台的宗旨是帮助中小企业与全球的个人消费者实现在线交易。该平台集商品展示、客户下单、在线支付、跨境物流等多种功能于一体，可实现小批量、多批次的产品快速销售，其页面如图10.3所示。

图 10.3 速卖通

本章以下内容主要以淘宝网平台为例进行介绍。

10.1.2 网上开店的准备

选择好平台之后，接下来就是进行网上开店的相关准备工作，网上开店的准备工作分为几个方面：心理准备、硬件准备、软件准备。

1. 心理准备

网络平台的店铺运营是一份艰辛的工作，没有上班族规律的早九晚五，没有节假日，要永远以饱满的热情应对顾客的各种询问，要不分刮风下雨及时为顾客发货，要忍受没有生意时的心理的煎熬。因此做网络店铺运营，首先要有创业的激情，做好吃苦的准备，以诚信为原则随时以饱满的热情为顾客服务。

2. 硬件准备

网络店铺运营是以互联网为技术基础的，因此在经营过程中，必不可少的工具是计算机、打印机等相关设备，如果需要自己进行商品图片的相关处理，还需要购置数码相机、摄影灯等拍摄设备。

3. 软件准备

（1）支付方式选择

支付方式是指购物或消费需要付款时的多种支付途径。各个 B2C 以及 C2C 商家都有不同的支付方式。当前主要的支付方式有各种支付工具支付、货到付款、邮局汇款、银行转账以及分期付款等。网络店铺在运营时，要根据自己的平台和店铺特点、商品特点选择合适的支付方式。

（2）物流方式选择

卖家在接到客户的订单之后，首先要考虑的问题就是选择什么样的物流方式将商品递送到客户手中。中小企业或个体一般是选择第三方物流进行产品处理。国内物流典型的第三方快递公司主要有“三通一达”（中通、申通、圆通、韵达），跨境物流主要包括邮政物流、商业快递、专业以及海外仓储物流方式。每种物流的服务、速度以及价格、运作方式都有稍许不同，卖家可以根据自己的需求进行选择。

（3）专业知识准备

店铺在运营中，需要处理商品的修图、商品的推广营销、回复客户关于物流、支付、产品等的相关问题，因此在这些方面要具有专业知识的储备；要了解自己所出售的产品，做好相关的产品的售后服务，进行合理的产品推广方式的选择以及做好客户关系的维系。

10.2 网络店铺的定位

淘宝网平台适合不同类型、不同等级的卖家在上面开店，因此根据自身情况制定合适的经营目标、做好定位很重要。在进行店铺运营定位过程中主要需要想清楚以下几点：选择什么样的行业，经营什么类别的商品，目标消费者是哪一类群体，也就是要做好行业选择、商品选择和目标消费者辨析。

在当前的大数据时代，以往常的经验式拍脑瓜做的决策往往最后会付出惨痛的代价，因此如何利用数据采集更好地为自己的决策选择服务就显得至关重要。阿里巴巴集团尤其是淘宝网的数据分析工具和平台也随着市场的需求和大数据的发展一直在做调整，在当前基于数据和平台工具基础进行行业选择、商品选择过程中可以首选两种工具做参考。这两种工具一个为阿里指数，另一个为生意参谋。其中阿里指数主要在本节进行介绍，生意参谋主要结合第五节在网络店铺的运营管理中进行介绍。

阿里指数是阿里巴巴出品的基于大数据研究的社会化数据展示平台，卖家可以从这里获取以阿里电商数据为核心的分析报告及相关地区与市场信息。阿里指数平台如图 10.4 所示。

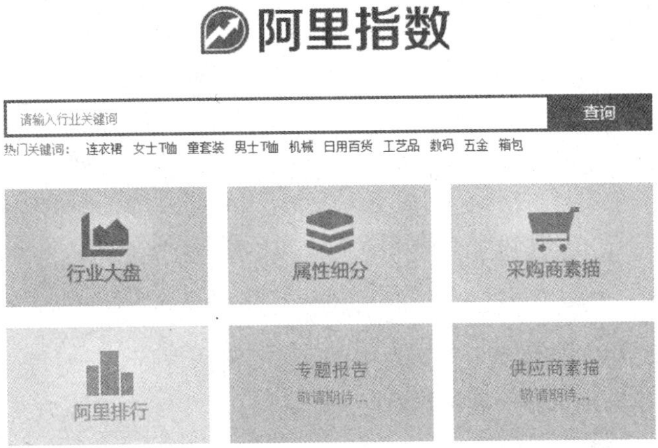

图 10.4　阿里指数

1. 行业大盘

在阿里指数搜索框中输入行业关键词后，单击“查询”会出现图 10.5 所示的阿里指数行业数据概况。该页面在侧边栏有四大版块，分别是行业大盘、属性细分、采购商素描和阿里排行。在显示时，采购指数分为淘宝指数和 1688 采购指数，分别是以“淘宝+天猫”和 1688 全网为数据基础进行的数据统计，因淘宝、天猫和 1688 平台的密切关系，两个指标基本吻合。

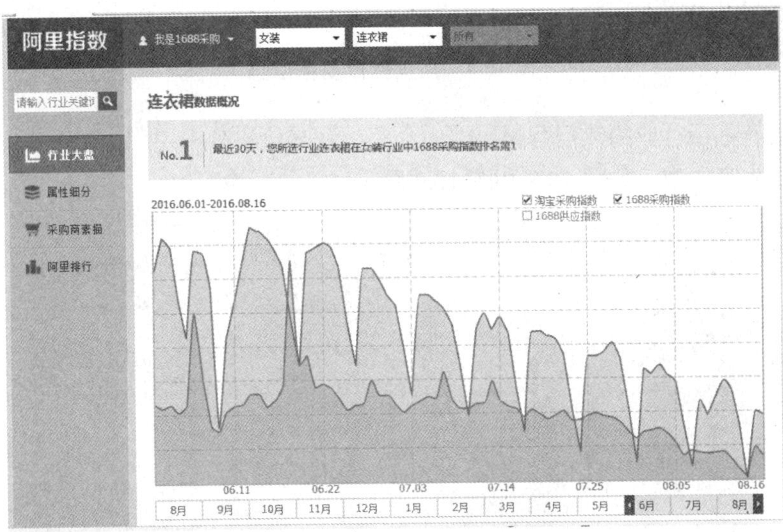

图 10.5　阿里指数行业数据概况

阿里指数提供所查询行业最近 30 天的相关行业信息，如图 10.6 所示，这有助于卖家了解市场需求情况，进行需求预测。

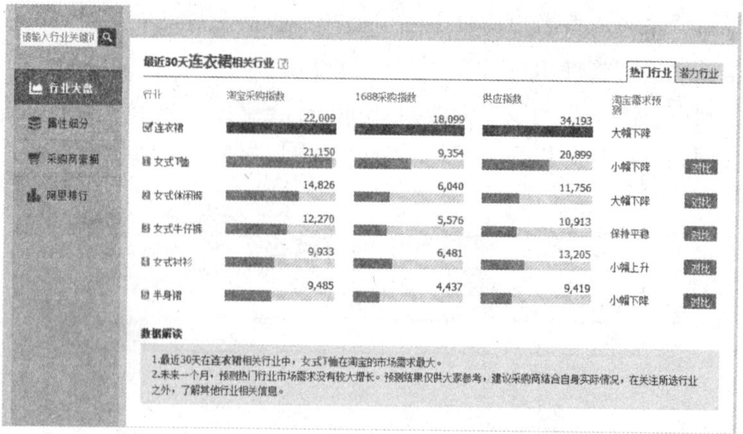

图 10.6　阿里指数最近 30 天相关行业信息

2. 属性分析

如图 10.7 所示，在“属性细分”版块中，可以看到所选行业针对每一个属性数据后面都有详细的解读，非常清晰细致，容易理解。

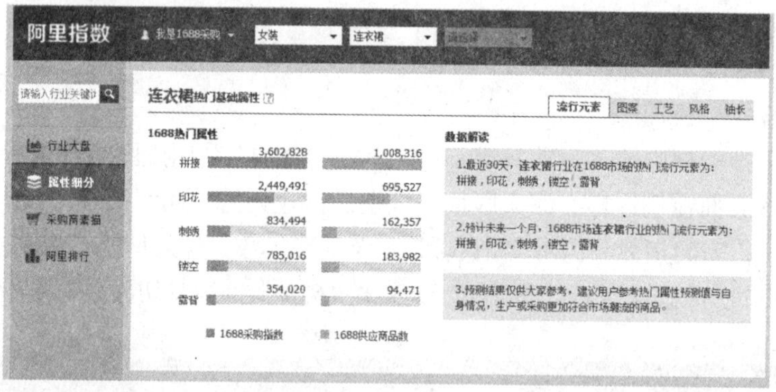

图 10.7　阿里指数属性信息

接下来会有基于行业的热门营销属性的介绍，及其价格分布说明，便于卖家根据市场营销控制采购或生产成本，如图 10.8 和图 10.9 所示。

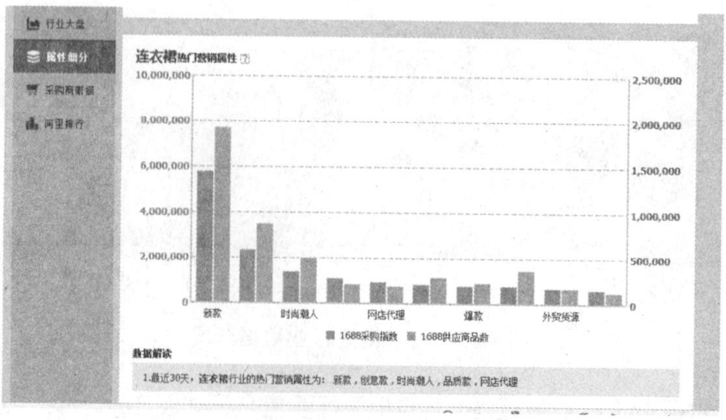

图 10.8　阿里指数热门营销属性信息

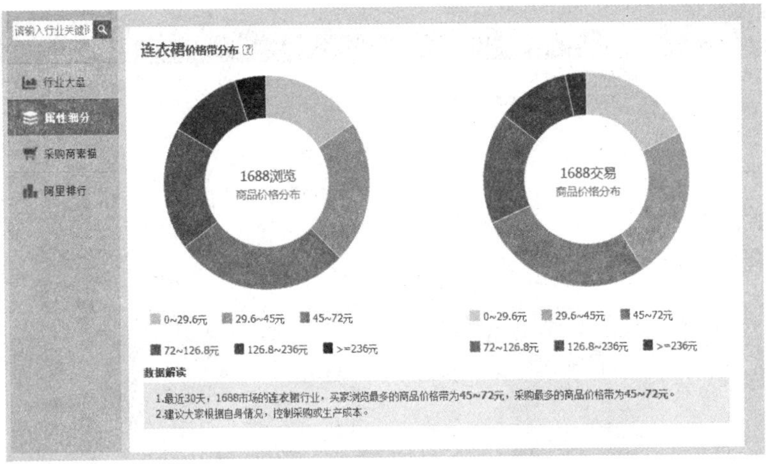

图 10.9　阿里指数价格属性信息

3. 阿里排行榜

阿里排行榜是商品分析和宝贝优化参考的重点。阿里排行榜分为几种。搜索排行榜包括四项，分别为上升榜（上升最快的词）、热搜榜（热门搜索的词）、转化榜（转化率最高的词）、新词榜（最新出现的词）。这些数据是营销推广、宝贝优化自然排名过程中最有价值的参考词，会直接影响宝贝的曝光度。除了搜索的排行榜，还有产品的排行榜，从中可看出排行最高的产品是什么，可以深入分析和研究，同时公司排行榜、官网的排行榜也都有显示，从这些数据中可以了解竞争对手情况，如图 10.10 所示。

图 10.10　阿里排行榜

4. 区域指数和行业指数

阿里指数还提供区域指数和行业指数查询。区域指数从地区角度解读交易发展、贸易往来、商品概况等，如图 10.11 所示。通过区域指数，用户可以了解一个地方的交易概况，发现它与其他地区之间贸易往来的热度及热门交易类目。

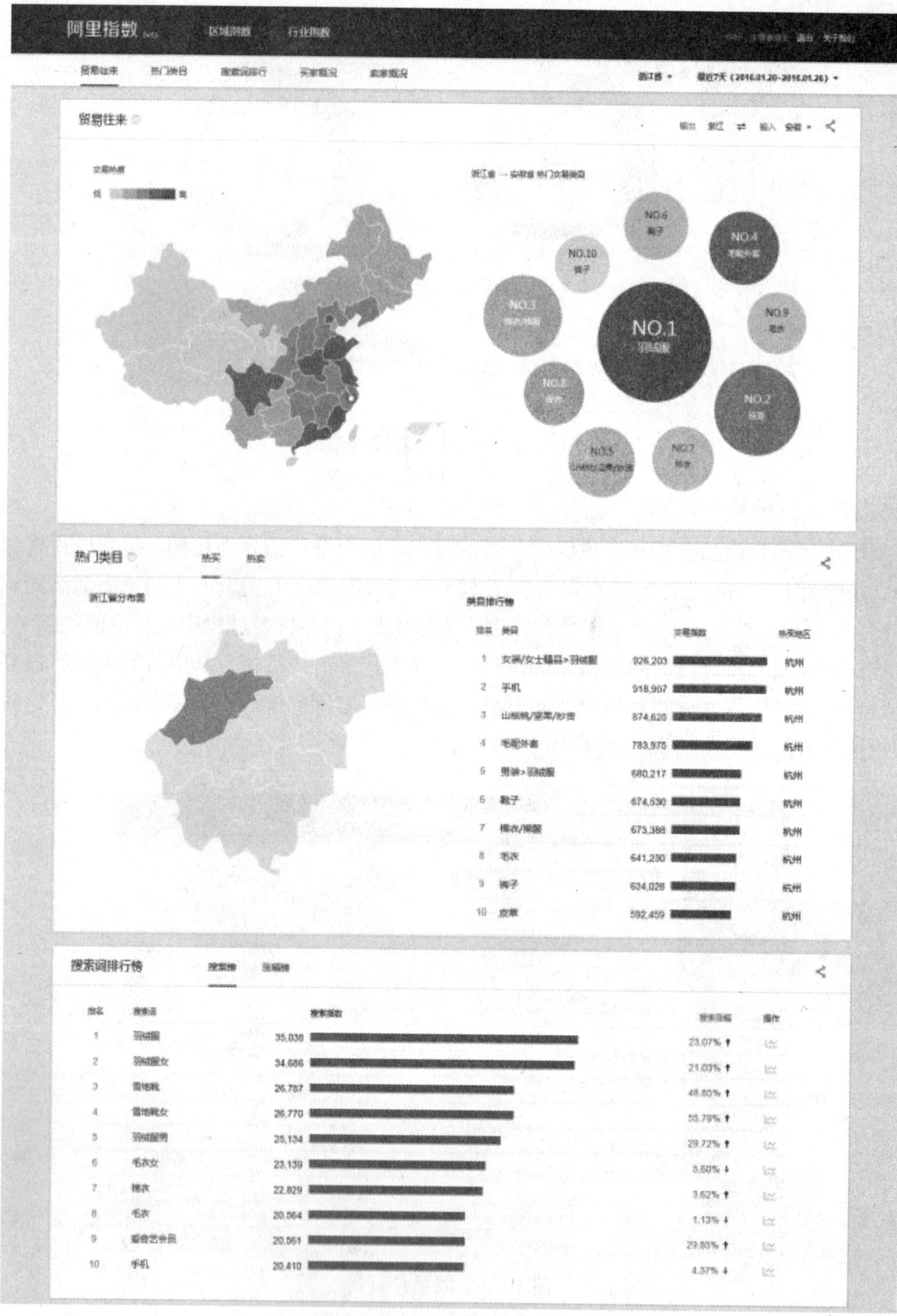

图 10.11　区域指数信息

行业指数从行业角度解读交易发展、地区发展、商品概况、人群特征，如图 10.12 和图 10.13 所示。通过行业指数，用户可以了解一个行业的现状，获悉它在特定地区的发展态势，发现热门商品，知晓行业下卖家及买家群体概况。

图 10.12　行业指数之搜索词排行

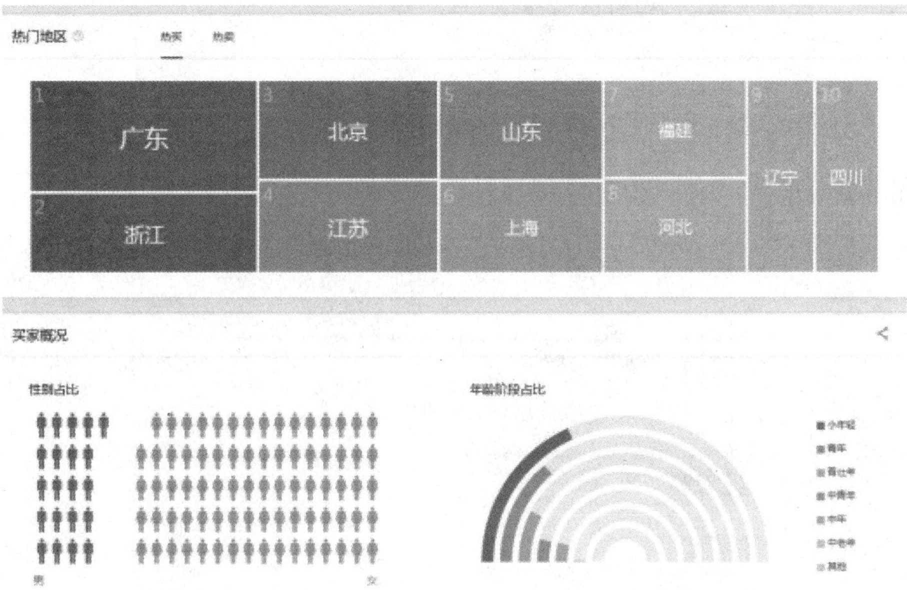

图 10.13　行业指数之热门地区信息和买家概况信息

10.3　网络店铺的开设

在当前全民淘宝的时代，相信大部分有过网络购物经验的人都有淘宝的账号和支付宝的账号，这一步骤非常简单，在本章中就不再赘述了。要进行店铺开设，需要进行支付宝实名认证，支付宝实名认证的方法和步骤如下。

首先登录淘宝网，并单击“卖家中心”，如图 10.14 所示。

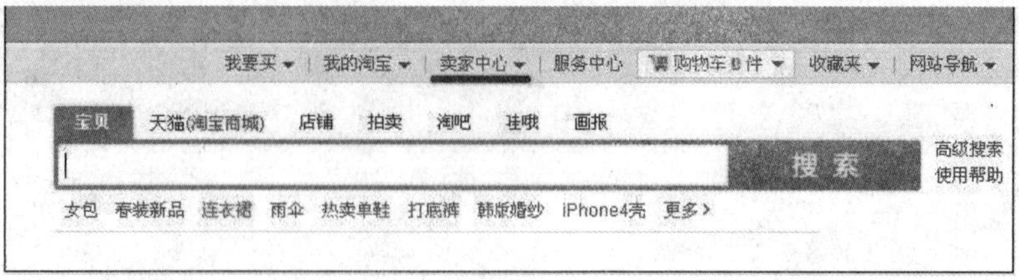

图 10.14　淘宝首页“卖家中心”信息显示

单击“卖家中心”后，会出现图 10.15 所示的界面。

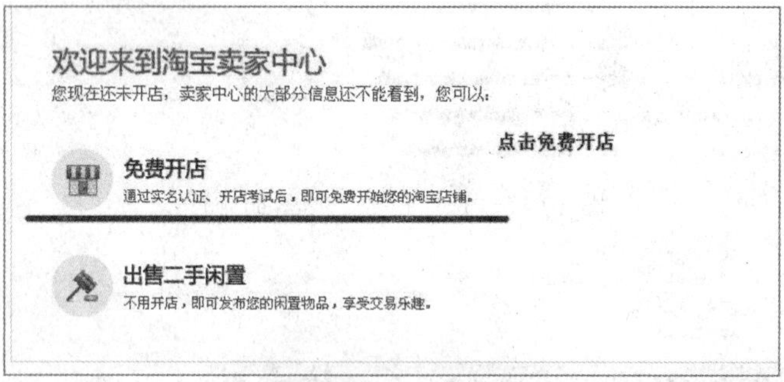

图 10.15　淘宝卖家中心

单击“免费开店”后，会出现图 10.16 所示的界面。

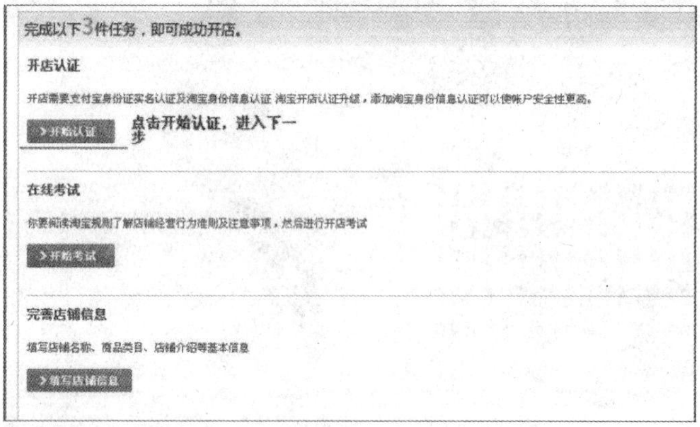

图 10.16　淘宝开店信息显示

单击“开始认证”后，会出现图 10.17 所示的界面。

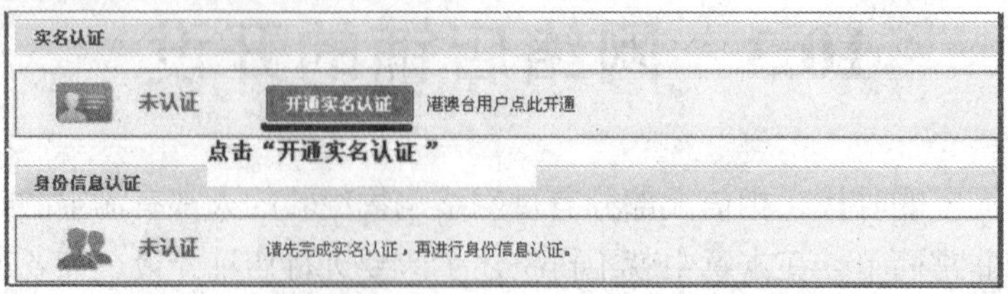

图 10.17　淘宝实名认证开通页面

单击“开通实名认证”后，会出现图 10.18 所示的界面。

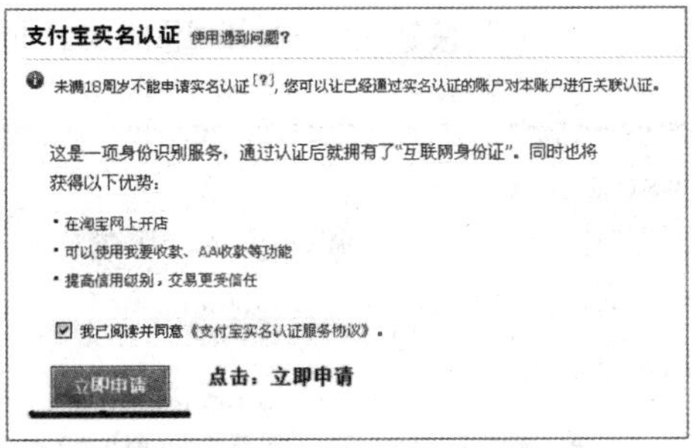

图 10.18　淘宝实名认证申请页面

单击“立即申请”后，会出现图 10.19 所示的认证方式选择界面。

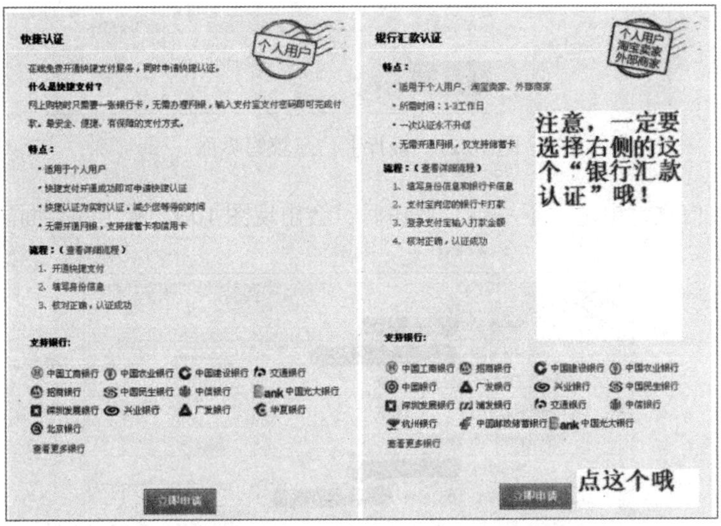

图 10.19　认证方式选择界面

单击“立即申请”后，会出现图 10.20 所示的实名认证界面。

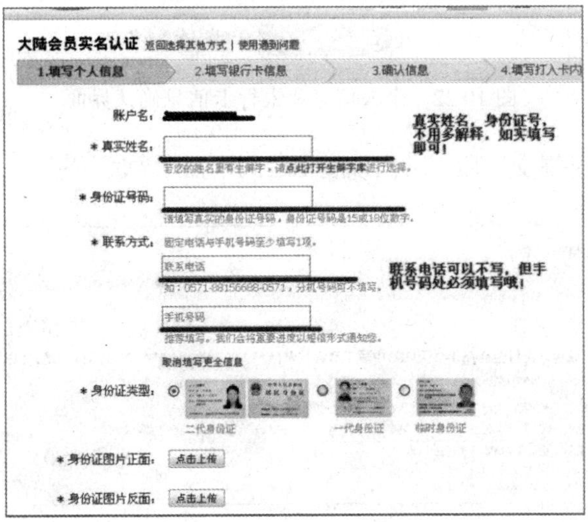

图 10.20　实名认证界面

填写完相关信息，单击“下一步”按钮后，会出现图 10.21 所示的界面。

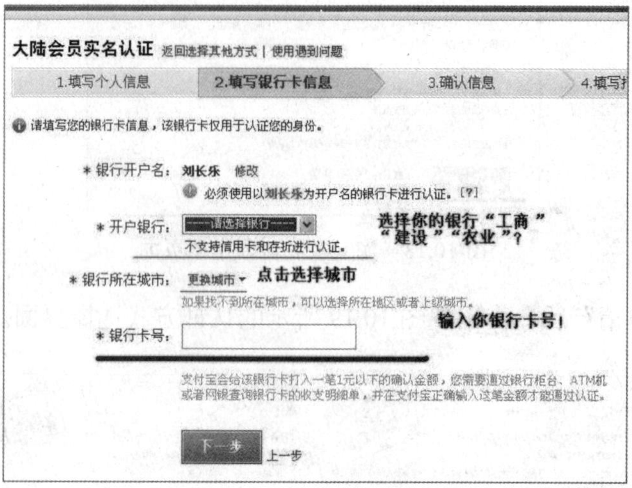

图 10.21　银行卡信息填写界面

输入完相关信息，单击“下一步”按钮后，会出现图 10.22 所示的界面。

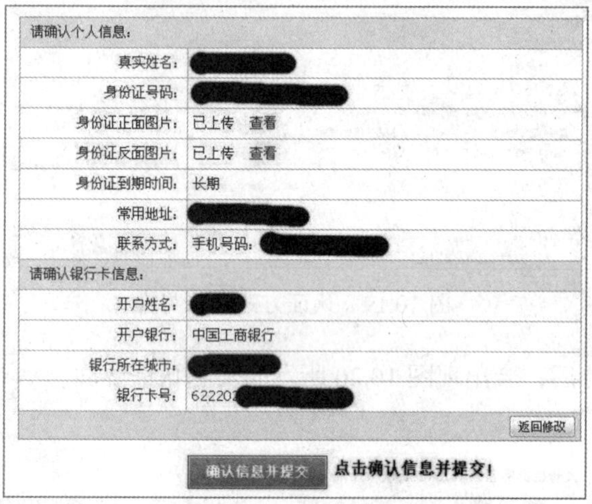

图 10.22　个人信息和银行卡信息确认界面

单击“确认信息并提交”后，会出现图 10.23 所示的界面。

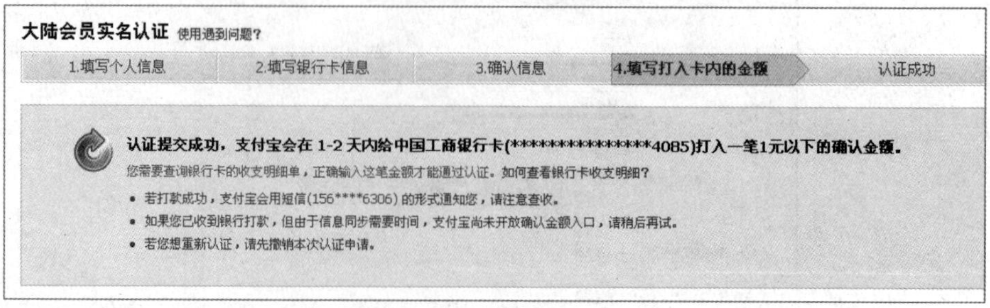

图 10.23　认证提交成功界面

支付宝公司会在 1～2 天之内，给银行卡账户打入一笔金额在 1 元以下但不能确定具体是多少资金的钱款，如果银行打款成功，支付宝公司会给注册用户登记的手机号码发短信通知，要求登录网银查看，用户登录网银后，可以查看账户明细，会发现有一笔 1 元以下的收入金额，然后记住金额（如 0.12、0.36 等），登录到淘宝网，同样单击“卖家中心”—“免费开店”—“开始认证”—“开通实名认证”，往往此时页面默认的是让用户输入打款金额，在输入框中输入正确金额之后，单击“确定”提交，如果你输入的金额正确，网银认证就通过了。

在网银认证通过之后，再进行开店在线考试以及店铺信息的完善，就拥有了属于自己的淘宝网店铺。

仅仅是开好店还不够，要赢得消费者的信任，便于店铺更好的开设，还有一些虽然非必须但十分有必要的项目需要进行处理。例如，交 1 000 元钱押金加入消费者保障计划（俗称消保），如图 10.24 所示。

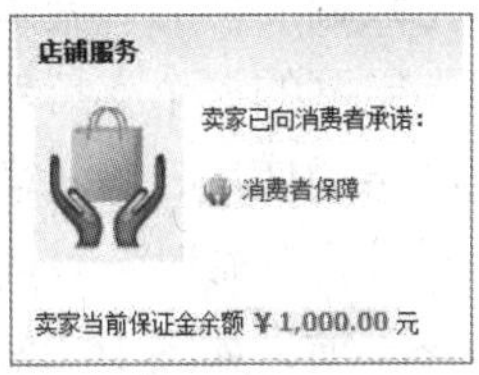

图 10.24　消费者保障计划界面

交完消保，一般还要开通运费险，退货承诺等服务内容，如图 10.25 所示。

图 10.25　消费者保障服务界面

随后，再开通淘金币，如图 10.26 所示。

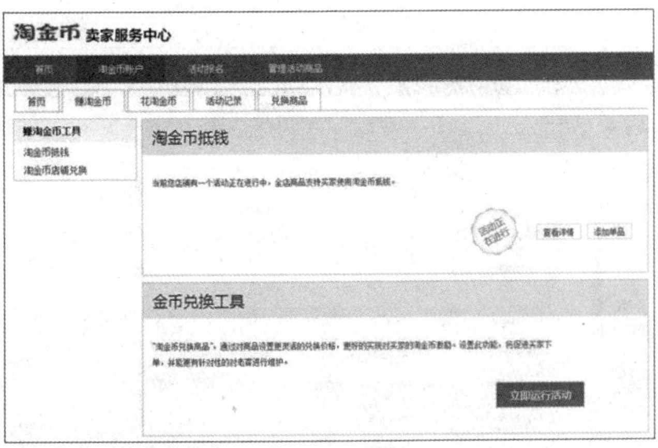

图 10.26　淘金币营销工具界面

如果店铺符合花呗的开通条件的话，也可以将花呗开通。

10.4 网络店铺的装修

刚刚开设的一家店铺，就类似于未装修的一间毛坯房，页面简单，商品匮乏，自然不会有人走进来，这个时候就需要进行装修。

店铺装修很重要，装修好的商店，给人一种专业的感觉，人气也会逐渐旺起来，商品才能卖得上高价格。在淘宝也是一样，需要注意的一点是，无线端的装修还有权重，更是参加一些无线端活动的必要条件。

淘宝网的一个支持新开店铺的举措是 1 钻以下的店铺可以免费使用旺铺专业版，而 1 钻以上的店铺使用旺铺就需要自行订购，每个月 50 元。

在进行装修时，首先登录进入卖家中心后，单击左侧菜单栏中的“店铺管理”中的“店铺装修”项，如图 10.27 所示。

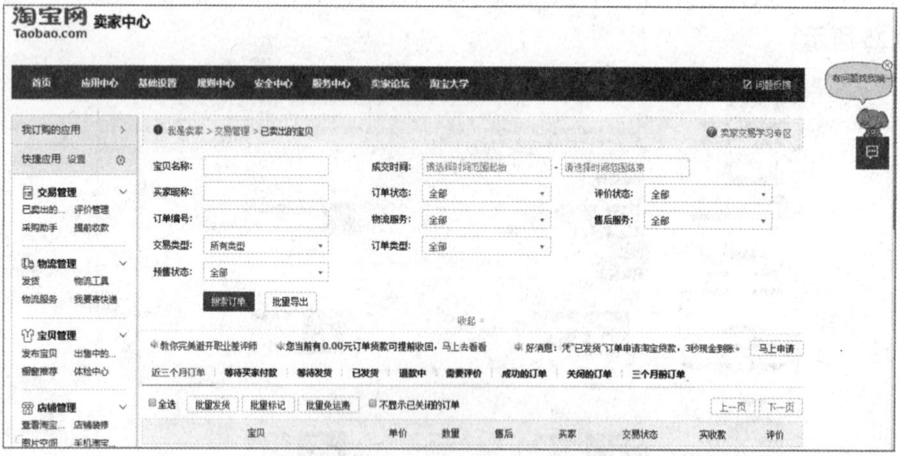

图 10.27　淘宝网卖家中心

进入装修页面后，选择“布局管理”，增加或者删除自己需要的页面，完成后，单击“保存”按钮，如图 10.28 所示。

图 10.28　布局管理界面

接下来就是店铺页头设置，主要有导航、店招、页面设置、背景颜色等，设置好后，单击“保存”按钮，如图 10.29 所示。

图 10.29　店铺页头设置

店铺首页招牌的通栏/店招很重要，之前可以利用 Banner Maker 进行设计导出，但 Banner Maker 于 2016 年 5 月被淘宝做了下线处理，所以现在可以通过图 10.30 所示的自定义招牌进行设计，把从网上下载的模板或者代码复制进去，设置自己个性化的店招。

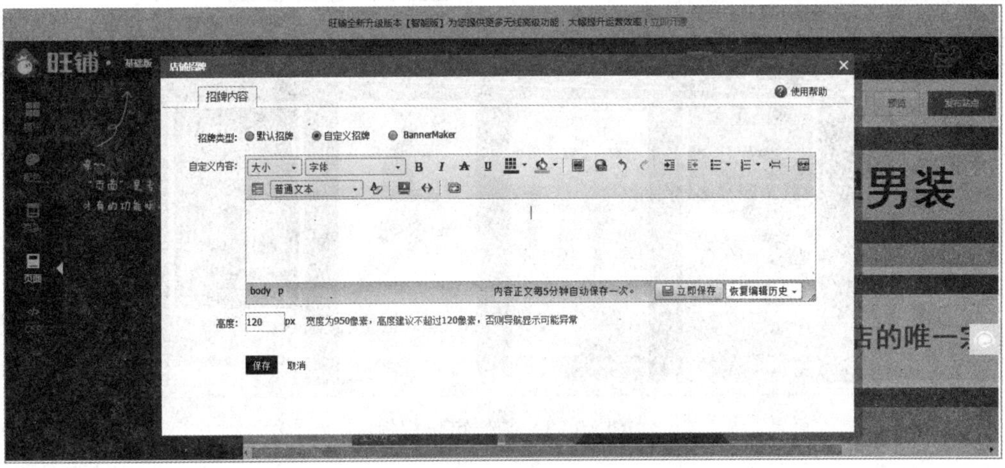

图 10.30　个性化店招设置

接下来进行页面其他模块的装修设置，如图 10.31 所示的“搜索店内宝贝”模块设置。

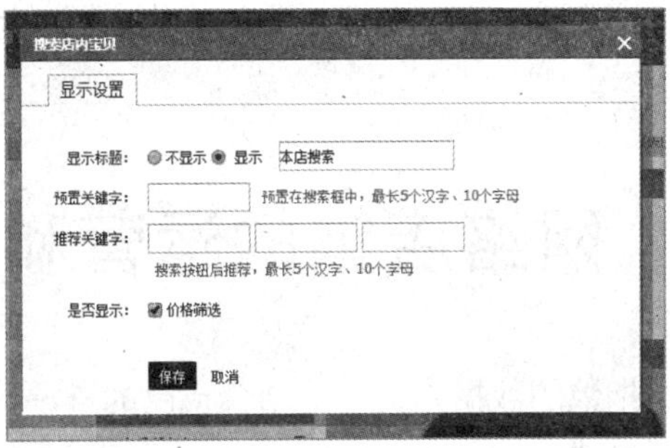

图 10.31　搜索店内宝贝模块设置

店铺装修还包括店铺产品分类管理设置等，如图 10.32 所示。

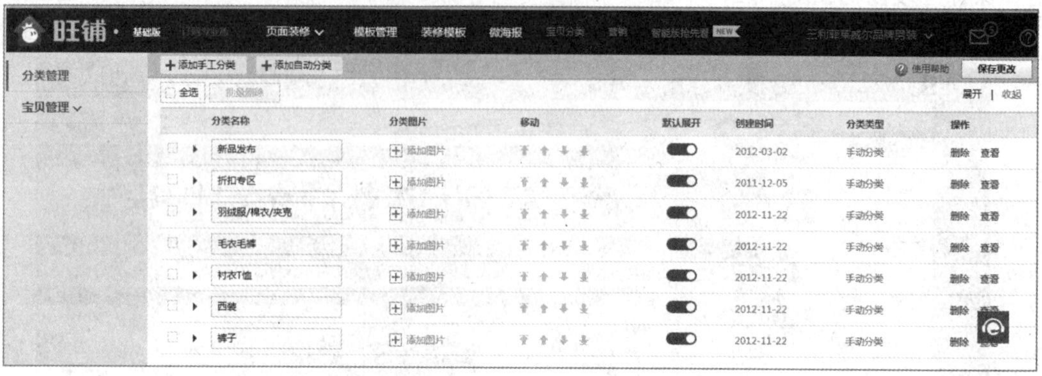

图 10.32　店铺产品分类管理设置

在店铺装修过程中，如果新开店铺又没有专业美工进行店铺装修的打理的话，采用装修市场现成的装修模板进行店铺装修是可选的一种省时省力的方法，如图 10.33 所示。

图 10.33　装修市场模板

模板当然不是免费的，需要按月付费，但是这个费用与卖家花大量的时间、大量的精力自己从头开始进行店铺的装修设计的付出相比是非常值得的。

这时，我们已经有了可以进行实际操作的店铺了，但这个时候店铺还是个空壳，需要在里面添加产品，添加内容，这就涉及下一节要讲到的网络店铺的运营和管理。

10.5　网络店铺的运营和管理

基于第二节介绍的阿里指数的数据分析，再结合自己的资源情况应该就能够大体确定自己的经营行业和经营方向了。选定行业和选定商品类别很重要，但是如何采购到合适的商品也很重要，这就是进货的问题，在哪里进货，以什么样的价格进货，每种类别的货物进多少数量，如何处理退换货问题，这些都需要卖家认真考虑。因为每个卖家资源不同，所以在这一环节就要多动手、多动口、多调动资源，去寻找最适合自己的低价优质的商品。例如，有的卖家有大厂家销售的人脉关系，能够以低价拿到大厂家一般不对内销售的产品，那这就是卖家独特的货源优势，一定程度上也就奠定了良好的销售基础。再如，有的卖家对于全球采购有很深刻的理解并且也有相关人员能够辅助进行全球采购，那就可以进行平台的海外商品的销售，也是不错的选择。有的卖家所在地区有大批发商城，可以进行低价的商品批发，进行网上售卖；有的卖家进行的是网络商品的代理，可以在阿里巴巴平台上进行采购等。

有了商品，店铺开始经营之后，在网络店铺经营过程中，要有市场数据的参考来辅助卖家调整当前的市场操作，其中生意参谋就是很重要的数据来源。

生意参谋集数据作战室、市场行情、装修分析、来源分析、竞争情报等数据产品于一体，是商家统一数据产品平台，也是大数据时代下赋能于商家的重要平台。

1. 市场行情

生意参谋中有一个市场行情版块，有助于卖家了解当前的市场行情情况，结合行业的实际情况，确定所卖的东西是否是市场需要的，如图 10.34 所示。

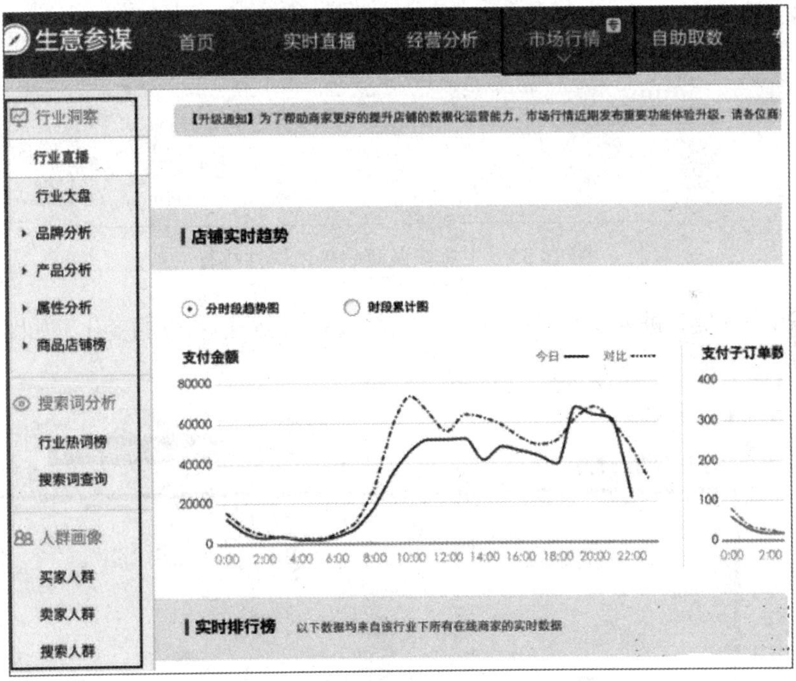

图 10.34　店铺实时趋势图

图 10.34 所示为店铺的实时趋势，基本上任何一个行业都存在淡旺季，任何行业在一天中的不同时段也存在着销售的波动，分析的第一步就是确定自己的产品在当前的具体情况特征。在该图中继续单击左侧的“行业大盘”，可以看到行业大盘的走势情况，在其中选择搜索人气和交易指数两个指标，如果两个指标都在持续下滑，就说明你现在选择这个行业会有问题，不应该是你的最优选择。

2. 属性分析

在淘宝经营店铺，卖家不能单凭自己的喜好来卖东西，一定要经过严格的选款，选款之后对于产品的属性选择也是如此。

在生意参谋中，选择“属性分析”里面的“属性排行”，用户可以看出热销属性的排行，然后再单击右侧“热销组合属性榜”，里面的数据可以帮我们更好地选择更有市场潜力的款进行推广，如图 10.35 所示。

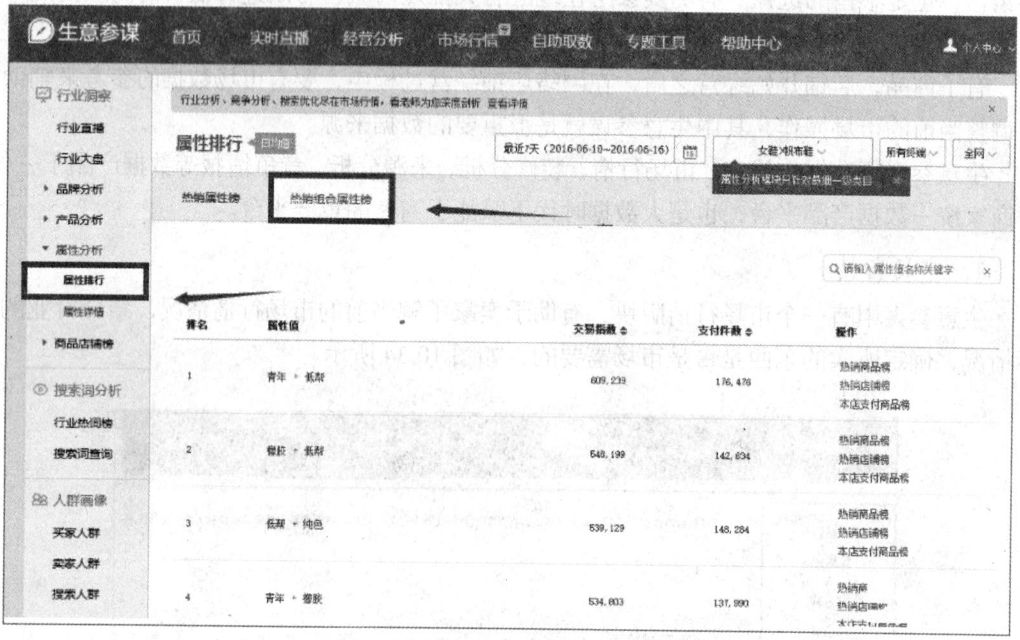

图 10.35　生意参谋商品热销属性排行

然后单击属性值，进入属性详情页，添加属性就能看到销售额的变化，如图 10.36 所示。

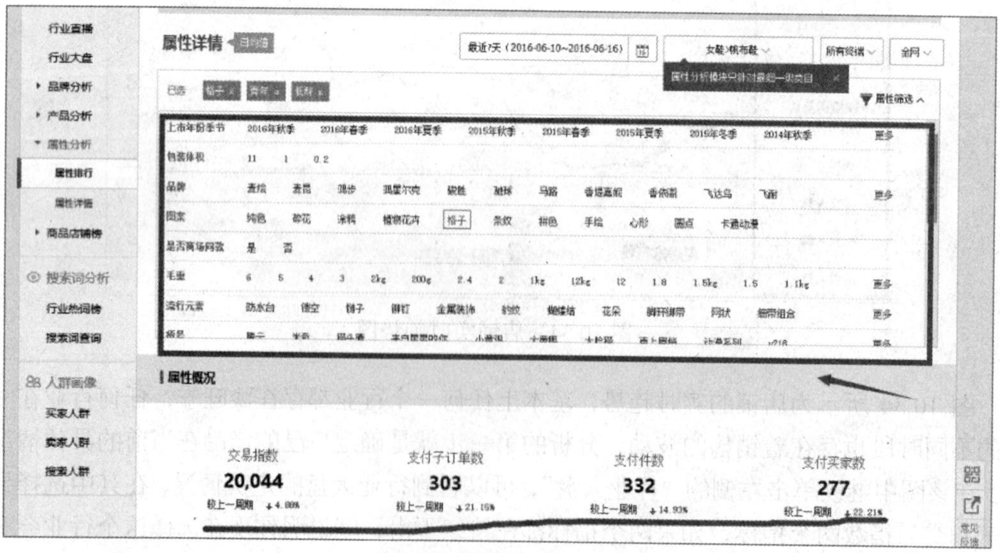

图 10.36　生意参谋属性详情页

再往下拉，我们就能看到销量趋势和卖得好的宝贝，可以进行参考，如图 10.37 所示。

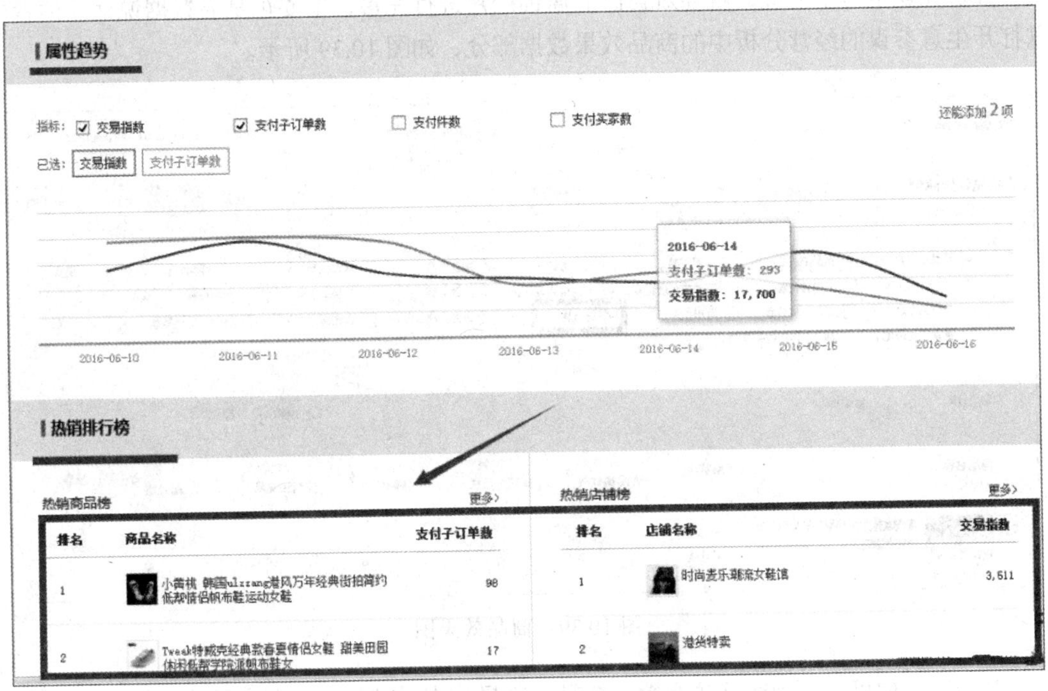

图 10.37 生意参谋属性趋势图

3. 竞争对手分析

店铺一定要看竞争对手的流量词、详情页、主图、定价等，如图 10.38 所示。

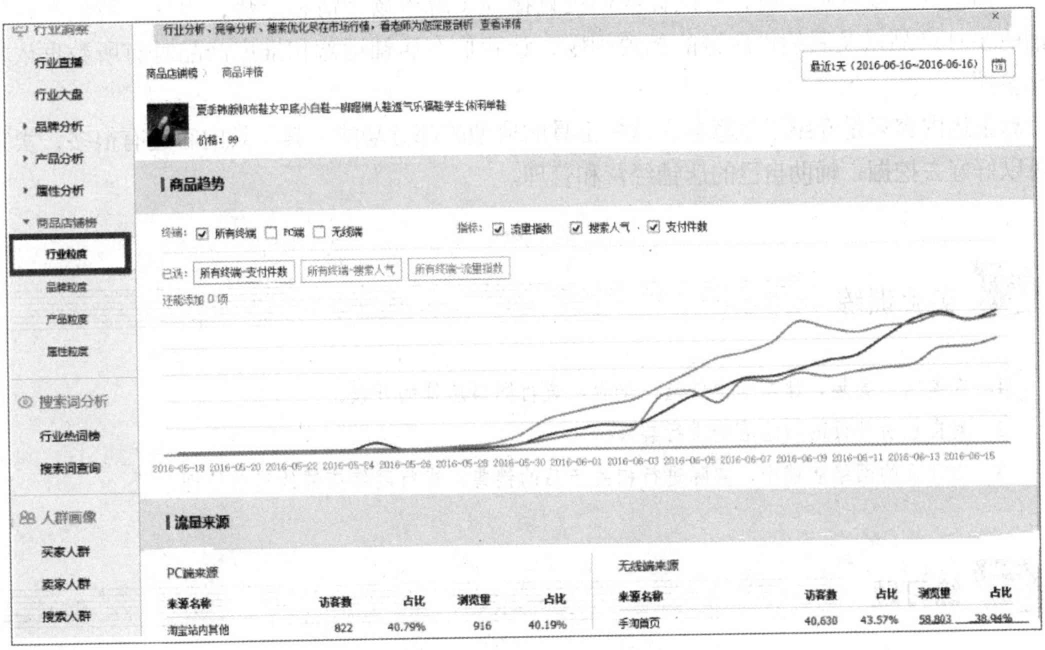

图 10.38 生意参谋竞争对手分析

4. 网络营销推广方式

分析完竞争对手情况，就要对自己的店铺经营进行完善，主要也是靠数据说话。读者可以打开生意参谋的经营分析中的商品效果数据部分，如图 10.39 所示。

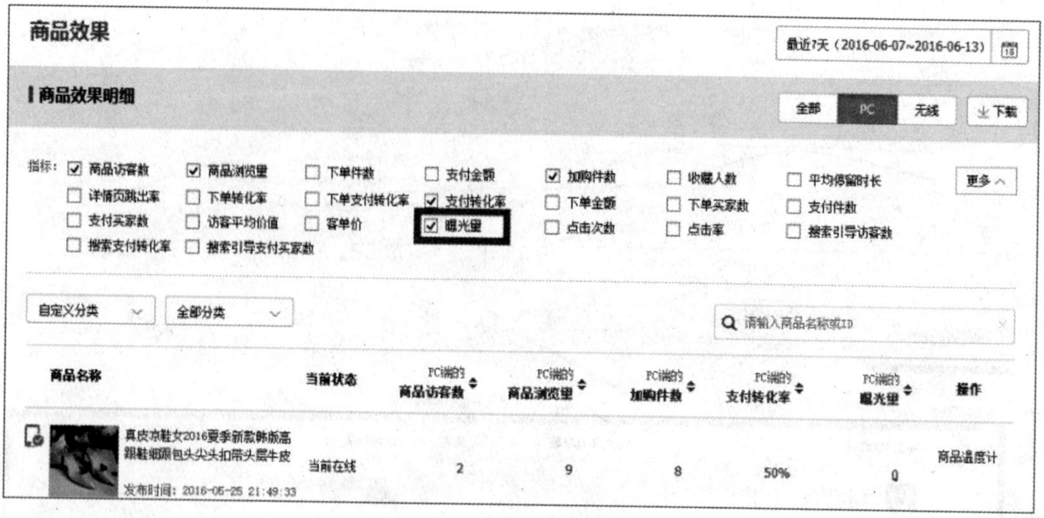

图 10.39　商品效果图

在这里，你可以看到商品访客数、商品浏览量、支付转化率、曝光量等指标。如果有了曝光量，但是没有流量，那么就需要优化主图；如果有了流量，但是转化率比较低，那么就需要考虑价格、详情页、评论等这些因素了。如果自己转化率低于同行同层级均值，就应该进一步去分析是什么原因导致的这种情况，然后进行改正。

简单的市场数据分析，可以让我们更直接地了解市场行情和走势，也便于我们布置店铺的主打产品以及后续供应链的相关问题，让我们在店铺运营和推广产品时有所数据依据和参照。

上述内容只是介绍了生意参谋这一工具的典型的部分功能，其工具内容还有很多，卖家可以好好去挖掘，辅助自己的店铺经营和管理。

实验训练

1. 在淘宝、易趣、速卖通中任选一平台，进行网络店铺的开设。
2. 对自己所开设的网络店铺进行装修。
3. 在开设的网络店铺中，实际进行相关产品的销售，进行网络店铺的运营管理。

练习题

1. 淘宝、易趣、速卖通这几大平台有什么样的相同点与不同点？
2. 现在你准备开店，需要事先做好哪些准备工作？

3. 在网络店铺运营过程中，你认为应该重点把握哪几方面？

4. 什么是淘宝 SEO？

5. 什么是淘宝搜索关键词？

6. 当你找出的关键词最优类目不一致时，你会怎么做？

7. 你如何理解上下架时间对宝贝排名的影响？

8. 在淘宝上，两个不同的宝贝用了很多相同的关键词，会不会违规？

9. 在淘宝开店不建议经常转换主营类目，你如何理解？

10. 一台计算机一根网线能不能同时开两个店，你如何理解？

参考文献

[1] 埃弗雷姆·特班等. 电子商务：管理视角. 严建援，等译. 北京：机械工业出版社，2010.
[2] 李琪. 电子商务概论. 北京：高等教育出版社，2009.
[3] 陈德人. 网络零售. 北京：清华大学出版社，2011.
[4] 邵兵家. 电子商务概论. 3版. 北京：高等教育出版社，2011.
[5] 瞿彭志. 网络营销. 4版. 北京：高等教育出版社，2014.
[6] 毕娅. 电子商务物流. 北京：机械工业出版社，2015.
[7] 贺刚. 电子商务物流. 成都：西南财经大学出版社，2013.
[8] 马化腾等. 互联网+：国家战略行动路线图. 北京：中信出版社，2015.
[9] 李洪心，马刚. 电子支付与结算. 2版. 北京：电子工业出版社，2015.
[10] 瞿彭志. 网络金融与电子支付. 北京：化学工业出版社，2014.
[11] 杨坚争，杨立钒，赵雯. 电子商务安全与电子支付. 2版. 北京：机械工业出版社，2011.
[12] 周虹. 电子支付与网络银行. 3版. 北京：中国人民大学出版社，2016.
[13] 商玮，段建. 网络营销. 2版. 北京：清华大学出版社，2015.
[14] 程虹. 网络营销. 北京：北京大学出版社，2013.
[15] 张波. 电子商务安全. 北京：机械工业出版社，2015.
[16] 唐四薪. 电子商务安全. 北京：清华大学出版社，2013.
[17] 王忠元. 移动电子商务. 北京：机械工业出版社，2015.
[18] 陈建忠，赵世明. 移动电子商务基础与实务. 北京：人民邮电出版社，2016.
[19] 李耀东，李钧. 互联网金融框架与实践. 北京：电子工业出版社，2014.
[20] 罗明雄，唐颖，刘勇. 互联网金融. 北京：中国财政经济出版社，2013.
[21] 胡世良. 互联网金融模式与创新. 北京：人民邮电出版社，2015.
[22] 陈勇. 中国互联网金融研究报告:2015. 北京：中国经济出版社，2015.
[23] 汤兵勇，熊励. 中国跨境电子商务发展报告（2014—2015）. 北京：化学工业出版社，2016.
[24] 易传识网络科技. 跨境电商多平台运营. 北京：电子工业出版社，2015.
[25] 速卖通大学. 跨境电商:阿里巴巴速卖通宝典. 2版. 北京：电子工业出版社，2015.
[26] 王利锋. 网店运营实务. 北京：人民邮电出版社，2015.
[27] 恒盛杰电商资讯. 电商淘金：网店数据化管理与运营. 北京：机械工业出版社，2015.
[28] 王方华，徐飞. 盈利胜经. 上海：上海交通大学出版社，2004.
[29] 方华. 现代企业管理. 上海：复旦大学出版社，2005.
[30] 琼·玛格丽塔，南·斯通. 什么是管理. 北京：电子工业出版社，2003.
[31] 张波. 移动互联网时代的商业革命. 北京：机械工业出版社，2013.
[32] 孙若莹，王兴芬. 电子商务概论. 北京：清华大学出版社，2012.
[33] 张万民，孙俊国. 新编电子商务概论. 北京：北京大学出版社，2012.
[34] 丁晖等. 跨境电商多平台运营. 北京：电子工业出版社，2015.
[35] 菲利普·科特勒. 营销管理:分析、规划与控制. 上海：上海人民出版社，1990.

[36] 高茜. 电子商务物流模式研究：以 LG 公司为例. 内蒙古大学，2012.
[37] 姚炜. 第四方物流与第三方物流协作机制研究. 改革与战略，2016（11）.
[38] 潘娅媚. 第四方物流运作模式及发展前景分析. 商业经济研究，2016（12）.
[39] 钟晓燕，范露华. 京东商城物流配送模式的演进评析. 对外经贸实务，2014（9）.
[40] 李玮玮，郑文清. 企业商业模式的内涵及创新途径. 商业时代，2013（3）.
[41] MAGRETTA J.Why Business Models Matter[J].Harvard Business Review.2002(5).
[42] 艾瑞网. http://www.iresearch.cn.
[43] 中国电子商务研究中心. http://www.100ec.cn.
[44] 亿邦动力网. http://www.ebrun.com.
[45] 阿里巴巴. https://www.1688.cn.
[46] 全球速卖通. http://seller.aliexpress.com.
[47] 敦煌网. http://seller.dhgate.com.
[48] 京东商城. https://www.jd.com.
[49] 中国新闻网. 电子商务圆了乡村人的“创业梦”. http://www.chinanews.com/cj/2016/09-24/8013483.shtml.
[50] 中国互联网络信息中心. 第38次中国互联网络发展状况统计报告. http://www.cnnic.net.cn/hlwfzyj/hlwxzbg/hlwtjbg/201608/t20160803_54392.htm.
[51] 多家快递官网遭 1400 万用户信息泄露. http://news.mydrivers.com/1/316/316331.htm.
[52] 中国科技网——科技日报. http://www.wokeji.com/jbsj/wb/201609/t20160927_2872702.shtml.
[53] 易观智库. 中国电子商务 B2B 市场年度综合报告 2015［EB/OL］. http://www.imxdata.com/archives/10508.
[54] 产业研究智库. 2016 年中国 B2B 行业发展现状特征及趋势［EB/OL］.http://www.irinbank.com.
[55] 中国电子商务研究中心，2016 年（上）中国网络零售市场数据监测报告［EB/OL］. http://b2b.toocle.com/zt/16wllsjcbg.
[56] 前瞻产业研究院. 中国第三方支付产业市场前瞻与投资战略规划分析报告［EB/OL］. http://bg.qianzhan.com/report/detail/458/160530-8b5db043.html.
[57] 艾瑞咨询. 2015 中国互联网金融发展报告［EB/OL］. http://www.iresearch.com.cn.
[58] 比达咨询. 2015 年度中国第三方移动支付市场研究报告［EB/OL］. http://www.bigdata-research.org.
[59] 智研咨询集团. 中国 B2C 电子商务行业发展现状分析与发展趋势预测报告（2016—2022 年）［EB/OL］. http://www.ibaogao.com.
[60] 艾瑞咨询. 2015—2016 年中国网络广告行业发展报告［EB/OL］. http://www.iresearch.com.cn/report/2352.html.
[61] 亚马逊公司. 百度百科［EB/OL］. http://baike.baidu.com/link.
[62] 速卖通. 百度百科［EB/OL］. http://baike.baidu.com/link.
[63] 慧聪网. 百度百科［EB/OL］. http://baike.baidu.com/link.
[64] 天猫. 百度百科［EB/OL］. http://baike.baidu.com/link.
[65] 阿里巴巴. 百度百科［EB/OL］. http://baike.baidu.com/link.
[66] 银行卡. 百度百科［EB/OL］. http://baike.baidu.com/link.
[67] 虚拟货币. 百度百科［EB/OL］. http://baike.baidu.com/view/16260.htm.
[68] 移动支付. 百度百科［EB/OL］. http://baike.baidu.com/link.

[69] 网络市场调研．百度百科［EB/OL］．http://baike.baidu.com/view/16260.htm.
[70] 搜索引擎．百度百科［EB/OL］．http://baike.baidu.com/link.
[71] 淘宝网．百度百科［EB/OL］．http://baike.baidu.com/view/1590.htm.
[72] 艾瑞咨询．中国跨境电商行业研究报告［EB/OL］．http://www.iresearch.com.cn.
[73] 中国电子商务研究中心．2015—2016 年中国出口跨境电子商务发展报告［EB/OL］．http://b2b.toocle.com/detail--6350688.html.
[74] 玩转跨境电商物流必领会的五大物流模式［EB/OL］．http://www.cjxzz.org/news/show-42381.html.
[75] 五种跨境电商物流方式.哪个才是你的菜［EB/OL］．http://www.szice.net/news_692_details.html.
[76] 如何选品专题：外贸电商如何选品及选品技巧汇总［EB/OL］．敦煌网．http://seller.dhgate.com/industry-trends/c_22714.html.
[77] 目录搜索引擎．360 百科［EB/OL］．http://baike.so.com/doc/6099895-6313004.html.
[78] “手把手教你做跨境电商系列”之跨境选品决胜策略．http://waimaoquan.alibaba.com/bbs/read-htm-tid-2934757-fid-309.html.
[79] 电子商务圆了乡村人的“创业梦”．http://www.chinanews.com/cj/2016/09-24/8013483.shtml.
[80] 元搜索引擎．百度百科［EB/OL］．http://baike.baidu.com/link.
[81] 跨境电商．百度百科［EB/OL］．http://baike.baidu.com/link.
[82] 考拉海购．百度百科［EB/OL］．http://baike.baidu.com/link.
[83] 顺丰海淘．百度百科［EB/OL］．http://baike.baidu.com/link.
[84] 微信营销．百度百科［EB/OL］．http://baike.baidu.com/link.
[85] 微博营销．百度百科［EB/OL］．http://baike.baidu.com/link.
[86] 虚拟货币．百度百科［EB/OL］．http://baike.baidu.com/view/16260.htm.